5학년3반 청개구리들
베스트방송작가의 파격 빨강부자 체험기록

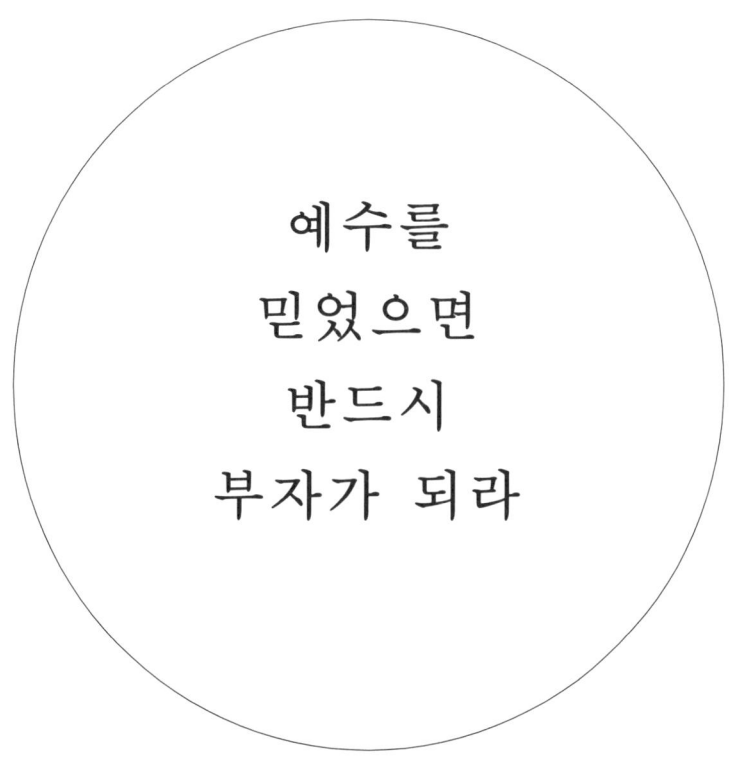

예수를
믿었으면
반드시
부자가 되라

빨강부자 체험기

글쓴이: 최승환

왕사랑

예수를 믿었으면
반드시 부자가 되라

초판인쇄/ 2017년 3월30일
초판 18쇄/ 2018년 5월 13일
지은이   / 최 승 환
펴낸이   / 권 경 옥
펴낸곳   / 왕사랑(www.wangsarang.net)
주소   / 경기도 시흥시 호현로49번길4
전화   / 010-8779-7168, 010-4207-3704
등록   / 1991 8월. 21. 제13-307호
전자우편/ kko38@hanmail.net

편집부장 / 최 양 지
편   집 / 유 비상, 한 애리
디자인   / 이 민숙
사식   / 승리기획
잘못 만들어진 책은 바꾸어 드립니다.
저자와의 협약에 의하여 인지는 생략합니다.
본사의 허락없이 무단 전제와 무단 복제를 금합니다.

이 원고를 채택한 이유

―출판사에서는 거의 날마다 출판을 해달라는 원고가 온다. 편집자는 그 원고를 다 받아 읽어야 한다. 왜냐하면 어느 구름에 비가 들어 있는 것을 모르는 것처럼 어느 원고가 다이아몬드처럼 반짝반짝 빛나는 원고인지 모르기 때문이다. 그래서 편집자는 매번 돌 속에서 보석을 가려내는 심정으로 보내온 소중한 원고를 하나하나 읽고 또 읽어서 채택하여 책으로 출판한다.
―**예수를 믿었으면 반드시 부자가 되라**―는 제목의 원고를 받고 잠시 어리둥절했다. 도대체 이 내용이 뭘까? 너무 궁금했기 때문이다. 그래서 큰 기대감을 가지고 원고를 읽었다. 그리고 감동에 감동을 받으며 원고 속으로 빠져 들어갔다.
―한 가난한 사람이 예수를 구주로 믿고 정말 거짓말같이 부자가 되어가는 과정을 사실 그대로 소상하게 알려주고 있었다. 한마디로 부자가 되는 안내서 같은 내용이었다.―
―예수를 구주로 믿고 이렇듯 부자가 되는 길도 있는구나. 하는 감동과 감격을 감추지 못하며 모든 사람들에게 공개해주고 싶은 마음에 바로 채택했다.
―백문이 불여일견이라 했던가. 부자가 되고 싶은 분은 이 책을 처음부터 끝까지 꼼꼼히 읽어보고 이해가 되고 믿음이 오면 바로 도전해 보기를 권면하고 싶다―.
―부자가 되면 구제도하고, 선교도하고, 교회도 건축하고, 이웃도 마음껏 돌아보며 보살필 수 있으니까.―

편집자

차　　례

예수를 믿었으면 부자가 되라....................7

만남과 시작　　　　　　짝꿍 백만불
뒤통수 맞은 희망　　　　백만불과 기복신앙
선한부자　　　　　　　　부자가 되는 비밀
영감탱이 길잡이　　　　 나무아미타불 어머니
봄바람처럼 따뜻한 기운　아내의 반격

예수를 믿었으면 먼저 예배부자가 되라......62

여름에 오는 겨울　　　　기도하면 날아오는 지혜
땅 부자가 되는 비밀　　　왕이 되는 큰길
달랑 하나가 만든 기적　　졸지에 잃어버린 양
아빠를 구원한 아이　　　 성경속의 땅 부자
예수를 닮아가기 2단계　　하나님이 주시는 사례비

예수를 믿었으면 땅 부자가 되라.............125

신토불이와 수입종교
술과 담배 체크아웃
꿈꾸며 자라는 믿음
무너진 철벽
0점과 100점의 시험

사탄의 반격과 꿈
누님과 통닭구이
무너진 철옹성 비밀
태풍처럼 몰려온 먹구름
옛 상사의 슬픔

부자를 바라보며 달리고 또 달려라.................192

뱀한테 지혜를 배워라
하나님이 내려주신 큰 선물
세탁소와 가스가게에서
구역장 10계명
꺼벙한 남자와 디스크

불붙은 노처녀노총각의 사랑
보물을 찾아서 앞으로
빨간 코 주태백이
삭개오와 짝퉁 황 집사
기도 중에 날아간 술 담배

예수를 믿었으면 반드시 부자가 되라.............258

믿음의 선불십일조
능력의 힘 하나님의 손
그룹회장 백만불의 간증
성경에 나오는 바보들
기회가 오면 꽉 잡아라

세례도 안 받은 서리집사
두 번째 친 큰 시험
부자가 되는 비밀
5천배의 축복을 받는 비법
승승장구하는 킹마트

프롤로그

만일 예수님께서
─너는 나를 구주로 믿고 살면서 가난하게 살고 싶으냐? 부자로 살고 싶으냐?─
고 물으신다면 뭐라고 대답하시겠습니까? 들어보나마나 거의 대부분의 사람들이
─예, 주님, 저는 부자로 살고 싶습니다.─
라고 대답할 것입니다. 그럴 때 주님이 다시
─왜 부자로 살고 싶으냐?─
고 물으신다면 다음 대답은 똑같을 것입니다.
─주님, 거기에 왜가 왜 필요합니까? 부자로 살아야만 가족도 보살피고, 형제, 친척, 친구, 이웃도 보살피고, 구제도 하고, 선교도 하고, 교회건축도 하고, 땅 끝까지 복음도 전할 수 있지 않습니까? 돈 없이 이웃을 어떻게 사랑합니까? 입으로만 사랑한다는 것이 사랑이 될 수 있습니까?─
라고 대답할 것입니다. 그렇습니다. 돈이 있어야만 모든 일을 잘 감당할 수 있습니다. 돈이 없어서 불행한 교우나 이웃들을 모두 못 본척하며 살아가고 있습니다.
─그런데 이 책은 예수를 구주로 믿고 부자가 된 사람이 부자가 되어가는 과정을 아주 자세하게 알려주며 친절하게 안내하고 있습니다.
─지금부터 이 책을 처음부터 한 장 한 장 꼼꼼히 살펴가며 읽으시고 부자가 되는 길을 깊이 연구하며 도전해 나가시기를 바랍니다.

예수를 믿었으면 부자가 되라.

만남과 시작

봄이었습니다. 매화꽃, 살구꽃, 개나리가 피었다고 날마다 TV에서 꽃과 함께 신선한 봄소식이 전해지던 봄이었습니다.
그런 어느 날, 하 정태씨가 나한테 전화를 했습니다.
"5학년 3반 청개구리들 저자 최 승환 선생님의 핸드폰이신가요?"
"네, 그런데요. 누구신가요?"
"저는 하 정태라는 사람입니다. 다름이 아니옵고 베스트셀러 작가인 선생님께 부탁할 일이 하나 있어서 이렇게 실례를 무릅쓰고 전화를 하게 되었습니다."
"무슨 부탁을 하시려고 그러십니까?"
"제가요. 부자가 되는 비밀을 알게 됐어요. 그래서 세상에 그 비밀을 알려주고 싶은데 저는 글재주가 없습니다. 그래서 선생님께 제 얘기를 좀 대필해주셨으면 해서.. 가능하시겠습니까?"
"...."
나는 잠시 말을 중지하고 생각했습니다. 무슨 얘기인지는 모르겠지만 부자가 되는 비밀을 세상에 공개하겠다는 데는 금세 내 마음이 요동을 쳤습니다.
그래서 선뜻 허락을 했습니다.
"가능은 합니다만.. 저 같은 사람이 그런 내용을 쓸 수 있을지 모르겠습니다.."

"아닙니다. 아닙니다. 선생님은 자격이 넉넉합니다. 저는 선생님을 잘 알아요. 그러시다면 제가 선생님을 초대할 날짜와 시간과 장소를 알려드리겠습니다."

"그럼 그렇게 해 주세요."

하 정태씨와 나는 그렇게 되어 만남이 이루어졌습니다. 우리는 점심 무렵에 만났습니다. 하 정태씨는 나를 아주 정중히 맞이하며 고급음식점으로 데리고 갔습니다. 그리고 맛있는 음식을 정성껏, 맘껏, 겸손하게 대접했습니다. 그런 뒤에 K호텔로 데리고 갔습니다. 몇 층 몇 호실인지는 정확히 기억이 나지 않지만 특실이라 큼직하고 응접실도 잘 꾸며져 있었습니다. 한마디로 으리으리한 고급스런 모습이었습니다.

"장소가 맘에 드시는지 모르겠습니다."

하 정태씨는 탁자를 사이로 나와 마주 앉으며 말했습니다. 창 밖으로 저만큼 파란 한강이 손에 잡힐 듯 보이고 그 위로 유람선 한 척이 나타나 가고 있었습니다.

"쾌적하고 상쾌한 최고의 장소입니다. 아주 좋습니다."

"맘에 드신다니 다행입니다."

하 정태씨는 키는 보통보다 약간 작은 편이었고 얼굴은 보름달 같았고 두 눈은 주석처럼 번쩍번쩍 빛이 났고 무척 건강해 보였습니다.

그와 내 앞에는 주스와 물병과 잔이 각각 놓여있었습니다.

"선생님, 많이 바쁘실 텐데도 불구하고 제 초청에 기꺼이 응해 주셔서 다시 한 번 감사드립니다."

이윽고 하 정태씨가 먼저 본론을 꺼냈습니다.

"저번에 전화로 잠시 말씀드렸습니다만 제가 지금까지 체험한 모든 것을 잘 정리해서 책으로 출판하고 싶습니다. 그 이유는 그 책을 읽는 사람은 누구든지 부자가 되었으면 하는 간절한 소망 때문입니다. 그래서 실례를 무릅쓰고 많이 바쁘신 선생님을 이렇게 초청한 것입니다. 제 뜻이 이해가 되었습니까?"
"예, 이해가 되었습니다."
나는 진심으로 고개를 끄덕여주었습니다. 그러자 그는 주스 잔을 들어 한 모금 마신 뒤에 잔을 놓고 말했습니다.
"요즘 사람들은 저를 보고 부자라고 합니다. 대그룹 회장은 아니지만 그래도 중간그룹 회장이니까 사람들이 부자라고 하는 말이 맞는 말입니다. 하지만 제가 처음부터 이런 부자는 아니었습니다. 지금부터 제가 어떻게 부자가 되었는지를 하나하나 자세하게 말씀드리겠습니다. 하나도 빠뜨리지 않고 잘 기록해 주셨으면 합니다."
"걱정하지 마세요. 하나도 빠뜨리지 않겠습니다."
나는 그에게 믿음을 주기 위해 말했습니다.
"지금 제 앞에 놓여있는 이것은 녹음기 입니다. 회장님의 말씀이 그대로 녹음되고 있으니까 아무 걱정 마시고 사실대로 자세하게만 말씀해주세요. 그러면 제가 조리 있게 잘 정리해 드리겠습니다."
"알겠습니다."
하 정태씨는 내 말에 믿음이 간다는 듯 녹음기와 나를 한 번씩 번갈아 본 뒤에 말했습니다.
"사실 저는 찢어지게 가난한 과부의 외아들이었습니다. 어머니의 뜨거운 교육열 덕택으로 어렵고 어려웠지만 고등학교까지 공부할 수 있었습니다."
그는 거기서 말을 멈추고 뭔가 잠시 생각을 정리한 뒤에 말했습니다.

짝꿍 백만불

"저는 마흔 두 살이 되었을 때 쪽방동 한 귀퉁이에서 작은 슈퍼를 하고 있었습니다. 입에 풀칠만 겨우겨우 하고 살 정도였습니다. 그런 어느 날, 나한테 정말 깜짝 놀랄만한 행운이 찾아왔습니다. 오후 2시쯤 되었을 때였습니다. 손님도 없고 해서 TV를 보고 있었습니다. 그런 어느 순간 백만불이라는 내 친구가 정말 거짓말 같이 꿈이 아닌가, 의심할 정도로 뜻밖에 내 슈퍼의 문을 열고 들어왔습니다."

그는 거기서 다시 주스 잔을 들어 주스를 한 모금 마시며 뭔가 진정하려고 애쓰는 듯하다가 말했습니다.

"선생님도 잘 알고 계시겠지만 백만불은 디렌드그룹 회장입니다. 그런데 그 백만불 회장님이 중학교 1학년 때 내 짝꿍이었습니다. 그때는 나보다 공부도 못하고 해서 많이 무시하기도 하고 놀려먹기도 했었습니다. 그랬는데 그 백만불이 자라서 정말 거짓말같이 디렌드그룹 회장님이 된 것입니다. 백만불이 그런 대 그룹의 회장이 될 것이라고는 중학생이었을 땐 아무도 상상도 못했던 일이었습니다. 담임선생님까지도 툭하면 백만불을 무시하는 투로 말했습니다."

"야, 백만불! 이름이 만불이면 만불답게 굴어야지. 일불도 안 되게 굴었어야 되겠냐? 넌 앞으로 도대체 뭐가 되려고 그렇게 공부도 않고 빈둥빈둥 놀기만 하니? 그러다가 하루 세끼 밥이나 먹고 살겠어? 결혼하면 처자식이 생길 텐데 너 그렇게 게을러가지고 처자식은 먹여 살리겠니? 정신 차려, 백만불! 힘껏 뛰어봐, 백만불! 독을 먹고 공부를 해. 백만불."

담임선생님이 그렇게 공개적으로 백만불을 무시하며 무참히 발로 짓밟자 친구들은 너도 나도 다투듯 백만불을 업신여기고 깔

보고 사정없이 말로 짓밟았습니다. 하지만 나는 친구들이 내 짝꿍을 그렇게 무시하고 짓밟는 게 아주 싫었습니다. 당시 내가 짱은 아니었지만 그래도 짱 뒤에 설 정도로 싸움을 잘했습니다. 그래서 친구들 앞에서 내 짝꿍 백만불을 굳세게 지켰습니다."

"야, 니들 백만불한테 함부로 말하지 마! 백만불은 내 짝꿍이야! 내 짝꿍을 무시하는 것은 나를 무시하는 것과 같아! 그러니까 앞으로 백만불을 건드리지 마! 백만불을 무시하고 건드리는 녀석이 내 눈에 띄는 날엔 초상 날 줄 알아! 알았어, 새끼들아!"

친구들은 그 뒤부터 내가 있는 앞에서는 아무도 백만불을 무시하거나 건드리지 않았습니다. 그래서 백만불은 나를 누구보다 신뢰하며 의지하려 했습니다. 진심으로 말씀드리지만 나도 백만불이 싫지 않았습니다. 그래서 친구들 앞에서 당당히 백만불을 지켜주고 세워주며 사이좋게 잘 지냈었습니다.

하 정태씨는 거기까지 얘기한 뒤에 이번엔 물 컵을 들어 벌컥 들이키고는 잔을 놓고 다시 잠시 생각하다가 말했습니다.

"백만불과 나는 그렇게 중학교 다니는 동안 내내 사이좋게 잘 지냈습니다. 그랬는데 중학교를 졸업하고 나서는 각각 헤어져서 서로 만나지 못했습니다. 그러다가 내가 모아놓은 돈으로 트럭을 두 대 사서 운수업을 하다가 뜻밖의 사고가 나서 홀랑 망하고 빈털터리가 되어 있던 어느 날, 백만불이 디렌드그룹 회장이 된 모습을 우연히 신문을 보다가 알게 되었습니다. 담임선생님도 친구들도 모두 멸시하고 무시했던 그 백만불이 대그룹 회장이 되어 세상에 그 얼굴을 내민 것이었습니다. 활짝 핀 해바라기처럼. 신문에 난 백만불의 얼굴을 보고도 처음엔 도무지 믿어지지 않아서 신문에 실여있는 백만불의 얼굴을 보고 또 보고 수십 번도 더 보았습니다. 그런데 틀림없는 내 중학교 때 짝꿍 백만불이었습니다. 순간 나는 마치 내가 재벌그룹 회장이라도 된 것처럼 흥분되고 가슴이 쿵쾅거리며 뛰었습니다."
 하 정태씨는 거기까지 얘기한 뒤에 또 말을 중단하고 진정하려는 듯 물을 조금 마셨습니다. 그렇게 잠시 진정한 뒤에 다시 얘기를 시작했습니다.
 "백만불을 보고 또 보는 순간 내 가슴에선 희망이 용솟음 쳐 올라왔습니다. 하늘이 무너져도 솟아날 구멍이 있다고 하더니 내가 죽음과 같은 절망에 빠져있을 때 중학교 때 내 짝꿍 백만불이 재벌그룹 회장이 되어 있는 것을 보는구나. 백만불을 한번 찾아가야지. 결코 나를 괄시하지는 않을 거야. 내 입장을 얘기하면 수천만 원도 선뜻 도와줄 거야. 난 믿어. 백만불은 확실히 믿을 수 있어. 옛날에 내가 저한테 얼마나 잘했는데, 친구들이 무시하지 못하도록 굳세게 지켜주며 의좋게 지내지 않았는가. 수학을 잘 못해서 수학을 잘하는 내가 늘 가르쳐 주지 않았는가. 비록 꿀밤을 먹이고 무시하기는 했지만 그래도 난 수학을 이해 될 때까지 가르쳐줬잖아. 그때 그 일을 잊지 않았다면 내 딱한 사정을 얘기 듣고 백 번 천 번 나를 도와줄 것이야. 암, 암. 이런 상황에 놓인 나를 도와주지 않는다면 백만불은 내 짝꿍도 내 친구도 아무 것도 아니야. 우정을 헌신짝처럼 버린 배은망덕한 친구가 될 뿐인 거야. 암, 암, 분명히, 확실히, 백번 천 번 나를 도와줄 거야. 틀림없어. 나는 이런 확신을 가지고 있는 힘을 다해 용기를 내어 내 친구 백만불을 찾아갔습니다."
 그는 거기서 큰 한숨을 한번 내쉬고는 다시 한 번 물 컵을 들어서 벌컥벌컥 마신 뒤에 말했습니다.
 "가는 도중에 내 자아가 나를 자꾸만 움츠러들게 하기도 했습니다. ―가지 마, 가서 네 부탁을 안 들어주면 넌 중학교 때 친했던 짝꿍만 잃어버리게 될 거야. 자존심만 만신창이가 되도록 다칠 거야. 그냥 절망 속에 살아. 힘들어도 내 힘으로 극복해. 친한 친구한테 함부로 손 벌리는 거 아니야!- 나는 갈팡질팡 하면서 디렌드그룹 본사 건물을 찾아갔습니다. 몇 번인지 모르게 되돌아서 오고 싶었지만 그래도 명색이 중학교 때 친했던 짝꿍인데 설마 외면이야 하겠어. 절대 내 부탁 거절 못할 거야. 암, 암.. 나는 절망 중에도 끝까지 희망을 앞세우고 디렌드그룹 본사 건물 앞에 도착했습니다."

하 정태씨는 거기서 또 말을 중단하고 물을 조금 마셨습니다. 뭔가 치솟는 감정을 억제하려고 애쓰는 모습이 그 얼굴에 역력히 나타났습니다. 이윽고 그가 다시 입을 열었습니다.

뒤통수 맞은 희망

나는 안내대로 가서 섰습니다. 그러자 안내원이 누굴 찾아왔느냐고 물었습니다. 그래서 백만불 회장을 만나러 왔다고 하니까 안내원은 순식간에 의심하는 눈초리로 내 아래 위를 훑어보더니 회장님과 어떤 관계냐고 물었습니다. 그래서 중학교 때 짝꿍 친구라고 했습니다. 그랬더니 이름이 뭐냐고 물은 뒤에 어딘가에 전화를 했습니다. 그러더니 전화를 끊고 잠시 기다리라고 해서 그냥 거기 그 자리에 서 있었습니다. -백만불을 못 만나고 그냥 쫓겨나는 거 아닌가?- 하는 불길한 예감이 내 뇌를 획획 스치고 지나갔습니다. 나는 진정하려고 애를 썼습니다. 그런 어느 순간 아주 예쁜 아가씨 하나가 내 앞으로 걸어와서 물었습니다.

"회장님 친구 하 정태씨인가요?"

"예, 그렇습니다. 제가 백만불 친구 하 정태입니다."

"지금 회장님이 기다리고 계시니 저를 따라오세요."

"예, 예, 근데 아가씨는 누구신가요?"
"예, 저는 회장님 비서에요."
 -그 순간 나는 됐다. 살았다. 싶은 안도감이 마치 밀물처럼 내 가슴을 쓸며 다가왔습니다. 마치 지옥에 있다가 천국으로 떨어진 그런 기분이었습니다. ㅡ그러면 그렇지! 백만불이 나를 잊어먹을 수는 없지. 내가 저한테 어떻게 했는데, 저가 나를 잊어먹으면 사람도 아니지. 암, 암.. 짜식 나 부르는 거 보니까 내가 무슨 부탁을 해도 선뜻 다 들어주겠어. 그렇지 않을 바에야 만나주지도 않았겠지. 안심해, 하 정태! 넌 이제 쨍하고 해가 떴어. 살았다고!ㅡ그렇게 나 혼자 희망의 돛대를 앞세우고 여비서를 따라 엘리베이터를 타고 9층에 도착하여 회장실로 갔습니다.
 하 정태씨는 거기서 또 말을 중단하고 주스 잔을 들어 한 모금 마시며 잠시 생각했습니다. 그러다가 잔을 놓고 다시 말을 계속했습니다.
 나는 여비서 뒤를 따라 회장실로 들어갔습니다. 그러자 여비서가 저만큼 앉아있는 백만불에게 -회장님, 친구 분 모시고 왔습니다.- 라고 보고했습니다. 그러자 뭔가 사무를 보고 있던 백만불이 고개를 들어 나를 바라보았습니다. 회장이 되어 그런지 뚱뚱하게 살이 찌고 얼굴도 번쩍번쩍 빛이 났지만 중학생 때 백만불의 그 얼굴은 그대로였습니다. 그런 백만불이 벌떡 일어서며 아주 반갑게 나를 맞이했습니다.
"야, 하 정태! 내 짝꿍! 이게 도대체 얼마만이야, 야, 정말 반갑다. 하 정태!"
 그 순간 나도.ㅡ야, 백만불, 정말 오랜만이다.ㅡ그렇게 말하고 싶었는데 갑자기 입술이 얼어붙었는지 말이 되어 입 밖으로 나오지 않았습니다. 그래서 마치 미친놈처럼 히죽이 한번 웃기만 했습니다. 그러자 백만불이 성큼성큼 내 앞으로 오며 감격스러운 목소리로 말했습니다.
"야, 정태! 반갑다! 내 짝꿍 하 정태! 꿀밤 먹이며 나한테 수학 가르쳐 주던 수학 천재 하 정태! 내 아름다운 보디가드 하 정태! 야, 정말 반갑다. 짜식아!"
백만불은 그러면서 나를 와락 포옹했습니다. 반가워 죽겠다는 목소리고 얼굴이었습니다. 그때까지도 나는 벙어리가 된 것처럼 아무 말도 못하고 있었습니다. 그러자 백만불이 포옹을 풀고 내 손을 잡아끌며 말했습니다.
"야, 하 정태, 우리 앉아서 얘기해. 도대체 이게 얼마만이야. 중학교 졸업하고 처음이잖아. 짜식, 진작 좀 찾아오지. 뭐하다가 지금에야 왔어. 앉아. 앉자고!"
백만불은 기쁨을 감추지 못하며 말했습니다. 하지만 나는 내 입장과 처지가 나를 한없이 쪼그라들게 만들어서 작은 목소리로 대꾸했습니다.
"사는 게 뭔지.. 살다가 보니까 친구도 다 잊어먹고 까먹고.. 너도 며칠 전에 신문을 보다가 발견했어. 네가 회장이 되어 있는 게 꿈같기도 하고 기쁘기도 하고..."
그러자 백만불이 웃으며 말했습니다."
"말마라. 내가 회장이 되고 나니까 친구라는 이름을 들고 수많은 사람들이 찾아오더라. 중학교 동창, 고등학교 동창, 초등학교 친구, 친구라며 찾아왔는데 나는 생판 처음 보는 일면식도 없는 낯선 얼굴이 절반도 넘더라. 그래서 안내대에 친구라 해도 아무나 들이지 말라고 엄명을 내려놓기도 했어."
나는 백만불의 얘기를 들으면서 안내대에서 나를 왜 경계하며 대기시켰는지 이해를 했습니다. 그런 뒤에 나는 처음으로 힘을 주어 백만불에게 질문했습니다.
"백만불, 하 정태는 생판 처음 보는 얼굴로 보이지는 않던가? 하 정태는 기억이 나던가?"
 그러자 백만불이 큰소리로 말했습니다."
"짜식아, 하정태가 누구야? 중학교 때 짝꿍이었잖아! 그것도 친구들한테서 나를 단단히 지켜준 멋쟁이 보디가드였잖아! 꿀밤 먹이고 발로 차기도 하면서, 병신아, 그것도 몰라! 그것도 이해가 안 돼. 이 돌대가리야! 이렇게 욕하면서 수학을 가르쳐준 하정태잖아! 내가 꿈에라도 하 정태를 잊으면 사람이 아니지! 너는 나에게 세상에서 가장 특별한 친구, 가장 특별한 존재라고, 새끼야! 어쩌면 너는 세상에 하나밖에 없는 내 친구야!"
 하 정태씨는 거기서 또 말을 중단하고 주스로 목을 축인 뒤 잠시 생각하다가 말했습니다.
"백만불과 나는 탁자를 사이로 마주보며 앉았습니다. 그러면서 백만불이 그렇게 반가워죽겠다는 흥분된 목소리로 말하고 있을 때, 나는 속으로 내 멋대로 좋게 생각하며 희망적인 계산을 하고 있었습니다."
 ─새끼, 내 우정을 잊지는 않았구나. 내가 부탁하면 뭐든지 거절하진 않겠지. 보디가드 짝꿍이 왔는데 설마 거절이나 괄시는 하지 않겠지. 그때 꿀밤 먹이며 발로 차고 무시하며 수학을 가르친 것은 맘에 좀 걸리지만 말야.─
"야, 정태, 커피 마시자!"
 내가 그런 생각을 하고 있을 때 여비서가 커피를 가져다 놓고 갔습니다. 그러자 백만불이 커피를 마시자고 해서 나는 후딱 생각에서 깨어나서 커피 잔을 집어 들었습니다. 그런데 커피를 반 잔도 마시기 전에 백만불이 갑자기 바쁜 듯 설쳤습니다.

"야, 찾아오려면 내가 좀 한가할 때 오지, 오늘은 내가 잠시 후에 사우디아라비아에 가야 돼,"
 그래서 나는 정신없이 물었습니다."
"사우디엔 왜 가니?"
"야, 난 회장이야. 회장이 부자나라 사우디엔 왜 가겠냐? 물건 팔러 가는 거야, 물건! 난 장사꾼이야, 장사꾼!"
 백만불은 내 질문을 듣고 웃기는 질문을 한다는 듯이 핀잔주듯 무시하듯 대답했습니다. 그래서 나는 잠시 어이없어하다가 다시 질문했습니다.
"회장님도 장사를 하니?"
"당연하지! 회장이 장사를 잘해야 그룹이 잘 돌아가. 회장이 가만히 앉아서 명령만 내리면 그때부터 그룹은 내리막길로 가는 거야, 넌 뭘 몰라도 너무 모르는구나. 중학교 때는 억세게 공부도 잘하더니 세상 공부는 나보다 한참 아래야. 응! 수학 천재가 그러면 쓰냐, 정신 차려, 하 정태! 나를 발로 차며 꿀밤 먹이며 수학을 가르치던 그 기백은 다 어디로 갔니? 응, 하 정태!"
 백만불이 나를 거침없이 무시해서 나는 비위가 확 상했습니다.
 ㅡ새끼가 돈 좀 있다고 나를 완전 무시하고 깔 보내. 나한테 꿀밤 먹으며 수학을 배운 새끼가 돈 있다고 완전 안하무인이야. 야, 무시하지 마, 나 하 정태야, 하 정태.ㅡ내가 그렇게 속으로 울분을 토하며 내 자존심을 한없이 높이 세우고 있을 때 백만불이 먼저 작별을 통보했습니다.
"하 정태, 난 지금 시간이 없어. 우리 나중에 시간이 많을 때 다시 만나자. 그때는 하루 종일 옛날얘기하며 놀자, 어때?"
 순간 나는 아찔했습니다. 내 할 말이, 중요한 찾아온 목적이 남아 있는데 그것을 말할 수 있는 기회가 무산될 위기에 처했습니다. 그래서 당황하며 어물거리며 말했습니다.
"그래야겠구나.. 근데.. 근데.. "
 내가 말꼬리를 흐리며 망설이고 망설이자 백만불이 금세 눈치를 채고는 얼른 표정을 바꾸어서 따져 물었습니다.
"야, 하 정태, 너 왜 그래? 나한테 무슨 할 말이라도 있는 거야? 할 말 있으면 망설이지 말고 뭐든지 말해. 우린 단짝 친구 사이잖아. 말 못할 말이 없지. 말해봐, 뭐야?"
 백만불이 하도 다정하게 그렇게 묻는 바람에 나를 무겁게 짓누르고 있던 긴장감이 순식간에 와르르 부서져 내렸습니다. 그래서 나는 나도 모르게 감추고 있던 내 본 모습을 망설임도 없이 얼른 들어냈습니다.
"백만불, 내가 실은 트럭 두 대로 운수사업을 하다가 차 사고가 나는 바람에 한방에 거지가 됐다. 솔직히 말하면 나 지금 너한테 손 벌리러 왔어. 난 지금 절망에 빠져있어. 조금만 도와주라, 내 손을 외면하지 말고 좀 잡아줘. 나를 이 절망의 구렁텅이에서 좀 건져줘, 응, 백만불."
 나는 어물거리다가는 말할 기회조차 없겠다 싶어서 속사포처럼 빠르게 내 용건을 말했습니다. 그러자 백만불이 갑자기 아주 진지한 모습이 되더니 짧게 물었습니다.
"얼마나 필요해? 얼마나 도와주면 되겠니?"
 순간 나는 백만불의 그런 표정을 보면서 됐다, 도와주겠다 싶은 느낌을 강하게 받으며 말했습니다.
"한 삼천 정도만 도와주면.."
 그러자 백만불이 다그치듯 물었습니다."
"삼천 원 말이냐?"
 순간 나는 깜짝 놀라며 얼른 대답했습니다.

"삼천 원이 아니고 삼천만 원.."

그랬더니 백만불이 갑자기 두 눈을 황소처럼 크게 뜨고는 손을 훼훼 내저으며 말했습니다.

"하 정태, 나한테 그렇게 큰 돈 없어. 삼천만 원이 뭐야. 지금 나한텐 3백만 원도 없어. 진짜야 정말이야. 나 그런 큰 돈 없어."

"뭐?"

내가 뒤통수를 무엇에라도 맞은 듯한 표정을 짓자, 백만불은 지갑을 꺼내어 내게 보여주며 말했습니다.

"봐봐! 여기 삼십만 원 밖에 없잖아. 천 원짜리 몇 장하고.. 봐.. 보라고.."

순간 나는 백만불이 나를 가지고 놀고 있다고 생각했습니다. 그래서 나도 모르게 따지듯 공격하듯 말했습니다.

"야, 너는 명색이 그룹 회장님이야. 그룹회장님이 돈 삼천만 원이 없단 말야? 그게 말이 돼? 말이 되는 소리야?"

"말이 돼! 말이 된다고!"

내가 공격하듯 흥분해서 말하자 백만불이 어이없다는 듯 웃으며 말했습니다.

"하 정태, 내가 지금 은행에 빚이 얼마나 있는 줄 알아? 3조 원이나 빚지고 있어. 난 엄청난 빚쟁이야. 3조 원이나 빚지고 산다고. 하 정태, 너는 빚이 얼마나 있니? 모르긴 몰라도 아마 넌 빚은 한 푼도 없을 걸. 넌 옛날부터 누구한테 꾸어줄지언정 꾸고는 못 사는 성격이었잖아. 내 말이 틀려, 맞아? 말해봐. 너 지금 빚진 것은 없지?"

"그래, 없다!

백만불이 눈을 똥그랗게 뜨고 내 눈을 뚫을 듯이 딱 바라보면서 추궁했습니다. 그래서 나는 어이가 없어서 피식 웃으며 대답했습니다."
"맞아! 네 말대로 난 폭삭 망했어도 빚은 없어. 빚진 것은 없어."
"거봐! 넌 나보다 확실히 잘 사는 거야!"
 백만불은 의기양양한 태도로 말했습니다.
"난 빚쟁이고 정신없이 바쁘기만 한 사람이야. 새벽에 일어나서 출근할 때 차에서 아침을 먹고, 점심은 회사에서 오고가며 먹고, 저녁은 집에 갈 때 차안에서 먹어. 그렇게 비참하게 사는데도 빚이 3조원이야, 난 불행해. 넌 행복한 줄 알아야 돼. 어쨌든 말야. 나 지금 바빠서 너하고 더 꾸물거리고 있을 시간이 없어. 내 30만원 이거 너 다 줄 테니까 갈 때 택시 타고 가, 비서한테 전화번호 하나 적어놓고 가. 내 사우디에서 돌아오면 바로 전화할 게. 잘 가. 내 친구 하 정태, 잘 가라고.."
 백만불은 나한테 30만원을 던지듯 주고는 허둥지둥 밖으로 뛰쳐나갔습니다. 내 희망은 그렇게 무자비하게 뒤통수를 맞고 앞으로 퍽 쓰러졌습니다.
 하 정태씨는 거기서 잠시 말을 중단하고 물을 조금 마시며 진정하려 애썼습니다. 그러다가 물 컵을 놓고 다시 얘기를 계속했습니다.

백만불과 기복신앙.

 선생님, 그때 백만불이 내게 던지듯 놓고 간 30만원을 집어던지고 왔어야 했는데 당시 내 형편이 3천원도 귀하던 때라 수치스럽게도 그 돈을 집어서 주머니에 넣었습니다. 그리고 여 비서에게 내 전화번호를 잘 적어주고 다시 한 번 희망의 돛대를 앞세우며 돌아왔습니다.

―백만불은 나쁜 친구가 아냐, 그는 바빠서 간 거야. 사우디에서 돌아오면 아마 나한테 제일 먼저 전화 할 거야. 결코 나를 잊지 못할 거야.―

 나는 그런 확신을 하며 돌아왔습니다. 그런데 그런 내 확신은 모두 잘못된 내 헛된 생각이고 희망이었습니다. 왜냐하면 그 후에 한주일 두주일 세주일이 서너 번 지나가도록 기다리고 기다려도 백만불한테서는 연락이 오지 않았기 때문입니다.

―쌍놈의 새끼! 나쁜 개 쌍놈의 새끼! 내가 저와 어떻게 한 우정인데 거지발싸개를 버리듯 한순간에 버릴 수가 있어. 후래아들 같은 새끼. 뭐 빚이 3조원 이라고? 빚쟁이라고? 개자식 도와주지 마! 너 안 도와줘도 나 안 죽고 산다, 살아, 개뼈다귀 같은 새끼, 개 대가리 같은 새끼!―

 나는 그렇게 친구 백만불을 거시기하게 욕하며 못난 나 자신을 위로하려고 모질게 애를 쓰고 있었습니다. 어쨌든 그러고 나서 3년이 지나도록 백만불은 나한테 단 한 번도 연락하지 않았고 나도 두 번 다시는 백만불을 찾아가지 않았습니다. 그랬는데 3년 후 어느 날, 서울시 광장에서 대한기독교총연합이 주최하는 무슨 연합집회에 참석하게 되었습니다. 그런데 그날 정말 뜻밖의 일이 내 앞에 또 펼쳐졌습니다."

"이봐, 하 정태! 너 하 정태 맞지?"

 누군가 내 등을 탁 치며 말했는데 그 목소리가 백만불 목소리였습니다. 그래서 놀라서 후딱 돌아보니까 거기 내 앞에 백만불이 환하게 웃고 서 있었습니다.

"어? 백만불 아냐! 야, 백만불!"

 나는 너무 반가워서 나도 모르게 목소리를 높여 말했습니다.

지금까지 가지고 있던 백만불에 대한 미움과 원망 따위는 그의 얼굴을 보는 순간 순식간에 모두 깡그리 사라지고 없었습니다. 그랬는데 백만불의 그 다음 질문이 뜻밖이었습니다.
"야, 하 정태, 너 예수님을 구주로 믿고 있었구나. 언제부터 예수를 구주로 믿었냐?"
"한 3년 됐다!"
 그 순간 사라졌던 미움과 원망이 다시 번쩍 고개를 치켜들었습니다. 그래서 나도 모르게 침을 삼키며 독기 찬 목소리로 대답했습니다. 그러자 백만불이 아주 따뜻한 미소를 내게 보이며 말했습니다.
"그랬었구나. 지금은 어디서 사니?"
"쪽방동에서 산다. 너는 어디서 사냐?"
"나? 난 대박동에서 살지. 내 한번 찾아갈게. 쪽방동 어디로 가면 되니?"
 백만불이 그렇게 물었을 때 나는 ―몰라, 오지 마― 그러고 싶었는데 그게 말이 되어 나오지 않았습니다. 그러면서 나도 모르게 아주 친절하게 가르쳐주고 있었습니다.
"쪽박동에 오면 쪽박초등학교가 있는데 그 정문 맞은편에 보면 땅슈퍼가 있어. 거기가 내 사업장이야."
 그러자 백만불이 볼펜을 꺼내어 내가 말한 것을 수첩에 적었습니다. 그리고는 다정하게 말했습니다.
"오늘은 내가 좀 바빠. 다음에 시간 나면 내 꼭 땅슈퍼를 한번 찾아갈 게."
"오지 마! 안 와도 되니까 일부러 시간 내어 오지 마!"
 나는 처음으로 용기 있게 그의 친절을 정면에서 거절했습니다. 그러자 백만불이 씨익 웃고는 정말 바쁜 듯 저쪽으로 허둥지둥 걸어갔습니다. 그렇게 우습지도 않게 만나고 우습지도 않게 헤어졌던 백만불이 살구꽃 매화꽃 피는 어느 봄날 느닷없이 내 땅슈퍼에 불쑥 나타난 것이었습니다.

하 정태씨는 거기까지 얘기한 뒤에 다시 목이 마른지 물 컵을 들어 한 모금 마셨습니다. 그리고는 잠시 가만히 생각하다가 얘기를 계속했습니다.

백만불이 땅슈퍼를 들어오더니 내 인사는 받는 둥 마는 둥 하면서 땅슈퍼를 요모조모 살펴보았습니다. 그러더니 나를 딱 바라보며 아주 재수 없는 무시하는 투로 말했습니다."

"너 예수 믿은 지 몇 년이나 됐냐?"

"한 4년 됐나. 근데 그건 왜 물어?"

"얌마! 예수를 구주로 믿었으면 잘 살아야지, 이게 도대체 무슨 꼴이냐!"

백만불이 다짜고짜 인상을 써가며 나를 무자비하게 공박하기 시작했습니다.

"야, 하 정태! 도대체 넌 예수를 어디로 어떻게 믿었는데 이렇게 가난한 꼴 상으로 사는 거야! 예수 제대로 믿었어? 교회에 제대로 다니기는 한 거야?"

"뭐라고?"

안 그래도 짜증이 나서 죽을 지경인데 재벌회장이라는 웃기지도 않는 친구가 느닷없이 나타나서 막무가내로 공박하는 꼴을 보고 있자니 오장육부가 순식간에 확 뒤틀렸습니다. 그래서 나도 모르게 삐딱하게 대꾸했습니다.

"백만불, 너 가난한 나를 보고 예수 잘 믿었느냐고 추궁하는 것 보니까 너야말로 예수 제대로 안 믿었구나, 너 기복신앙이지? 복만 바라고 돈만 밝히는 기복신앙 맞지? 그런 거야, 너 기복신앙이 맞는 거야?"
"뭐라고?"

내가 눈도 깜박하지 않고 맞받아치니까 백만불이 약간 움찔하더니 그제야 내 앞 의자에 앉으며 뜻밖의 질문을 했습니다.
"하 정태, 너 기복신앙이 뭔지나 알고 하는 말인가?"
"알지! 그걸 내가 왜 몰라! 기복신앙은 너처럼 복만 밝히는 신앙이잖아. 너처럼 돈, 돈 밖에 모르는 신앙이 기복신앙이잖아!"
"돈밖에 모르는 신앙이라고?"

내가 당당한 태도로 비웃듯이 말하자 백만불은 잠시 정말 어이없다는 표정을 지었습니다. 그랬다가 아주 진지한 태도로 말했습니다.

"하 정태, 내가 기복신앙에 대해서 확실하게 말해줄 테니까 앞으로는 오해하고 함부로 말하지 마. 기복신앙이 뭐냐? 기복신앙은 하나님보다 복을 더 사랑하는 게 기복신앙이야. 잘 기억해둬. 그러므로 복의 근원인 하나님한테서 복을 받아내어 잘 사는 것은 하나님도 너무너무 원하는 일이야. 하나님은 성경에서 늘 복을 받아가라. 받아가라 하시는데 사람들이 부족해서 못 받아올 뿐이야. 그래서 예수를 믿고 부자로 잘 사는 것은 예수를 제대로 잘 믿은 것이고, 예수 믿고 너처럼 이렇게 꾀죄죄하고 가난하게 사는 것은 한마디로 예수를 잘못 믿은 결과야!"
"잘 사는 사람이 무슨 말을 못할까? 목사님이 그러시더라, 기복신앙. 물질을 좋아하는 신앙은 금방 시험에 들어서 퍽 쓰러지고 일어서지도 못한다더라!"
"뭐야?"

내가 계속 삐딱하게 대꾸하자 백만불은 나를 설득하려는 쪽으로 태도를 바꾸었습니다.

"누가 그런 쉰 소리를 했는지는 묻지 않겠다. 그런데 강단에서 물질을 탐하는 것은 기복신앙이니 제발 물질을 탐하지 말라고 목소리를 높이는 목사님들 가운데 돈을 손에 쥐어주면 좋아하지 않는 목사는 하나도 없어, 하나같이 모두 돈을 좋아해, 그러면서도 그런 설교를 하는 것은 가난한 자들을 위로하기 위해 그럴 뿐이야. 그 말을 듣고 그대로 믿으면 안 돼. 큰일 나. 예수를 믿었으면 확실하게 잘 살아야 돼!"
"그래? 누가 그랬니?"
나는 계속해서 삐딱하게 나갔습니다.
"예수님께서도 부자는 천국에 들어가기가 낙타가 바늘귀로 들어가는 것보다 더 어렵다고 말씀하셨어."
"이 바보야! 이 바보 멍청이야!"
백만불이 답답하다는 듯 가슴을 치며 말했습니다.
"성경을 똑바로 다시 한 번 읽어봐! 예수님이 말한 부자는 악한 부자를 두고 한 말씀이야."
"난 성경에서 악한 부자라는 말은 보지 못했어. 그냥 부자라고 되어 있더라 뭐."
내가 계속 삐딱하게 대꾸하자 백만불은 내 앞에 놓여있던 성경을 확 펼쳐서 한 곳을 손가락으로 가리키며 말했습니다.
"여기를 봐! 여기를 한번 읽어봐!"

선한부자

백만불이 손가락으로 딱 가리킨 곳은 누가복음 10장 25절이었습니다.
"너 여기서부터 37절까지 한번 읽어봐?"
"내가 그걸 왜 읽어야 되는데?"

내가 역겹다는 눈빛으로 반박하자 백만불이 안 되겠다는 듯 말했습니다.
"읽기 싫어? 싫으면 내가 읽을 테니까 두 귀를 활짝 열고 잘 들어! 잘 들으라고!"
그러고는 백만불이 성경말씀을 읽어 내려갔습니다.
25절 어떤 율법교사가 일어나 예수를 시험하며 이르되. 선생님 내가 무엇을 하여야 영생을 얻으리이까?
26절 예수께서 이르시되-율법에 무엇이라 기록되었으며 네가 어떻게 읽느냐?
27절 대답하여 이르되-네 마음을 다하며 목숨을 다하며 힘을 다하며 뜻을 다하여 주 너의 하나님을 사랑하고 또한 네 이웃을 네 자신같이 사랑하라 하였나이다.
28절 예수께서 이르시되- 네 대답이 옳도다. 이를 행하라. 그러면 살리라 하시니
29절 그 사람이 자기를 옳게 보이려고 예수께 여짜오되 그러면 내 이웃은 누구이니까?
30절 예수께서 말하여 이르시되-어떤 사람이 예루살렘에서 여리고로 내려가다가 강도를 만나매 강도들이 그 옷을 벗기고 때려 거의 죽은 것을 버리고 갔더라.
31절 마침 한 제사장이 그 길로 내려가다가 그를 보고 피하여 지나가되
32절 또 이와 같이 한 레위인도 그곳에 이르러 그를 보고 피하여 지나가고
33절 어떤 사마리아 사람은 여행하는 중 거기 이르러 그를 보고 불쌍히 여겨
34절 가까이 가서 기름과 포도주를 그 상처에 붓고 싸매고

자기 짐승에 태워 주막으로 데리고 가서 돌보아주니라.

35절 그 이튿날 그가 주막 주인에게 데나리온 둘을 내어 주며 이르되-이 사람을 돌보아주라. 비용이 더 들면 내가 돌아올 때에 갚으리라 하였으니

36절 네 생각에는 이 세 사람 중에 누가 강도 만난자의 이웃이 되겠느냐?

37절 이르되 자비를 베푼 자니이다. 예수께서 이르시되 가서 너도 이와 같이 하라 하시니라.

백만불은 성경을 다 읽은 뒤에 나를 딱 바라보며 따지듯 물었습니다.

"이 말씀을 듣고도 너는 아무것도 느낀 것이 없느냐?"

"이 말씀이 뭐 어쨌다는 거야?"

나는 일부러 더 삐딱하게 대꾸했습니다.

"이 말씀이 부자하고 무슨 상관이 있다는 거야!"

"하 정태, 너는 무슨 애가 그렇게 배배 꼬여있니?"

백만불은 나를 보며 한심하다는 듯 답답하다는 듯 비꼬는 투로 말했습니다.

"하 정태, 옛날에 넌 수학문제는 답도 착착 잘 맞추더니 어떻게 성경문제는 정답을 못 찾고 해매냐? 얀마, 다시 한 번 잘 봐봐? 오늘 읽은 말씀 마지막 37절을 잘 보라고! 내가 다시 한 번 읽어줄게-이르되 자비를 베푼 자니이다. 예수께서 이르시되- 가서 너도 이와 같이 하라!"

백만불은 힘을 주어 오기처럼 두 번 읽고 말했습니다.

"가서 너도 이와 같이 하라, 무엇을? 자비를 베풀라! 라는 것이잖아! 수학문제를 잘 푸는 수학 천재 하 정태, 대가리가 좋은 하 정태, 이게 무슨 말이니? 한마디로 돈쓰며 보살피라는 얘기잖아!

돈이 없으면 못하는 일을 하라고 하는 거잖아! 똑바로 봐! 사랑하고 자비를 베푸는 일이 주둥이만 가지고는 안 되는 일이잖아! 눈깔사탕이라도 하나주면서 사랑한다 해야지. 입만 가지고 사랑해서는 안 된다는 거잖아. 입만 가지고 사랑한다는 그 사랑엔 진정성이 없다는 거잖아. 그래, 안 그래?"
"맞아! 그래, 네 말이 맞아!"
나는 그동안 참아왔던 감정을 비로소 확 터뜨렸습니다.
"백만불, 잘 아네. 똑똑하네! 짜식아, 이렇듯 성경을 깨달은 백만불이, 자비가 뭔지 사랑이 뭔지 이토록 확실하게 잘 아는 백만불이, 사업에 실패하고 절망의 구렁텅이에 빠진 중학교 짝꿍이 찾아와서 모든 자존심을 다 버리고 도움을 청할 때 빚이 3조라고 했니? 예수님이 그렇게 하라고 시켰니? 그게 백만불이 내세우는 자비라는 것이니? 사랑이란 것이니? 말해봐! 입이 있으면 어디 한번 대답해봐? 대답을 해보라고!"
"하 정태, 넌 확실하게 예수를 잘못 믿었어!"
백만불은 독사처럼 대드는 나를 딱 바라보며 단정적으로 말했습니다.
"하 정태, 내 말 잘 들어. 물에 빠진 사람을 누가 와서 건져주면 그 사람은 물에 빠질 때마다 사람 살려. 사람 살려. 하며 도움을 청해. 헤엄을 배워서 스스로 헤엄쳐 나올 생각은 안 해. 그때 내가 너를 도와주지 않았던 것은 너를 진심으로 사랑했기 때문이야. 내가 그때 도와줬다면 너는 가서 그것을 금방 다 써버리고 또 나한테 와서 손을 벌리게 돼. 왜 그럴까? 헤엄치는 것은 힘들고 도움 받는 것은 쉬우니까. 하지만 스스로 헤엄쳐 나올 줄 알아야 이 세상에서 승리하며 살 수 있어. 어렵고 힘들 때마다 남한테 가서 손을 벌리는 사람은 아주 아주 불쌍한 사람이야. 난 내 짝꿍 하정태가 그렇게 되는 것이 싫어서 냉정하게 안 도와준 거야!"
"말장난하지 마! 개 논리로 날 희롱하지 마!"
나는 악악거리며 백만불에게 반박했습니다.
"넌 돈이 아까워서 나를 안 도와줬던 거야! 내가 그때 너를 찾아갔던 것은 내 일생일대의 실수고 실수였어."
"좋아. 네 말대로 개 논리라고 해. 말장난이라고 해."
백만불은 아무렇지도 않게 말했습니다.
"어쨌든 나는 그날 3천만 원보다 너에겐 30만원이 꼭 필요하다고 생각해서 30만원만 줬던 거야."
"어째서? 왜 30만원이 꼭 필요하다고 생각했니?"
"왜 그랬을까? 3천만 원을 주면 어려울 때 또 찾아와도 되겠다는 어리석은 생각을 하고 가겠지만 30만원을 주면 ─내가 또 너를 찾아오면 사람이 아니다.─ 그런 독한 마음을 품고 돌아가서 30만 원으로 살아볼 궁리를 하게 되기 때문이지."
"그래서 백만불이 지금 옛날에 수학을 아주 아주 잘 가르쳐준 짝꿍 하 정태한테 나타나서 옛날에 꿀밤 먹으며 배운 수학 빚진 것을 비웃으며 갚아주러 온 거야?"
"정태야, 하 정태야!"
마침내 백만불은 우리 사이의 갈등을 속히 해결해 버리겠다는 태도로 말했습니다.
"이런 것 저런 것 다 집어치우고 하나만 생각해보자. 세상에서 돈 없이 할 수 있는 일이 뭐가 있니? 돈이 없으면 구제도 못해. 돈이 없으면 형제도 친구도 이웃도 누구도 도와줄 수 없어. 돈이 없으면 선교도 못해. 돈이 없으면 교회 건축도 못해. 세상에 돈 없이 할 수 있는 일이 아무것도 없어. 입으로 사랑한다는 말밖에 할 수 있는 일이 없어."
"그래서! 나한테 무슨 말이 하고 싶니?"
"그래서 하나님은 성경에서 늘 부자인 자기한테 와서 받아가라고 말씀하시고 계셔. 나에게 와서 복을 받아가라! 복을 받아가라! 근데 내가 부족하고 능력이 없어서 그 복을 못 받아오는 거야. 예수님도 가난하게 살아라. 그것이 진리다고 말씀하지 않으셨어. 노력해서 받아가라고 했어. 장사해서 남기라고 했어. 게으른 자는 있는 것도 빼앗긴다고 했어. 일해서 남기고 장사해서 남겨야 돼. 남아야 내 주변을 돌아볼 수 있는 거잖아. 입 밖에 없는데 무엇으로 돌아보니? 그래서 예수를 믿었으면 반드시 부자가 되어야 해. 그래야 많은 일을 할 수가 있어. 지금은 돈이 바로 힘인 시대야! 힘! 힘! 힘없이는 아무 것도 할 수가 없어! 선한 부자. 청지기 부자가 많이 나와야 많은 일을 할 수가 있어. 내가 지금 틀린 말을 하고 있는 거니?"
―아니야, 아니야! 네 말이 백번 천 번 옳은 말이야!―
나는 그렇게 큰 소리로 백만불의 말에 동의하고 싶은 감동과 충동을 받았지만 입을 꾹 다물고 백만불을 딱 바라보고만 있었습니다. 그러자 백만불이 계속해서 말했습니다.
"하 정태, 우리 현실적으로 솔직하게 한번 말해보자, 우리나라에 기독교가 들어와서 번성할 수 있었던 여러 이유 가운데 그 하나가 뭔지 아니? 예수를 믿고 부자가 된 서양 사람들이 돈을 가지고 들어온 때문이야. 그들이 와서 학교도 지어주고 병원도 지어주고 필요한 물품도 가난한 사람들에게 아낌없이 공급하며 접근했기 때문이야."
"그래서 하고 싶은 말이 뭐니?"
"우리도 그들처럼 부자가 되어 세계에서 아직도 가난한 많은 나라에 돈을 들고 가면 하나님을 모시고 돈을 가지고 가면, 학교를 지어주고 병원을 지어주고, 교회를 지어주고 가난한 사람들에게 필요한 물품을 제공하면 하나님이 계시다고 우리 입으로 굳이 말하지 않아도 그들은 스스로 하나님을 믿게 돼. 그런데 선한부자, 청지기 부자가 되라고 한 내 말이 아직도 걸림돌이 되니?"
 ─얌마! 누가 그걸 몰라! 그걸 모르는 사람이 어디 있어!─
 나는 그렇게 큰소리로 반박하고 싶었지만 꾹 참고 무표정을 짓고 있었습니다. 그러자 백만불이 결론을 내리듯 말했습니다.
"하나님은 힘이야! 만물을 소유하고 다스리는 큰 부자야. 그래서 힘이 없으면 지고 힘이 있으면 이기는 거야. 다시 말해서 하나님이 손을 들어주면 부자가 되고 하나님이 손을 놓으면 가난해져. 부자가 되려면 부잣집 처마 끝에 집을 지어라는 속담처럼 부자가 되려면 부자인 하나님 쪽에 집을 짓고 하나님께 인정받으면 땅도 받고 모든 복을 받게 돼. 그러면 전도도 잘 돼. 나봐라. 네 친구 백만불을 봐라. 옛날에 수학도 잘 못해서 만날 너한테 꿀밤 먹으면서 신세졌던 못난이가 하나님 만나서 부자 됐어. 내가 우리 회사원들 가운데 3000명을 전도했어. 하지만 내가 예수를 믿으란 말은 한마디도 안했어. 예수 믿고 부자 된 나를 보고 저희들 스스로 교회로 왔어. 전도도 힘이야. 을은 갑을 절대로 전도 못해. 갑이 을을 전도하는 거야. 하 정태, 너도 예수를 믿었으면 제발 부자가 돼! 친구 찾아와서 손 벌리지 말고 찾아와 손 벌리는 친구에게 돈을 주는 부자가 되라고, 짜식아! 예수님이 정죄한 악한 부자가 되지 말고 자비와 사랑을 베푸는 선한 청지기 부자가 되란 말야. 이 수학 잘하는 똑똑한 하 정태야, 짜식아!"

"그만! 제발 그만하자!"

 나는 더 이상 내 감정을 누르고 있을 수가 없어서 내 솔직한 심정을 폭발시켰습니다.

 "맞아, 네 말이 다 맞아! 돈이 있어야 돼! 돈이 있어야 선하게 살 수 있고 돈이 있어야 하나님 나라도 멋지게 폼 나게 확장해 갈 수가 있어. 백번 천 번 옳은 말이야! 그래서 내 솔직히 말하면 나도 너 같은 부자가 되고 싶어. 부자가 되고 싶다고! 그런데 안 돼! 아무리 노력해 봐도 안 돼. 그러니 말해봐! 어떻게 하면 너 같은 부자가 될 수 있는지 그 비밀을 말해봐!'

 내가 180도로 방향을 확 바꾸어 내 진심을 확 털어놓자 백만불은 갑자기 전류라도 맞은 듯 석고상처럼 하얗게 굳어졌습니다.

부자가 되는 비밀

 하 정태씨는 거기서 또 잠시 말을 중단하고 물을 한 모금 마시며 목을 축이고 생각한 뒤에 말했습니다.

 "백만불, 야, 내 짝꿍 백만불, 나한테 발에 차이며 꿀밤 맞으며 수학을 배운 백만불. 내 너한테 진심으로 부탁한다."

 나는 백만불의 손을 힘주어 꽉 잡고 정말 간절히 애원조로 말했습니다.

 "어떻게 하면 너처럼 부자가 될 수 있니? 그 비밀이 뭐니? 나한테 좀 말해줘? 옛날에 내가 너한테 잘해줬잖아. 연약한 네 보디가드도 되어줬고 수학도 열심히 가르쳐 줬고 너와 즐겁게 놀아주기도 했잖아. 그러자 어느 날 네가 나한테 고백했었지.-하정태, 난 네가 진심으로 세상에서 제일 좋다. 뻥 아니야. 진심이야. 네가 하늘만큼 땅만큼 좋다. 엄마, 아빠보다도 네가 더 좋아. 뻥 아니야, 진심이야. 그랬잖아. 그때 그 마음이 아직도 안 변했다면 제발 부탁이다. 나도 너처럼 부자가 될 수 있는 방법을 좀 가르쳐줘. 나도 부자가 되고 싶어. 진짜야! 나도 너처럼 부자가 되고 싶어. 예수님을 구주로 믿는 자답게 부자가 되고 싶어. 그러니까 부탁이야. 부자가 되는 길을 좀 가르쳐줘. 부자가 되는 비밀을 좀 가르쳐 줘. 부탁이야. 진심이야. 백만불"

"고맙다. 하 정태. 사랑한다. 하 정태"

 백만불은 내 솔직한 고백을 듣고는 진심으로 감격해 하는 모습으로 내 손을 꼭 잡아주며 사뭇 흥분된 목소리로 말했습니다.

"난 네가 이렇듯 솔직하게 고백할 줄 알았어. 그래서 너한테 온 거야. 그래서 널 찾아온 거야!"

 그 순간 나는 ㅡ됐다. 이제 백만불이 부자가 되는 비밀을, 방법을 반드시 말해 줄 거야.ㅡ 그런 확신을 가지며 말했습니다.

"고맙다. 백만불. 역시 넌 내 짝꿍이 맞아. 나를 잊지 않고 찾아왔잖아. 나를 선한 부자, 청지기 부자를 만들려고 찾아왔잖아. 이제 말해봐? 부자기 되는 방법, 부자가 되는 길, 부자가 되는 비밀이 뭔지 솔직히 말해봐? 넌 부자가 됐으니까 잘 알고 있잖아. 말해봐. 나도 너처럼 부자가 되고 싶어, 정말이야."

"그게 근데 말야.."

 백만불이 갑자기 아주 난처한 표정을 짓고 한참 망설이다가 말했습니다.

"네가 원하는 부자가 되는 방법. 부자가 되는 길, 부자가 되는 비밀이... 사실은 모두 성경말씀 안에 다 들어 있어."

"성경말씀 안에 다 들어있다고? 그렇다면 성경말씀 어디에 그것이 들어있는지 콕 집어서 좀 말해줘 봐?"

"그게 근데 말야.."

 백만불은 말하기 정말 곤란하다는 듯 또 잠시 망설이다가 말했습니다.

"너도 알겠지만 성경은 말이야. 큰 산 같은 것이야. 큰 산에 가면 금광도 있고 은광도 있고 철광도 있고 소나무도 있고 잣나무도 있고 호랑이도 있고 여우도 있고 산삼도 있고 도라지도 있고 없는 것이 없는 것처럼 성경 안에는 모든 것이 다 들어 있네. 근데 그것이 보일 때도 있고 안 보일 때도 있어. 그러니까 네가 성경을 읽고 또 읽으면서 그 보물을 스스로 찾아내야 돼."

"지금 무슨 소리하는 거야?"

나는 백만불의 말을 이해하지 못하고 불만스레 따졌습니다.

"뭐가 그렇게 복잡해? 내가 가르쳐주면 되는 일이잖아. 근데 지금 그게 무슨 소리야. 내 스스로 찾으라니? 무슨 뚱딴지같은 소리야! 못 가르쳐 주겠다 이거야? 아무리 짝꿍이라도 부자 되는 비밀은, 방법은, 길은 못 가르쳐 주겠다 이거니? 그런 뜻이야, 그런 거야?"

"그런 게, 결코 아니야! 그건 오해야!"

백만불은 정색을 하고 손을 훼훼 내저으며 말했습니다.

"하 정태, 나도 참 답답하네. 뭐라고 말해야 되는데 뭐라 말이 잘 안되네. 아무튼 내 말을 오해하진 말게. 예를 들면 이런 것이네. 우리가 산길을 수십 번 다녔는데도 안 보이던 산삼이 어느 날 정말 거짓말같이 보였어. 그 길을 늘 다녀도 안 보였던 산삼이 그날 보인 거야. 신기하지 않니? 성경말씀도 그렇다네. 그 속엔 분명히 부자가 되는 길이 있는데, 방법이, 비밀이 분명히 있는데 성경을 읽고 또 읽어도 안 보이던 것이 어느 날 정말 거짓말같이 확 보이는 거야."

"그러니까 뭐야. 나보고 성경을 읽어서 내 스스로 부자가 되는 비밀을, 길을, 방법을 찾으라는 것이야, 그런 거야?"

내가 불만스레 반문하자 백만불이 고개를 크게 끄덕이며 말했습니다.

"그게 바로미터야! 하 정태, 넌 역시 수학을 잘해서 머리가 쌩쌩 잘 돌아간다. 응, 바로 그거야! 성경을 읽으면서 스스로 답을 찾아내야 돼."

"왜 그래야 돼? 네가 말해주면 되는 것을 왜 내가 고생하며 그 답을 찾아야 돼? 왜 그래야 돼? 한마디로 부자가 되는 비밀은 짝꿍이라도 말해줄 수 없다는 것이잖아. 그런 거야, 그런 거지?"

"그게 아니야! 그게 아니라고!"

백만불이 고개를 크게 가로저으며 말했습니다.

"나도 말해주고 싶어. 하지만 내가 지금 너한테 솔직하게 다 털어 놓아도 너는 나한테 거짓말하지 마라 그런 일이 어떻게 가능하다는 거야. 말도 안 되는 소리 하지마라. 사기 치지 마라! 분명히 그럴 것이 뻔해!"

"난 네 말이 이해가 안 돼. 쉽게 말해봐. 알아듣기 쉽게."

"쉽게? 쉽게.. 쉽게 말하면 내가 인왕산 고구마 바위 아래를 파보았더니 일 미터쯤 들어가자 금괴가 나왔어. 그래서 부자가 됐어. 그러면 너도 인왕산 고구마 바위 아래에 가서 파볼 거잖아. 그런데 금괴가 안 나왔어. 그러면 나보고 사기꾼이라고 할 거잖아. 거짓말했다고 할 거잖아"

"그러니까 뭐야. 나보고는 다른 길로 가라, 이 말이야, 지금?"

"그래, 그거야! 넌 역시 머리 회전이 빨라. 너는 내가 안 간 길로 가서 금괴를 찾아야 돼. 내가 너한테 분명히 자신 있게 말할 수 있는 것은 성경 속에 부자가 되는 비밀도 방법도 길도 확실하게 다 있다는 것이야."

"..."

그 순간 갑자기 나는 아무것도 더 할 말이 없어졌습니다. 그래서 갑자기 길을 잃어버린 사슴처럼 멍하니 백만불을 바라보고만 있었습니다. 그러자 이윽고 백만블이 자리에서 일어서며 말했습니다.
 "하 정태, 난 네가 땅슈퍼나 하며 사는 모습은 정말 두 번 다시 보고 싶지 않아. 그러니까 성경을 읽고 꼭 답을 찾아! 예수를 믿었으면 반드시 부자가 되는 게 정답이야. 부자가 안 되었다면 뭔가 예수를 잘못 믿고 있는 거야. 그러니까 답을 찾아. 다음에 내가 올 땐 반드시 내손을 잡고 백만불, 내 짝꿍, 내 친구야. 내가 부자 되는 비밀을, 방법을 길을 찾았어. 성경에 있었어. 바로 여기, 여기에 그 정답이 있더라고! 그렇게 말해주기 바라네. 그럼 잘 있게."
 백만불이 그렇게 큰 문제를 훅 던져놓고는 얼른 돌아서서 내빼듯 땅슈퍼에서 나갔습니다.
 나는 백만불이 땅슈퍼를 나가서 저 아래로 사라져 가는 모습을 멍하니 바라보고만 있었습니다. 그랬지만 내 머릿속은 복잡하게 회전되고 있었습니다.
 ―분명히 성경 안에 정답이 있긴 있는데? 백만불이 부자가 된 걸 보면 분명히 성경 속에 부자가 되는 정답이 있긴 있는데? 비밀이, 길이, 방법이 있긴 있는데? 도대체 부자가 되는 그 정답이 성경 어디에서 산삼처럼 아름답게 탐스럽게 꽃이 피어 있을까? 거기가 어딜까?―
 하 정태씨는 거기까지 얘기한 뒤에 정말 묘한 표정을 짓고 작가인 나를 딱 바라보며 질문했습니다.
 "선생님, 제가 친구 백만불이 던진 미끼를 물었을까요? 안 물었을까요?"

"글쎄요?.."

내가 고개를 갸웃하며 대꾸하자 하 정태씨는 야릇한 미소를 지으며 말했습니다.

"제가 그 미끼를 물었습니다. 나쁜 말로 하면 유혹에 넘어갔어요. 미끼는 유혹이잖아요. 제가 유혹인 줄 알면서 왜 그 미끼를 물었을까요? 한마디로 나도 부자가 꼭 되고 싶었기 때문이었습니다. 백만불이 예수를 믿고 부자가 되었는데 나라고 부자가 못 되라는 법이 없잖아요. 더구나 부자가 된 백만불이 성경에 그 정답이 모두 있다는데 수학을 잘하는 내가 그 정답을 못 찾으라는 법도 없잖아요. 그래서 결심했습니다. ―그래 찾아보면, 오르고 또 오르면 못 오를 곳 없다는데 까짓 거 성경을 읽고 또 읽어보면 되지. 안 될게 뭐야. 해봐. 까짓 거 해보자고― 그렇게 결심했습니다. 특히 내가 백만불을 보내고 깜짝 놀란 것은 백만불이 나한테 주었던 30만원 때문에 내가 기사회생했던 일이 불현듯 떠올랐기 때문이었습니다."

"친구가 준 30만원 때문이라니 그건 또 무슨 말입니까?"

나는 의아해하며 한마디 질문을 던졌습니다.

그랬더니 하 정태씨는 깊은 한숨을 쉬며 잠시 뭔가를 한참 생각하다가 말했습니다.

"아까도 잠시 말했지만 제가 친구 백만불을 찾아갔을 그 당시는 트럭 두 대를 하루아침에 사고로 날리고 피해자 차주한테 뒷날 돈 벌면 갚겠다는 합의금 500만원을 차용증으로 써주고 빈털터리로 지내고 있던 때였습니다. 그래서 집에 가서 친구한테 30만원을 받은 말은 아무에게도 하지 않고 내 주머니 속에 꽁꽁 숨겨놓고 잠시 숨고르기를 하고 있었습니다. ―앞으로 어떻게 살지? 무얼 해서 살지?― 앞일을 생각하며 고민하며 할 일없이 하루하루를 보내고 있었습니다. 그런 내 앞에 내가 꿈에도 상상 못했던 뜻밖의 일이 다가오고 있었습니다."

영감탱이 길잡이

하 정태씨는 거기서 말을 멈추고 이번에는 주스 잔을 들어 한 모금 마시며 목을 축인 뒤에 잠시 한강을 바라보며 생각에 잠기다가 이윽고 다시 얘기를 시작했습니다.

"늦은 봄이었습니다. 어느 날, 나는 할 일도 없고 해서 부근에 있는 공원으로 바람을 쏘이러 갔습니다. 그런데 공원 안으로 얼마큼 들어가자 노인들 대여섯 명이 모여서 윷놀이를 하고 있더라고요. 나는 거기서 걸음을 멈추고 서서 잠시 윷놀이를 지켜보고 있었습니다. 그런 어느 순간이었습니다. 누군가가 내 앞으로 오며 말했습니다."

"이보게 앞집 명훈이 아버지 아닌가?"

그 소리에 나는 놀라 고개를 들고 내 앞으로 다가오는 사람을 바라보았습니다. 그분은 바로 앞집에서 살고 있는 머리가 희끗한 어르신이었습니다. 그래서 얼른 반색을 하며 인사했습니다.

"어르신, 산책 나오셨군요?"

"명훈이 아버지 맞네. 잘 만났네. 나하고 얘기 좀 하세."

어르신은 내손을 다정히 잡아서 저편에 있는 벤치로 데리고 갔습니다. 우리는 벤치에 나란히 앉았습니다. 어르신이 먼저 말했습니다.

"내 저번부터 한번 말하고 싶었는데, 기회가 잘 오지 않아 말을 못했네."

어르신은 뒤에 가서 알게 됐지만 존함이 김 명성씨였습니다. 어르신이 계속해서 말했습니다.

"교통사고로 인해 파산했다는 딱한 소식은 들었네. 아직 젊으니까 너무 낙심하진 말게. 사람은 금방 죽을 것 같아도 살아나고 완전 망했는가 싶었는데 금방 기사회생하기도 하니까 희망을 잃지 말게. 용기를 잃지 말게."
"감사합니다. 도무지 앞이 보이지 않아도 희망은 놓지 않고 있습니다."
"당연히 그래야만 되네."
"저한테 하실 말씀이란 무엇입니까?"
"응, 그게.."
어르신은 나를 보며 잠시 망설이며 생각하다가 말했습니다.
"그게 실은 절망에 놓인 명훈이 아버지한테 부자친구를 하나 소개할까 하고.."
"부자친구라뇨? 어떤 분이신가요?"
나는 관심을 가지고 물었습니다. 그랬더니 어르신이 정말 뜻밖의 말을 했습니다.
"이 천지 만물을 만들고 지금도 다스리고 계시는 분이 큰 부자이신 하나님이라네. 근데 그분 외아들인 예수님이 구세주가 되어 이 땅에 와 있다네. 예수님을 한번 만나 보시겠는가?"
순간 나는 뻥하니 굳어졌습니다.―이 영감탱이가 지금 무슨 개똥딴지같은 헛소리를 하고 있는가?― 내 머릿속에서 이런 말이 회돌이를 쳤지만 나는 입을 꽉 다물고 좋게 말했습니다.
"예수님을 만나시라뇨? 예수님은 죽어서 하늘로 가고 안 계시잖아요?"
"어? 예수님을 알고 계시는가?"
어르신은 뜻밖이라는 태도로 반문했습니다.
"정말로 예수님을 알고 계시는가?"

"당연히 알고 있죠. 어릴 때 교회 주일학교에 한두 번 안 가본 사람이 어디 있습니까? 친구 따라 몇 번인지 모르게 주일학교에 가서 떡도 얻어먹고 노트도 받곤 했죠. 그때 예수님께서 십자가에 돌아가신 뒤 삼일 만에 부활하여 하늘로 갔다는 얘기를 다 들었죠."
"그랬군! 그렇다면 이야기가 더 쉽겠네. 명훈이 아버지처럼 큰 어려움을 당했을 이때가 바로 교회에 가서 예수님을 만날 수 있는 절호의 기회라네."
"교회에 예수님께서 와 계신다는 말씀입니까?"
"예수님은 안 계셔도 예수님이 보내신 보혜사 성령님이 와계셔. 예수님의 영이지. 성부, 성자, 성령이 한 몸인지라 예수님이라고 해도 틀린 것은 아니라네."
"어르신, 내가 지금 왜 그분을 만나야 된다는 것입니까?"
나는 약간 불만스런 태도로 반문했습니다. 그러자 그 어르신은 아주 밝은 표정으로 대답했습니다.
"그분이 큰 부자이기 때문이네. 명훈이 아버지의 큰 어려움을 다 아시고 맘껏 도와주실 수 있는 구세주이기 때문이네."
"나를 도와줄 수 있다고요? 나는 지금 현금이 많이 필요해요. 교회에 가면 예수님이 나한테 바로 필요한 돈을 줄 수 있다는 겁니까?"
"예수님이 바로 돈을 주지는 않아. 하지만 명훈이 아버지가 예수를 믿으면 필요한 돈을 주게 돼"
"그래요? 예수님을 믿기만 하면 내가 필요로 하는 현금을 바로 내 손에 쥐어 주나요?"
"바로 주지는 않네. 내가 얼마 전에 교회에 성령님이 와 계신다고 했지 않았나. 성령님은 영이시기 때문에 우리 눈에는 안보여. 그래서 돈을 줘도 직접 주지 않고 누군가 사람을 통해 준다네."
"사람을 통해서요? 어떤 사람을 통해서 돈을 주는데요?"
"누가 줄지는 명훈이 아버지도 모르고 나도 몰라. 하지만 믿는 순간 성령님이 이 사람을 통해 나한테 돈을 주시는구나.-를 느끼고 알게 되네."
"그래요? 그렇다면 교회에 나가서 예수를 구주로 믿기만 하면 돈을 받을 수 있겠군요?"
"그런데 지켜야 할 법이 하나 있다네."
"지켜야 할 법이라뇨?"
"대한민국에 살면 대한민국의 법을 지켜야 되는 것처럼 예수를 믿게 되면 하나님 나라의 법을 지켜야 된다네."
"법이 많아요?"
"법은 많지만 하나님께 돈을 받는 법은 간단하다네."
"그 법이 뭡니까?"
"십일조 법이라네."
"십일조 법은 또 뭡니까?"
"십일조 법이란? 쉽게 말하면, 명훈이 아버지가 교회에 다니며 예수님을 구세주로 믿게 되면 성령님이 사람을 통해서 돈을 주게 되는데, 그 돈의 십 프로를 하나님께 드리는 것이라네. 십 프로 드린 다고해서 십일조라고 한다네."
"뭐요?"
나는 얼굴을 찡그리며 반문했습니다.
"그러니까 뭡니까? 한마디로 교회에 돈을 내라는 것 아닙니까?"
"맞네. 돈을 내라는 것이네. 하지만 오해하진 말게나."

어르신은 나를 이해시키려고 아주 적극적으로 설명을 했습니다.

"돈을 내기는 내는데. 명훈이 아버지 장롱 속에 숨겨놓은 돈을 가지고 오라는 것이 아니네. 교회에 나오기 전에는 돈이 없었고 도무지 돈이 들어올 곳도 없었는데. 교회에 다니자마자 일을 하자는 사람이 찾아오고 그래서 따라가서 일을 했더니 월급을 주었네. 그 돈은 성령님이 사람을 통해 주는 것이기 때문에 십 프로를 떼서 하나님께 감사한 마음으로 드리는 것이네. 내 말이 이해가 잘 안 되는가?"

"아, 아닙니다. 이해가 되기는 되는데, 어쨌든 내가 일해서 번 돈이 아닙니까?"

"그렇지! 그런데 예수 믿고 교회에 다니기 전에는 일을 하고 싶어도 일할 곳이 없어서 일을 못했는데 교회에 다니니까 일할 장소가 생기고 일을 했더니 돈이 들어온 것이 아닌가."

"그렇게 생각하니까 그런 것 같기도 하고.."

나는 알딸딸해서 고개를 갸웃거렸습니다. 그러자 어르신이 나한테 확신을 주듯 말했습니다.

"하나님한테 돈을 많이 받자면 하나님나라 법을 확실하게 지켜보는 것이네. 십 프로가 뭔가? 네가 나한테 만원 주면 나는 너한테 십만 원 주겠다는 약속과 똑같지 않는가? 세상에 그런 어질고 선한 사람이 어디 있는가? 한마디로 십 배를 준다는 것 아닌가? 만물의 주인인 하나님이 큰 부자라서 그렇게 할 수 있는 것이라네. 그렇다면 하나님한테 돈을 많이 받자면 어떻게 기도해야 되겠는가? 하나님 아버지 저도 십일조를 많이 낼 수 있게 해주세요. 그렇게 기도하면 될 것 아닌가. 하나님 아버지, 돈 많이 주세요. 이 기도는 약간 손 벌리는 것 같은 거지같은 느낌을 주지만 십일조를 많이 내게 해주세요. 이 기도는 법을 지키는 기분이고 어딘가 당당해 보이지 않는가? 아직도 내 말이 이해가 잘 안 되는가?"
"아, 아닙니다. 이해는 됩니다."
나는 고개를 가로젓고 말했습니다.
"한마디로 정리하면 교회에 다니며 십일조를 많이 낼 수 있게 해주세요. 그렇게 기도하면 하나님이 돈을 많이 줄 수 있다는 것 아닙니까?"
"맞네! 바로 그것이네. 자네 아주 이해가 빠르군, 그래 어쩔 텐가? 예수님을 구주로 믿고 하나님께 돈을 많이 받아서 부자가 되어 보시겠는가?"
"그런데 그게..."
그 어르신의 말을 들으니까 그렇게 하면 되겠다는 믿음이 확 왔습니다. 그런데 갑자기 안 믿는 어머니와 아내의 얼굴이 확 떠올라왔습니다. 초등학교 다닐 때 친구 따라 교회에 다니다가 어느 날, 교회 앞에서 어머니와 딱 마주쳤습니다. 그러자 어머니가 노발대발하여 내 귀를 잡아끌고 가면서 모질게 말했습니다.
"이 나쁜 녀석, 어미 말을 무시하고 몰래 교회를 가? 코뼈를 확 분질러 놓을 테다!"

나무아미타불 어머니

하 정태씨는 거기서 잠시 말을 중단하고 물을 한 모금 마셨습니다. 그리고 뭔가 잠시 생각하다가 말했습니다.
그때까지도 나는 그 어르신이 내 인생의 길잡이가 되고 있다는 걸 몰랐습니다. 어쨌든 그 당시 저희 어머니는 70세 노인이었습니다. 젊어서부터 불교를 믿어서 불교 진골이었습니다. 그리고 아내도 어머니를 따라 절에도 다니고 해서 진골은 아니지만 그래도 개종을 시키기엔 만만치 않은 상대였습니다.
"저어 어르신.."
나는 잠시 고민하다가 말했습니다.
"저는 어머니도 가족도 있고 해서 지금 당장 답을 드릴 수는 없습니다. 며칠 고민하며 생각한 뒤에 답을 드리면 안 되겠습니까?"
"그렇게 하게. 가족과 의논을 해야 할 테니까 충분히 생각하고 의논한 뒤에 답을 주게."
"아무튼 저를 생각해주셔서 감사합니다. 그럼 전 이만 가보겠습니다."
"알았네. 가보게."
나는 그렇게 그 어르신과 헤어져 다른 쪽으로 걸어갔습니다.
그 당시 내 처지가 너무 말이 아니었습니다. 두 칸짜리 방을 얻자니 돈이 부족해서 작은 단칸방을 하나 월세로 얻어서 어머니 혼자 살게 하고, 아내와 나는 7살인 명훈이와 4살인 명자를 데리고 좀 큰 단칸방에서 월세를 살았습니다. 처음엔 전세로 살았으나 트럭사업을 해보겠다고 전세를 뽑고 월세로 돌렸는데 사고가 나서 한방에 전세금이 다 날아가고 빈털터리가 된 것입니다. 그렇게 되자 아내는 음식점으로 가서 알바를 했습니다. 가장으로서의 내 위치는 땅에 떨어질 대로 떨어져 있었습니다. 그런 처지에 놓인 내가 아내에게 예수를 구주로 믿자고 하면 코웃음은 고사하고 사고 치더니 망령까지 났냐며 대들 것이 불을 보듯 뻔 할 것 같아 차마 그런 말은 할 수가 없었습니다. 그래서 나는 고민을 하다가 먼저 어머니를 찾아갔습니다.
"요즘은 어떻게 지내느냐? 얼굴이 반쪽이 됐구나. 일자리는 찾았느냐?"

 어머니는 나를 보자마자 정신없이 내 형편을 물었습니다. 그래서 나는 어머니가 듣기 좋도록 적당히 대답하며 어머니를 물끄러미 바라보았습니다. 어머니는 젊어서부터 부처님을 믿는 신념이 대단했습니다. 그래서 제가 초등학교 다니던 어느 날, 나를 잡고 간곡히 부탁하듯 말했습니다.

 "정태야, 너는 부처님을 믿어야 잘 살 수 있다. 그러니까 시간이 날 때마다 나무아미타불을 자꾸 외워라. 수백 번 수천 번 수만 번 수십만 번 나무아미타불을 외우게 되면 부처님께서 두 눈을 꽉 감고 있다가 크게 감동하여 한쪽 눈을 떠서 너를 바라보게 된단다. 그러면 너는 말할 수 없는 큰 복을 받게 된단다, 알겠니?"

 "알았어요. 엄마."

 나는 어머니가 하신 말을 그대로 믿고 복을 많이 받아 잘 살고 싶은 마음에 시간이 날 때마다 나무아미타불을 외웠습니다. 특히 밤에 잠자리에 들어서 잠들기 전에 수백 번씩 외우다가 잠들고는 했습니다. 어떤 날은 천 번이 넘게 외우다가 잠들기도 했습니다. 그랬는데 복을 받기는커녕 폭삭 망해서 빈털터리가 되고 만 것이었습니다.

 "어머니.."

 나는 어머니를 바라보며 마침내 내 결심을 무겁게 내놓았습니다.

 "어머니, 우리도 이제 그만 예수님을 구세주로 믿읍시다."

 "뭐라고?"

 어머니가 깜짝 놀랐습니다. 그리고 펄쩍 뛰며 단번에 반대했습니다.

"도대체 무슨 해괴한 소리를 하는 거냐? 내가 평생토록 부처님한테 빌며 살았는데 이제 와서 예수를 믿으면 도로아미타불이 아니냐?"
"어머니, 이판사판공사판입니다."
 나는 결심하고 갔기 때문에 내 뜻을 확실하게 밝혔습니다.
"어머니, 제가 못되면 여기서 얼마나 더 못 되겠습니까? 제가 지금 벼랑 끝에 딱 서있습니다. 여기서 한발 더 뒤로 밀리면 저는 떨어져 죽습니다. 이대로 죽는 것 보다는 예수라도 한번 믿어보던지 무슨 몸부림을 쳐봐야 될 것 아닙니까?"
"그래도 그건 안 된다. 부처님이 가만히 있지 않을게다. 그건 결코 안 된다!"
 어머니는 극구 반대했습니다. 그때 나는 내 감정을 더 억제할 수 없어서 울먹이며 말했습니다.
"어머니, 부처님은 없어요. 안 계셔요. 만일 부처님이 있다면 어머니가 그렇게 평생토록 손바닥이 다 닳도록 부처님한테 빌었는데 내가 이렇게 못 될 수가 있습니까? 없어요. 부처님은 없어요. 없는 걸 왜 믿습니까? 제가 요즘 얼마나 힘든지 몰라요. 하루에 두세 번씩 자살하고 싶은 마음이 막 일어나고 있어요."
"자살?"
 내 입에서 자살이라는 말이 툭 튀어나오자 어머니는 놀라서 벌린 입을 한참동안 다물지 못하고 있었습니다. 그래도 나는 너무 답답해서 흐르는 눈물을 손등으로 훔치고 또 훔치고 있었습니다.
 어머니도 그런 나를 한참동안 바라보고 계셨습니다. 입을 굳게 꽉 다물고 굳은 얼굴로 큰 한숨을 두어 번 내 쉬더니 마침내 결심한 듯 말했습니다.

"네 뜻이 정 그렇다면 그럼 그렇게 하자. 네 말마따나 부처님이 계신다면 네가 이 지경이 되도록 내버려두지는 않았을 게야. 내 입이 백 개라도 대답할 말이 없구나. 내 뜻대로 하자."
"어머니, 감사합니다. 어머니 고맙습니다."
그 순간 나는 어머니의 두 손을 와락 잡아 쥐고 내 뜻을 따라 주는 어머니가 너무 고마워서 몇 번인지 모르게 고맙다는 인사를 했습니다.
어머니도 그런 나를 바라보며 눈물을 흘리고 있었습니다. 아들이 자살하게 될지도 모른다는 뜻으로 말하자 한평생을 굳게 섬기고 왔던 부처님의 손을 한순간에 미련 없이 놓아버렸습니다. 아들이 죽어버린다면 부처님이고 뭐고 다 무슨 소용이냐는 태도였습니다. 그것은 어머니의 진정한 모성애가 솟아난 아름다운 모습이기도 했습니다.
"그래, 예수님 한번 믿어보자, 믿어보자꾸나!"
어머니는 고개를 끄덕이며 힘을 주어 말했습니다.
그 당시 나는 그렇게 해서라도 어머니의 신념을 꺾을 수밖에 없었습니다. 그 무렵 나는 뭔가 돌파구가 꼭 필요했습니다. 7살 명훈, 4살 명자, 아내, 어머니, 그들을 먹여 살리고 교육도 시켜야 할 의무를 짊어진 가장인데 아무것도 못하고 무력하게 백수로 산다는 것은 도대체 말이 안 되는 일이고 책임감이 투철한 나에게는 아픔보다 더 큰 고통이었습니다. 그래서 어떻게든 새 돌파구를 찾아보려고 어머니의 신념부터 꺾었던 것입니다. 무슨 수를 써서라도 새 돌파구를 꼭 찾아보고 싶었습니다.
―잘 사는 길이 있다는데, 예수를 믿고 법을 잘 지키면 분명히 잘 사는 길이 있다는데 가만히 앉아있을 까닭이 없지 않는가? 죽기 살기로 한번 매달려 보기라도 해보는 거야.―

나는 그렇게 결심을 굳히고 어머니와 둘이서 의논한 뒤 그 다음 주일에 앞집 어르신을 따라 어르신이 다니는 교회로 나갔습니다. 이층에 세 들어 있는 작은 교회였습니다.
 ―하나님, 저의 죄를 모두 용서해주시고 저를 좀 도와주세요. 제가 죽게 생겼습니다. 앞이 캄캄하고 아무것도 안보여요. 하나님 아버지 제발 좀 저를 도와주세요.―
 나는 어머니와 나란히 앉아 예배를 드리며 속으로 계속 내 죄를 회개하고 하나님께 도움을 청했습니다. 그러자 마치 아버지의 품에 안긴 것 같이 가슴이 따뜻해지고 편안해지며 계속 눈물이 났습니다. 그래서 울면서, 울면서 예배를 드리고 나오는데 목사님이 앞에 서 계시다가 등록을 하고 가라고 했습니다.
 "저어, 그게..."
 나는 잠시 난감해했습니다. 어머니의 주소로 하자니 교회에서 찾아오면 너무 창피할 것 같고 집으로 하자니 아내가 알고 가만히 있지 않을 것 같았습니다. 그래서 한참 망설이고 망설이다가 말했습니다.
 "등록을 안 하고도 교회에 잘 다닐 것이니까 아무 걱정하지 마세요."
 "그렇게 하세요."
 목사님은 어머니와 내 손을 잡아 축복기도를 해주고는 잘 가라는 인사를 했습니다.
 그날 해질 무렵에 나를 예수님께로 인도한 길잡이 김 명성 어르신이 공원에서 좀 만나자고 하여 만났습니다. 그랬더니 벤치에 나란히 앉자마자 뜻밖의 말을 했습니다.
 "교회 다닌다고 복이 오는 것이 아니고 기도를 열심히 해야 된다네."

"기도라뇨?"
"기도란 빌기 빌도, 비는 거라네. 비는 것을 유창하게 잘 빈다고 들어주고 떠듬떠듬 못 빈다고 안 들어주는 것이 아니라 자네의 진심을 아버지 하나님한테 말하면 되네. 예를 들면 죄를 먼저 회개한 뒤— 아버지 저도 십일조를 많이 드리고 싶습니다. 십일조를 많이 낼 수 있게 해주세요. 예수님의 이름으로 감사하며 기도했습니다, 아멘— 그러면 된다네. 마지막엔 꼭 예수님의 이름이 들어가야 그 기도가 하나님께 상달이 된다네, 알겠나?"
"예, 알겠습니다. 그럼 몸이 아플 땐 병을 고쳐달라고 빌면 되겠군요."
"그렇지! 뭔가 자기가 얻어야 될 것을 솔직하게 말하고 도와달라고 빌면 되네."
"알겠습니다. 그렇게 하겠습니다."
 나는 어르신이 가르쳐준 대로 그날부터 하나님께 십일조를 많이 낼 수 있게 해달라고 강권적으로 기도했습니다. 그랬더니 얼마 지나지 않아서 정말 신기한 일이 일어났습니다. 정말 놀라운 기적 같은 일이 일어났습니다.

봄바람처럼 따뜻한 기운

 하 정태씨는 거기서 또 잠시 말을 중단하고 이번엔 주스를 한 모금 마신 뒤 잠시 생각하다가 말했습니다.
 제가 교회 다녀온 지 3일째 되는 날이었습니다. 이 날도 여느 날처럼 오후 3시쯤 되어서 공원으로 산책을 나갔습니다. 그런데 가는 길목에서 생선장수를 만나게 되었습니다. 동네길사거리에 오토바이를 개조해서 뒤쪽에 사각형의 통을 만들어 달고 거기에 생선을 놓고 팔고 있었습니다.

"자, 생선사세요. 물 좋은 고등어가 있습니다. 싱싱한 광어와 오징어도 있습니다. 싼값으로 드립니다. 자, 생선 사세요."
 나는 그 생선장수를 보며 걸음을 멈췄습니다. 생선장수는 키가 보통이고 얼굴을 통통한 편이었고 나이는 나보다 한두 살 많아 보였습니다. 얼굴에 악한 모습이 없어서 사람이 좋아보였습니다. 하지만 내가 걸음을 멈춘 것은 생선장수 때문이 아니라 개조한 오토바이 때문이었습니다.
 ―어? 저렇게 오토바이를 개조하니까 멋진 생선차가 되네?―
 나는 신기해하며 오토바이를 바라보고 있었습니다. 그런데 잠시 후 손님이 없자 생선장수가 나를 흘끔흘끔 보더니 갑자기 내 앞으로 다가오며 말했습니다.
"형씨, 뭘 그렇게 보고 계시오?"
"아, 아닙니다.."
 나는 약간 당황하면서 대답했습니다.
"오토바이가 잘 개조되어 있어서.. 신기해서 보고 있었습니다."
"형씨, 근데 말이요."
 그가 내 아래위를 훑어보면서 뜻밖의 말을 했습니다.
"초면에 내가 이런 말을 해서 실례가 안 될지 모르겠습니다만.. 내가 보니까 요즘 쉬고 계시는 것 같은데 나와 함께 생선장수 한번 해보시겠소?"
"옛?"
 나는 너무 뜻밖의 갑작스런 제안에 놀라서 눈을 똥그랗게 떴습니다. 그러나 그는 아무렇지도 않게 말했습니다.
"이게 이렇게 보여도 수입이 꽤 짭짤합니다. 나한테 오토바이 개조한 것이 한 대 더 있소. 이것보다는 성능이 약간 떨어지지만 아직 10년은 끄떡없을 겁니다. 내가 무상으로 빌려드릴 테니까 쉬고 계시다면 한번 해보슈. 놀고 있는 것보다는 낮지 않소."
"난 밑천이 없습니다."
 나는 손을 가로저으며 솔직하게 말했습니다. 그런데 그가 아주 적극적으로 권했습니다.
"밑천 많이 안 들어요. 이십만 원이면 충분해요. 이십만 원도 없소? 내 돈은 빌려줄 수도 있소."
"아, 아닙니다."
 그 순간 불현 듯 백만불에게 받아서 주머니 속에 꼬불쳐둔 30만원이 생각났습니다.
"삼십만 원 정도는 저도 있습니다. 삼십만 원이면 되겠습니까?"
"물론이요. 삼십만 원이면 충분해요. 그만하면 넘칩니다."
 사건이 그렇게 되어서 나는 졸지에 오토바이 생선장수로 변신하게 되었습니다. 그 당시 나는 무슨 일이든지 잡히면 하고 싶은 마음이 간절했기 때문에 그리한 것이었습니다.
"나는 조규옥이요."
 그가 뒤에 자기소개를 했습니다. 그는 4년제 대학까지 나온 수제였는데 회사에 다니다가 졸지에 명퇴를 당하고 살아보겠다고 아내와 둘이서 경험도 없이 말만 듣고 제과점을 차렸다가 6개월도 안되어 거지 아닌 거지꼴이 되었다고 했습니다. 그런 와중에도 어떻게든지 살아보려고 발버둥 치다가 오토바이 생선장수를 만나 무식하게 생선장수를 하면서 겨우 살아나게 되었다고 했습니다.
"형씨도 앞으로 나 따라다니면 살길이 열릴 것입니다."
 조 규옥씨는 정말 친절하고 좋은 분이었습니다. 그는 자기가 쓰던 개조한 오토바이까지 빌려주고는 생선도매상으로 데려가서 물 좋은 생선을 고르는 법과 파는 법까지 아낌없이 하나하나 가르쳐주었습니다. 친형제라도 그렇게 할 수 없을 정도로 용기를 주며 정답게 위로 해주며 어려운 세상을 함께 힘내어 살아보자고 했습니다. 마치 천사같이 좋은 분이었습니다. 나는 그런 조규옥씨를 만나 암담한 암흑의 세상에서 가느다랗게나마 따뜻한 햇빛을 바라볼 수 있었습니다. 정말 꿈에도 잊을 수 없는 분이었습니다.

"하 사장, 얼마나 벌었소?"

첫날 장사가 끝난 뒤에 그가 나한테 물었습니다. 그래서 나는 돈을 다 내어 보이며 말했습니다.

"밑천 빼고 10만원 번 것 같습니다."

"나보다 많이 벌었네요. 축하합니다."

"감사합니다, 조 사장님."

나는 진심으로 인사했습니다. 그리고 십일조 만원을 따로 떼어 보관했습니다. 장사는 계속 잘 되었습니다. 그 다음 날도 그 다음 날도 계속해서 돈이 잘 벌렸습니다. 그래서 하나님께 감사기도를 하며 십일조를 많이 낼 수 있게 해달라는 기도를 강권적으로 했습니다.

주일은 무조건 쉬었습니다. 어머니와 둘이서 교회에 갔습니다. 어머니에게 오토바이 생선장수를 만나 생선장수를 해서 돈을 번 얘기를 해주자 어머니는 좋아 죽었습니다. 죽은 자 같은 얼굴이던 아들 얼굴에 생기가 돌아오자 어머니는 예수 믿기를 정말 잘 했다며 집에 앉아 하루 종일 기도만 하는 기도 꾼이 되었습니다. 정말 기도만 했습니다.

나는 주일이 되면 챙겨둔 십일조와 감사헌금을 하나님께 드렸습니다. 비록 얼마 안 되는 돈이었지만 나는 천만금을 드리는 것보다 더 기쁘고 즐거웠습니다. 그리고 어머니와 함께 교회에 가서 하나님께 예배하는 것보다 더 즐겁고 기쁜 일이 없었습니다. 나는 정말 행복했습니다. 하지만 아내에게는 얘기하지 않았습니다.

"하 사장, 실은 제가..."

어쨌든 그렇게 서너 달이 지나서 내가 완전히 오토바이생선장수로 자리를 잡았을 때였습니다. 어느 날 갑자기 조 규옥씨가 고향에서 부모님이 부른다며 고향으로 내려가게 되었다고 나한테 작별을 고했습니다. 나는 너무 섭섭했습니다. 오래된 아주 친구와 헤어지는 듯한 그런 느낌이었습니다. 그런 나에게 그 분은 고향에 도착하면 연락하겠다며 개조한 오토바이까지 나한테 선물하고 훌쩍 내 곁을 떠나갔습니다. 얼마나 서운했든지 보내고 눈물을 흘렸습니다. 그랬는데 고향에 도착하면 바로 연락하겠다던 그 분은 그렇게 가고는 영영 소식이 없었습니다. 세월이 많이 흐른 뒤에 나는 그 분이 천사가 아니었을까. 주님이 아니었을까 하는 생각을 해보기도 했습니다.

어쨌든 그렇게 조 규옥씨를 보내고 나 혼자 생선장수를 했습니다. 그런데 오토바이 생선장수가 날씨가 좋을 때는 괜찮은데 며칠 비라도 내리면 장사를 할 수가 없었습니다. 그래서 하나님께 무턱대고 가게를 하나 달라고 간절히 기도했습니다. 그런 어느 날이었습니다. 또 신기한 일이 일어났습니다. 또 기적 같은 일이 일어났습니다.

어느 날씨가 화창한 수요일이었습니다. 나는 언제나처럼 길 한 모퉁이에 오토바이를 세워놓고 생선을 팔고 있었습니다. 그런데 어찌된 일인지 그날따라 아무리 외쳐도 사람들이 나오지 않았습니다. 그래서 기도를 해야 되나 하고 오토바이를 잡고 속으로 주님께 손님을 보내달라고 간절히 기도했습니다.

"이보게, 젊은이!"

그런 어느 순간이었습니다. 내가 속으로 간절히 기도를 끝내는 그 순간 어떤 컬컬한 영감의 목소리가 들려왔습니다. 돌아보니까 70세나 됨직한 어떤 꺼벙한 영감 한분이 내 앞으로 다가왔습니다.

"어서 오세요, 어르신"

나는 얼른 반갑게 인사했습니다.

"무슨 생선을 드릴까요?"

"…"

영감은 말없이 나를 물끄러미 바라보시더니 뜻밖의 말을 했습니다.

"잠시 나를 좀 따라 오게나"

"예? 근데 무슨 일이죠?"

"오라면 그냥 따라오게. 좋은 일이야."

"아, 예.."

나는 생선이라도 좀 듬뿍 팔아주려나 하는 기대를 하며 오토바이를 타고 영감 뒤를 따라 갔습니다.

"어험, 어험.."

꺼벙한 영감은 헛기침을 해가며 사거리를 두 번이나 지나갔습니다. 그리고 한 곳에 멈추었습니다. 영감 앞에는 빈 가게가 하나 있었습니다. 양지바르고 목이 아주 좋은 곳이었습니다.

"이보라고 젊은이."

영감은 가게와 나를 번갈아보다가 이윽고 손으로 가게를 가리키며 말했습니다.

"밖에서 땀을 뻘뻘 흘리며 고생하지 말고 오늘부터 이 가게에서 생선을 팔게."

"옛?"

나는 깜짝 놀라서 손을 휘휘 내저었습니다.

"감사합니다. 근데요. 어르신 저는요. 이런 가게를 얻을 돈이 없어요."

"누가 돈을 내라고 했나? 그냥 무상으로 하라고. 돈 내지 말고 하라고,!"

"무상으로 하라뇨? 이 좋은 가게를 저한테 무상으로 하라는 겁니까?

"그렇다네."

"아, 아닙니다. 그러지 마세요. 그러지 마시고 돈 주겠다는 분한테 이 가게를 주세요."

"이런 멍청한 친구를 봤나? 공짜로 하라고 하면 해. 고맙습니다. 하고 그냥 하라고!"

"근데 어르신?,."

나는 의아해 하며 물었습니다.

"왜 저한테 이런 선심을 베푸시는 겁니까? 뭔가 이유가 있을 것 아닙니까?"

"이유? 있지. 이 가게 자리는 얼마 지나면 전철역이 들어올 자리야. 그래서 지하철 공사에서 땅 보상금은 이미 다 받았어. 그러니까 이 가게가 헐릴 때까지 안심하고 여기서 그냥 공짜로 장사를 하라고.. 알겠나?"

"아, 예 예..."

나는 그제야 그 꺼벙한 영감이 나를 데리고 온 이유를 이해했습니다. 그래도 나를 잘 보고 불쌍하게 여긴 그 영감이 너무 고마워서 몇 번인지 모르게 고맙다는 인사를 했습니다.

-주님, 감사합니다. 내 기도를 들어주셨군요. 하나님 정말정말

감사합니다.-

 영감이 가고 난 후 한참 뒤에야 나는 주님께 무턱대고 가게를 하나 달라고 기도했던 일이 생각이 나서 가게를 마련해준 하나님께 감사기도를 했습니다. 그런데 생각지도 않았던 곳에서 큰 문제가 발생했습니다.

아내의 반격

 하 정태 씨는 거기서 또 물을 한 모금 마시고 잠시 진정하며 생각한 뒤에 말했습니다.
 나는 그 꺼병한 영감의 도움으로 가게 세 한 푼 안내고 거기서 생선가게를 하게 되었습니다.
 "어르신, 제가 가게를 냈습니다. 와서 축복기도 좀 해주세요."
 나는 무엇보다 먼저 나를 주님 품으로 인도한 김 명성 어르신을 가게로 초청하여 모든 사실을 말씀드렸습니다. 그랬더니 어르신이 크게 좋아하면서 축복기도를 길게 해주고 갔습니다.
 "하나님이 은혜로 주신 거야. 잘 될 거야. 명훈이 아버지는 복을 받은 거야. 잘하게."
 앞집 어르신이 그러고 갔습니다. 그 어르신의 예언대로 가게는 정말 잘 되었습니다. 사람들이 어찌나 많이 오는지 새까맣게 줄을 설 정도였습니다. 그때까지도 나는 아내에게 교회 다닌다는 말도 생선장수를 한다는 말도 하지 않았습니다. 그런데 손님들이 채소도 가져다가 함께 팔라고 했습니다. 그런데 나 혼자서는 채소까지 손댈 형편이 되지 못했습니다.
 "여보, 사실은 내가 말이야.."
 어느 날 밤, 나는 마침내 작정을 하고 아내에게 그동안 일어난 일들을 모두 자세히 말하고, 기도하다가 하나님께 공짜로 받은 가게가 너무 잘 되고 있으니까 당신이 음식점 알바를 그만두고 가게에서 채소장사를 하는 게 어떻겠느냐고 했습니다.

"명훈이 아빠, 너무 신통하다!"

내 얘기를 다 듣고 난 아내는 뜻밖에도 아주 좋아했습니다.

그 동안 자기도 어머니를 따라 불교를 믿기는 했지만 만족하지 않았다면서 그 주일부터 바로 교회에 나가겠다고 했습니다. 그래서 그 다음 주일에 우리 가족은 모두 교회에 나가 예수님을 구주로 영접하게 되었습니다. 구원받은 가족을 바라보자 나는 말할 수 없도록 기쁘고 즐겁고 행복했습니다. 그때까지 오토바이 생선장수 조 규옥씨를 만나 생선장수를 시작해서 영감으로부터 가게를 물려받아 생선가게를 하기까지 나는 추운 겨울을 보내고 봄을 맞아 꽃 피고 새 우는 행복감 속에서 살았습니다. 보이지 않는 따뜻한 손길이 나를 행복의 길로 인도했습니다. 나는 그 손길이 하나님의 손길이라 생각하고 날마다 감사기도하며 살았습니다. 그랬는데 전혀 생각도 못했던 곳에서 뜻밖으로 큰 문제가 발생했습니다.

"여보, 진짜 장사 잘 된다. 명당자리에요"

내 얘기를 듣고 바로 알바를 그만둔 아내는 가게로 나와 채소를 팔면서 좋아죽었습니다.

"진작 나한테 얘기했으면 돈을 더 많이 벌었잖아요."

"지금부터라도 열심히 해."

날마다 손님들이 길게 줄을 섰습니다. 돈이 잘 벌렸습니다. 날마다 갈고리로 돈을 긁어모으는 것 같은 느낌이 들 정도로 돈이 잘 벌렸습니다. 모두 하나님의 크신 은혜로 그리된 것이었습니다. 그래서 나는 열심히 십일조와 감사헌금을 따로 챙겼습니다.

"여보, 그게 뭐에요?"

그런 어느 주일이었습니다. 내가 십일조 봉투에 돈을 넣은 것을 본 아내가 따져 물었습니다.
"그 돈은 뭐냐고요?"
"응, 이거.. 이거 십일조야."
나는 아무렇지도 않게 대답했습니다. 그러자 아내가 따져 물었습니다.
"십일조가 뭐예요."
"십일조.. 아참 당신한테 말 안했지."
나는 그제야 앞집 어르신한테 교육을 받은 데로 십일조에 대해 자세하게 말해주었습니다. 그랬더니 아내가 대번에 눈을 크게 뜨고는 봉투를 빼앗듯 가져가서 봉투 안에 든 이십만 원을 보고는 깜짝 놀란 얼굴로 나를 공박했습니다.
"아니, 그런다고 십일조를 이십만 원씩이나 내요?"
"십일조는 받는 데로 드리는 거야."
"당신은 정말 사람이 너무 순진하고 어리석다니까! 당신처럼 그런 사람이 교회에 어디 있어요."
"나만 그런 게 아니야. 모든 교인들이 다 하나님의 법을 잘 지키고 있어."
"아이 몰라요. 당신 정말 이상해. 예수에 미쳤나봐."
"여보, 무슨 말을 그렇게 해! 우리가 이렇게 살게 된 건 모두 하나님 은혜야."
"당신이 운이 좋아서 그렇게 된 거지, 은혜는 무슨 은혜에요!"
"이 사람이 정말!..."
나는 더 말했다가는 큰 싸움이 일어날 것 같아서 거기서 치솟은 감정을 꾹 눌러 참았습니다. 그리고 지금까지 내가 죽 해온 대로 십일조와 감사헌금을 낼 것이니까 참견하지 말라고 했습니다.
"당신 하고 싶은 대로 하세요!"
아내가 팩 토라졌습니다. 그리고 교회에 갈 때도 기쁜 얼굴이 아니라 억지로 가는 모습이었습니다.
─내가 공연히 명자엄마를 가게로 데리고 갔나?─
잠시 후회해보기도 했지만 언젠가는 구원해야 하는 가족이고 언젠가는 말해야 되는 일이 아닌가 하는 좋은 생각을 하며 기도했습니다.
언젠가는 아내에게도 믿음이 생길 것이고 믿음이 생기면 나를 이해하겠지 하는 좋은 생각을 하며 꾹 참아냈습니다. 그런데 문제가 또 발생했습니다.
"명훈이 아빠, 내 말을 좀 들어봐요."
어느 날, 아내가 또 느닷없이 나한테 재동을 걸었습니다.
"우리 말예요. 주일에도 장사를 하면 어때요?"
"뭐야?"
나는 깜짝 놀라며 반문했습니다.
"주일에 장사를 하자니, 그건 도대체 무슨 말이야?"
"주일에 교회 가지 말자는 말이 아니에요. 내가 예배시간표를 보니까 1부 예배 7시, 2부 예배 9시, 3부 예배 11시라고 되어 있더라고요."
"그래서?"
"그러니까 우리는 1부 예배를 드리고 와서 장사를 하자는 거예요."
"그건 안 돼! 1부, 2부 예배는 부득이한 사정이 생겨서 3부 예배에 올 수 없는 분들을 위해 만들어 놓은 예배야. 우리는 그런 사정이 없잖아."

"여보, 명훈이 명자 아직 다 어려요. 쟤들 공부시키려면 지금 부지런히 돈을 벌어야 돼요. 쟤들이 더 커지기 전에 빨리빨리 준비해야 된다고요. 주일에 장사를 해 보면 알겠지만 평일 보다 배는 손님이 많을 거예요."
"그래도 그건 안 돼!"
나는 단호하게 거절했습니다.
"난 지금까지 주일엔 교회에서 예배를 드리고 와서 쉬었어. 주일은 하나님이 우리에게 쉬라고 준 날이야."
"당신 정말 이상하네요."
내가 강력하게 반대하고 나가자 아내가 뜻밖의 카드를 꺼내들었습니다.
"당신 그렇게 막무가내로 고집을 부리면 난 요번 주일부터 교회에 안 갈 거예요."
"뭐라구?"
나는 깜짝 놀랐습니다. 정말 아찔했습니다. 아내가 갑자기 교회에 안 나가게 되면 목사님과 교인들이 나를 바라보며 그 이유를 캐물을 텐데, 그 대답을 해야 될 일이 생각할수록 끔찍했습니다. 그래서 내가 얼른 한발 뒤로 물러섰습니다.
"좋아. 그럼 말이야. 당신 말대로 1부 예배를 드리고 와서 장사를 해. 근데 장사를 해보니까 잘 안됐다. 그땐 어떻게 할 거야?"
"그땐 주일에 장사를 안 할 게요. 안 되면 바로 접을 게요."
"알았어. 그럼 그렇게 해."
나는 그러고 난 뒤에 하나님께 주일에 장사를 하면 잘 안되게 해달라고 간절히 기도했습니다. 그런데 하나님이 그 기도를 들어주지 않았습니다. 장사가 평일보다 갑절이나 더 잘되게 했습니다.

"봤죠. 내가 잘 된다고 했죠. 이렇게 장사가 잘 되는데 왜 장사를 안 해요."

아내는 신이 나서 여봐란 듯이 자기주장이 승리했음을 자랑삼았습니다. 하지만 나는 주일에 장사하는 것이 한없이 찜찜했습니다. 그래도 아내가 교회에 안 가겠다고 버틸까봐 아무 말도 못하고 끌려갔습니다. 사탄이 아내를 통해 내 믿음을 허물고 있었는데 나는 그것을 깨닫지 못하고 있었습니다. 어쨌든 그렇게 일 년 동안 열심히 장사를 했더니 돈이 제법 많이 모였습니다.

"여보, 여보, 저기 좋은 집이 하나 나왔어요."

그런 어느 날, 아내가 이웃에 갔다 와서는 잔뜩 신난 태도로 말했습니다.

"새로 지은 빌라 28평이 매물로 나왔어요. 비록 반 지하지만 방이 세 개고 우리 돈으로도 살 수가 있을 것 같아요. 어머니도 모셔올 수 있어요. 큰 방은 우리가 살고, 가운데 방은 어머니와 명자를 주고 작은방은 명훈이를 주면 돼요. 융자 조금만 내면 살 수 있어요, 사요."

"그럼 구경 한번 해보고 사."

나는 어머니를 모시고 올 수 있는 것이 무엇보다 좋았습니다. 그래서 그 빌라를 샀습니다.

"하나님, 감사합니다. 정말, 정말 감사합니다."

빌라에 이사하던 날 우리 가족은 얼마나 기뻤든지 밤새도록 잠도 안자고 하나님께 진심으로 감사하며 좋아죽었습니다. 집 없이 여기저기 월세로, 전세로 떠돌아본 사람만이 집이 얼마나 소중한 것인가를 알 것입니다.

"지금 생각해도 그땐 너무 행복했습니다."

하 정태씨는 거기서 잠시 말을 중단하고 물을 한 모금 마신 뒤에 잠시 진정하고는 다시 말하기 시작했습니다.

"이사한 다음날, 나는 나를 주님께로 인도한 앞집에 사는 김명성 어르신을 모시고 와서 기도를 좀 해달라고 간곡히 부탁했습니다. 그러자 어르신이 와서 기도를 해주고는 뜻밖의 말을 했습니다."

"하성도, 하나님의 은혜로 집도 사고했으니 이제 주일성수를 하도록 하게."

"주일성수가 뭐지요?"

"주일은 교회에서 경건한 마음으로 예배를 드리고 가족과 함께 하나님께 감사하면서 편히 쉬는 것이 주일성수라네. 장사 따위를 해서는 결코 안 되는 날이라네."

"어르신 그게 근데..."

나는 아내가 교회를 안 가겠다고 해서 어쩔 수가 없어서 양보하게 된 사연을 말씀드렸습니다. 그랬더니 어르신이 고개를 끄덕이며 말했습니다.

"이해는 되네. 헌데 하나님은 주일예배를 통해서 자기 자녀들에게 복을 준다네. 그래서 주일예배에 진정으로 잘 참여하고 되도록 교회에서 지내야만 복을 받네. 1부나 2부 예배를 드리고 가서 장사를 하는 것은 하나님이 매우 싫어하는 일이라네. 하나님의 은혜로 집까지 샀는데 하나님이 싫어하시는 일을 하면 되겠나? 꼭 주일성수를 하게."

"1부 예배를 드리고 장사를 하면 복을 못 받습니까? 벌을 받기라도 합니까?"

예수를 믿었으면 먼저 예배부자가 되라.

여름에 오는 겨울

 하 정태씨는 거기서 말을 중단한 뒤 또 물을 한 모금 마시고 잠시 생각한 뒤에 말했습니다.
 어르신은 내 질문을 받고 한참동안 뭔가를 생각하시다가 말했습니다.
 "하 성도도 성경을 읽어 봤으면 알겠지만 다윗왕의 아들 솔로몬은 이스라엘 왕위를 물려받고 제일 먼저 한 게 일천 번제라네. 요즘으로 말하면 예배를 일천 번 드린 거라네. 일천 번이면 2년 9개월 정도 된다네. 당시 이스라엘은 굉장히 크고 부강한 나라였네. 그런 나라를 물려받은 솔로몬 왕이 무엇이 부족해서 하나님께 일천 번제를 드렸겠나? 한마디로 하나님이 두려웠던 것이지. 그래서 하나님께 왕으로 인정을 받고 싶었던 것이지. 한마디로 솔로몬은 하나님을 지극히 경외하고 있었던 것이네. 하나님은 솔로몬의 그런 심중을 알고 꿈속에 나타나서-무엇을 원하느냐고 물어?-그러자 솔로몬은 저는 아직 작은 아이라 무엇을 잘 모르니 지혜를 주세요. 그래야 이 많은 백성을 공평하게 잘 다스릴 수 있겠다는 취지의 말을 해. 그러자 하나님이 크게 감동을 하셔. 보통 사람 같으면 부귀영화와 만수무강을 달라기 마련인데 솔로몬은 백성을 잘 다스릴 수 있는 지혜를 달라고 한 거지. 그러자 크게 감동한 하나님께서 지혜를 줌은 물론 솔로몬이 구하지 아니한 부귀영화와 만수무강의 복까지 내려준다네.

일천 번제를 하나님께 드리고 얻은 선물이지. 솔로몬의 경우를 봐서 알겠지만 예수를 믿었으면 무엇보다 먼저 예배를 열심히 잘 드리는 예배부자가 되어야 한다네."

"예배부자가 되어야 복을 많이 받는다는 말이죠?"

"그렇다네. 하나님은 주일 대예배인 3부 예배에 참석하는 것을 좋아하신다네. 그때 하나님은 모든 자녀들에게 줄 복의 보따리를 들고 온다고 하네. 그래서 우리는 모르지만 하나님은 예배에 참석해서 영적으로 일일이 출석여부를 확인한다네. -홍길동, 홍길동-했는데 홍길동이가 안 보이면- 길동이의 복을 어떻게 한다?-고민하면 옆에 있던 박철수가 -아버지, 저를 불쌍히 여기소서. 우리 아이들이 올해 모두 대학에 들어가서 제가 매우 힘듭니다. 도와주세요.-그러면 하나님이 길동이를 주려고 가지고 왔던 복의 보따리를 철수에게 던져주며-옛다, 네가 받아라.- 그러면 길동이는 복을 철수한테 빼앗기고 나중에 후회한다네. 그래서 예배부자가 되어야 재물부자가 된다는 말이 있네."

"그렇군요."

저는 이해를 하고 고개를 끄덕이며 말했습니다.

"잘 알겠습니다. 아내를 잘 설득해 보겠습니다."

나는 어르신을 보내고 고민하며 생각하다가 아내가 설득될 수 있게 해달라고 기도했습니다. 그런 뒤에 어르신이 한 말을 앞세우고 아내를 설득해 보려 했지만 아내는 콧방귀만 뀌었습니다.

"그 영감탱이가 사람 웃기고 있네. 하나님이 복을 들고 와서 다른 사람한테 준다고? 그것을 봤대요? 그 영감이 봤대요? 말도 안 되는 소리는 하지 말라고 그래요. 누구를 뭐 세 살짜리 어린 애로 아나. 정말 웃기는 영감탱이야."

"영감탱이라니? 말을 함부로 하지 마!"

"몰라요. 그만 두세요!"

아내는 내 말은 아예 들으려고도 하지 않고 밟아버렸습니다. 성질 같아서는 따귀라도 후려치고 싶었지만 차마 그럴 수도 없어서 또 참으며 기다렸습니다.

그런 어느 날이었습니다. 우리 가게 맞은편에 어떤 친구가 와서 우리와 똑같이 생선 채소를 파는 가게를 냈습니다. 그러자 우리 가게로 오던 손님들이 모두 앞 가게로 몰려갔습니다.

"어르신 큰일 났습니다."

나는 놀라고 당황했습니다. 그래서 어르신을 만나 그 사실을 말씀드리며 걱정했습니다. 그랬더니 어르신이 뜻밖의 말씀을 했습니다.

"하성도, 여름에 갑자기 겨울 한파가 덮치면 어떻게 되겠나?"

"모든 곡식과 과일이 다 얼어 죽어버리죠."

"그렇지! 그것을 저주라고도 하네. 근데 성경을 읽어보면 이스라엘 백성들이 하나님을 잘 섬길 때는 적들이 쳐들어오지도 않고 농사는 풍년이 들어 부강하게 잘 산다네. 그렇게 되면 이스라엘 백성들이 스스로 노력해서 잘 되었다는 교만이 찾아와서 하나님을 잊어버리고 섬기지도 않는다네. 그러면 갑자기 옆에 있던 나라가 부강해져서 이스라엘로 쳐들러 온다네. 그러면 이스라엘 백성들이 하나님 살려주세요. 하고 울부짖는다네. 그러면 하나님이 대적이 물러가게 하고 잘살게 해준다네. 그것이 계속 반복 되는 게 이스라엘 역사라네. 하성도, 하나님께서 가게도 주고 은혜도 주어서 집을 사기까지 했음에도 불구하고 주일성수를 안 하니까 하 성도에게 대적을 붙이신 것 같네. 회개하고 주일성수를 하게. 그래야만 앞에 새로 생긴 가게가 떠나갈 거네."

"예, 명심하겠습니다."

나는 어르신과 헤어진 뒤에 곧바로 아내를 만나서 어르신이 말해준대로 모두 말했습니다. 그랬는데도 아내는 코웃음 치며 비웃었습니다.
"그 영감탱이가 정말 웃기시네. 하나님이 무슨 대적을 데리고 다녀. 말도 안 되는 말만 하네. 망령이 나셨나."
"여보, 그만해! 당신은 두렵지 않아!"
"당신, 자꾸 그러면 나 교회 안 갈 거야."
"뭐야?"
나는 어이가 없었지만 또 꾹 참았습니다. 그런 일로 아내와 다툴 수는 없었습니다. 그런데 그런 일이 있고 얼마 지나지 않아서 어르신이 갑자기 지방으로 이사를 간다고 했습니다. 그러고는 교회에도 나오지 않았습니다. 나는 마치 주님을 잃어버린 것처럼 서운했습니다. 그랬지만 어르신을 찾을 길도 만날 길도 없었습니다. 그런 와중에 교회에 무슨 큰 문제가 발생하여 목사님은 어딘가로 떠나가고 성도들은 뿔뿔이 흩어졌습니다. 나는 놀라고 당황스러운 가슴을 기도로 달래며 잘 진정시켜서 부근에 있는 수천 명이 나오는 〈하늘중앙교회〉로 가족들의 손을 잡고 옮겨갔습니다.
그런 어수선한 어느 날, 지하철 공사에서 나타나 건물들을 철거한다는 현수막을 내걸었습니다. 그리고 일주일도 안 되어 공룡 같은 철거 차량들이 몰려왔습니다. 통탕통탕 건물들이 부서졌습니다. 내가 일 년 몇 개월 동안 집을 살만큼 돈을 많이 벌었던 그 가게도 순식간에 흔적도 없이 사라졌습니다.
-아아, 하나님, 이게 무슨 일입니까?-
나는 사나운 악몽을 꾸는 것 같은 큰 충격을 받았습니다. 언젠가는 철거가 되겠지 하는 각오는 되어 있었지만 막상 일 년이 넘게 정들었던 가게가 내 눈 앞에서 순식간에 사라져 가는 모습을 보자 말할 수 없도록 가슴이 아프고 서운하고 허전했습니다.

-이제는 또 무엇을 하며 살지?-

나는 길 잃은 사슴처럼 갑자기 방향타를 잃고 집에서 쉬고 있었습니다.

-다시 오토바이 생선장수를 할까?-

나는 고민했습니다. 한동안 가게에서 장사를 해서 그런지 오토바이 생선장수는 선뜻하고 싶은 용기가 나지 않았습니다. 그래서 이런 저런 생각과 고민을 하며 며칠 지냈습니다.

"여보, 희소식이야, 희소식!"

그런 어느 날이었습니다. 아내가 밖에 나갔다가 들어오더니 땅슈퍼가 아주 싸게 나왔다며 당장 가서 계약을 하자고 했습니다. 그래서 집을 담보로 융자를 좀 받아서 땅슈퍼를 계약했습니다. 그런 뒤에 곧바로 슈퍼 문을 열고 장사를 시작했습니다. 그런데 장사가 계획내로 잘 되지 않았습니다. 십일조를 많이 내게 해달라고 아무리 기도해도 하나님은 들었는지 말았는지 응답도 없고 땅슈퍼는 현상유지하기도 바빴습니다.

"하 성도, 여름에 갑자기 겨울 한파가 덮치면 어떻게 되겠나?"

그런 어느 날 문득 떠나간 어르신이 한 말이 생각났습니다.

-내가 저주를 받았나?-

그런 생각을 하자 지금까지 되어졌던 일들이 어쩌면 모두 주일성수를 안 한 것 때문에 일어난 일 같기도 했습니다. 그래서 다시 아내에게 주일성수를 해보자고 설득했지만 아내는 장사도 잘 안되는데 무슨 헛소리냐며 한마디로 딱 잘라 거절했습니다.

-어이 정말 어렵다. 어려워-

나는 무력하게 땅슈퍼를 운영했습니다. 가게 세를 내고 나면 우리 가족이 한 달 생활할 생활비도 겨우겨우 남을 정도였습니다. 그렇게 되자 아내는 다시 음식점 알바라도 나가야겠다고 했습니다. 앞이 잘 안보이고 혼란스럽고 힘들기만 했습니다.

그런 상황에 놓여있던 어느 날, 재벌회장 백만불이 느닷없이 나를 찾아와서 예수를 믿었으면 부자가 되라고 큰 소리를 쳤던 것이었습니다.

하 정태씨는 거기서 말을 멈추고 다시 물을 한 모금 마시고는 뜬금없이 나를 바라보며 말했습니다.

"선생님, 친구 백만불이 나를 찾아오기 전에도 사실 난 많이 생각하고 있었습니다. 길잡이 김 명성 어르신을 따라가 예수님을 구주로 영접하고, 그 후 우연히 생선장수 조 규옥씨를 만나고, 꺼벙한 영감을 통해 생선가게를 얻어 장사를 하게 된 일련의 일들이 모두 우연히 일어난 일 같지만 모두가 교회에 나가 주님을 영접한 뒤에 일어난 일이기 때문에 내 눈에는 안 보여도 하나님이 나를 도와주고 있다는 확실한 느낌을 받았어요. 내 인생의 춥고 쓸쓸했던 겨울이 가고 소리 없이 따뜻한 봄이 내게로 다가오는 그런 느낌이었어요. 특히 돈을 모아 집을 샀을 땐 정말 꿈꾸는 것 같고 하나님의 은혜를 내 손으로 잡고 보는 것 같았어요. 그랬는데 김 명성 어르신이 떠나고 교회가 허물어지고 생선가게가 헐리고 땅슈퍼를 시작하고 나서부터 갑자기 앞으로 나아갈 길이 안 보이는 것입니다. 하나님께 십일조를 많이 낼 수 있게 해달라고 아무리 기도해도 땅슈퍼는 잘되지 않았습니다. 잘 되기는커녕 슈퍼에 오는 사람마다 물건이 시원찮다는 둥, 값이 비싸다는 둥, 엉뚱한 소리만 했습니다. 그래서 날마다 짜증만 나고 답답했습니다. 그런 때에 백만불이 느닷없이 찾아온 것입니다. 그리고 그 백만불이 예수를 믿었으면 부자가 되라고 큰

소리를 치면서 성경 속에 부자가 되는 길이 있다고 말한 것입니다. 그 순간 나는 정말 부끄럽고 후회가 되었습니다."

기도하면 날아오는 지혜.

하 정태씨는 뭔가 답답한 듯 거기서 다시 물을 한 모금 더 마시고 진정한 뒤에 말했습니다.

"선생님, 솔직히 말씀드리지만 저는 그 때까지 몇 년 없이 교회에 다니면서도 성경은 한 번도 읽지 않았습니다. 교회에서 선물로 준 성경을 주일에 들고 교회에 갔다가 집에 가져다 놓고 한 주일 내내 쳐다보지도 않았습니다. 그러다가 주일이 되면 하얗게 쌓여있는 먼지를 닦아서 다시 교회에 들고 가곤 했습니다. 그랬던 성경인데 그 성경 안에 부자가 되는 답이 있다는 것입니다. 그것도 재벌회장이 된 부자가 한 말입니다. 중학교 짝꿍이었고 나보다 한참 머리가 나쁜 친구가 한 말입니다. 그런데 내가 어찌 그 말에 토를 달수가 있겠습니까? 무조건, 무조건, 그 말은 믿어야 되는 말이었습니다. 그래서 백만불을 보내고 속으로 단단히 결심했습니다."

-좋아! 어디 한번 읽어보자. 성경 어디에 부자가 되는 정답이 있는지 한번 찾아보자, 그 멍청하고 나보다 한참 아래였던 백만불도 정답을 찾아 부자가 되었는데 나라고 못 찾을 까닭이 없잖아! 내가 백만불보다 머리가 훨씬 좋다는 것은 선생님이 알고 친구들이 알고 하늘이 알고 땅이 아는 일이 아닌가. 그런데 내가 성경을 읽고도 그 정답을 못 찾는다면 하늘이 웃고 땅이 웃을 일이지, 암, 암!-

"나는 그렇게 단단히 결심을 하고 부자가 되는 정답을 찾기 위해서 그날부터 성경을 읽기 시작했습니다. 그런데 선생님께서도 잘 알고 계시겠지만 성경이 그게 보통 많은 분량이 아니더라고요. 그래서 장사를 해가며 시간이 날 때마다 읽다가 보니까 한 번 읽는데 한 달이나 걸리더라고요."

 하 정태씨는 거기서 또 말을 중단하고 잠시 뭐가를 생각하다가 생각난 듯 다시 말했습니다.

"제가 성경을 한번을 읽었는데도 뭐가 뭔지 알딸딸하기만 하더라고요. 하나님이 천지만물과 사람을 만들고 지금도 다스리고 계시다는 것과 하나뿐인 아들 예수님이 이 땅에 사람으로 오셨다가 사람이 지은 죄를 용서받게 해주기 위해서 죄도 없이 십자가에 못 박혀 죽었다가 부활하여 승천한 것까지는 알겠는데 그 이상은 뭐가 뭔지 모르겠더라고요. 그런데요. 십계명 가운데-안식일을 기억하여 거룩히 지켜라-는 계명이 나왔는데요. 그 계명을 읽는 순간 내 곁을 떠나간 김 명성 어르신이 주일성수를 해라. 예배부자가 되어야 재물부자도 된다고 하신 말씀이 떠오르더라고요. 그러자 그 다음에 갑자기 주일성수를 하지 않아서 모든 일이 잘 안 되고 있는 것이 아닌가 하는 죄책감과 불안감이 확 밀려오더라고요. 그런데도 아내한테 주일성수를 하자고 할 마땅히 설득할 말이 생각나지 않는 거예요. 그래서 하나님께 간절히 기도했습니다.-하나님, 좀 도와주세요. 주일성수를 하자고 아내를 설득해야 되는데 어떻게 해야 될지 모르겠어요. 방법을 가르쳐 주세요. 지혜를 주세요. -그렇게 며칠 동안 간절히 기도했어요. 그랬더니 정말 거짓말 같이 나비가 날아오듯 살랑살랑 지혜가 불현 듯 나에게로 날아오더라고요. 그래서 어느 날, 나는 하나님이 주신 지혜대로 아내에게 말했습니다."

"여보, 요즘 우리가 가게도 잘 안 되고 뭔 일이 잘 안 되는 것이 주일성수를 하지 않아서 그런 것이 아닌가 하는 생각이 들어."
"갑자기 무슨 주일성수 같은 소리를 하고 그래요."
 아내는 내 말을 한마디로 무시했습니다.
"그런 엉뚱한 생각은 하지 마세요. 가게가 잘 안 되는 것은 가게 탓이지 주일성수를 안 해서 그런 게 아니에요!"
"여보 뭔 일이 잘 안될 때는 무슨 일 때문인가 돌아보며 생각할 필요도 있어. 그래서 잘 못된 것을 고쳐볼 필요도 있다고."
"그래서요? 그래서 주일성수를 하자는 거예요. 장사도 안 되어 굶어죽게 생긴 판에 주일까지 쉬자는 말이에요, 뭐예요?"
"그런 말이 아니고 내 생각은, 그게 일단 이렇게 한번 해보고 싶어."
"일단 무엇을 해보자는 거예요?"
"일단 한 달은 주일성수를 하며 장사를 해보고 한 달은 주일은 쉬며 장사를 해보는 거야. 그래서 주일에 쉬었던 달이 돈이 많이 벌리는지, 주일에도 장사를 했던 달이 돈이 잘 벌리는지 계산을 해보는 거야. 그래서 많이 벌리는 쪽으로 나가는 거야."
"그거야 해보나 마나 주일에도 일하는 달이 돈이 많이 벌리겠죠."
"그러니까 한번 해봐. 해봐서 돈이 많이 벌리는 쪽으로 선택하는 거야."
"좋아요. 그렇게 마음에 부담이 되면 그렇게 한 번해 봐요. 해보나마나 내가 이겨요."
"길고 짧은 건 맞춰봐야 알아."
"알았어요. 긴지 짧은지 맞춰 봐요."
 아내가 쉽게 허락을 했습니다. 그 순간 나는 됐다 싶었습니다. 그래서 먼저 하나님께 지혜를 주셔서 감사하다는 기도부터 한 뒤에 본격적으로 기도했습니다.
 -하나님, 도와주세요. 주일성수하는 달이 수입이 훨씬 많게 해주세요. 제발 좀 도와주세요.-
 하 정태씨는 거기까지 말한 뒤에 갑자기 야릇한 미소를 짓고 나를 바라보며 물었습니다.
 "선생님, 여기서 내가 이겼을까요? 졌을까요?"
 "저는.. 사장님이 졌을 것 같네요."
 "아닙니다. 제가 이겼습니다. 제가 승리했어요."
 그러면서 하 정태씨는 아주 신이 난 표정으로 계속 말했습니다.
 "첫 달은 주일에 슈퍼의 문을 열고 장사를 했어요. 두 번째 달은 주일성수를 하면서 평일에만 물건을 팔았어요. 그런데 두 달 판 물건 값을 놓고 계산을 해보니까 정말 거짓말같이 주일성수를 한 달이 백만 원이나 더 많이 벌렸더라고요. 그것을 보며 아내는 믿기지 않는다는 태도로 말했어요."
 "이상하다? 이상하다? 어떻게 이런 일이 일어날 수 있지?"
 "당신 두 눈으로 똑똑히 봤지? 우리가 주일성수를 안하는 바람에 지금까지 매달 백만 원씩 손해 본거야. 이래도 주일성수를 안 할 거야. 이래도 주일에 장사를 하자고 고집을 피울 거야?"
 "어처구니가 없네. 하여간 제가 졌어요. 앞으로는 주일성수를 해요. 주일에는 교회에 가서 하루 보내요."
 아내가 마침내 백기를 들었습니다. 항복을 했습니다. 자기 두 눈으로 확인하고는 더 이상 고집을 부릴 수 없었던 것입니다.
 -하나님, 감사합니다. 정말, 정말 감사합니다. 내 기도를 들어주시고 나로 승리하게 하신 것을 진심으로 감사드립니다.-
 나는 몇 번인지 모르게 하나님께 감사기도를 했습니다. 정말 거짓말 같은 일을 하나님이 만드신 것이었습니다. 그래서 나는 정말 너무 좋고 감사했습니다.
"여보, 이번 달은 저번 달보다 오십만 원 더 벌렸어요."
 아내는 그 다음 달도 꼼꼼히 체크를 해보고 좋아죽었습니다. 그러면서 나보다 더 주일성수를 하자고 설쳐 되었습니다. 하나님이 제대로 교육을 시켜주고 있었습니다.
 -하나님, 성경을 읽을 때 부자가 되는 정답도 꼭 찾아주세요. 내 눈에 딱 보이게 해주세요.-
 나는 그렇게 기도하면서 성경도 열심히 읽었습니다. 석 달 동안에 세 번이나 읽었습니다. 그런데 내 기도가 부족했는지 부자가 되는 정답은 내 눈에 도무지 보이지 않았습니다.
"야, 하 정태, 잘 지냈는가?"
 그런 어느 날, 친구 백만불이 또 예고도 없이 불쑥 땅슈퍼로 나를 찾아왔었습니다.
 나는 친구 백만불을 아주 기쁘고 반갑게 맞이했습니다. 그러자 백만불도 아주 반갑게 내 손을 잡아주며 즐거워했습니다.
 잠시 후, 우리는 마주보며 앉았습니다. 그러자 백만불이 마치 선생님 같은 태도로 물었습니다.
"성경은 좀 읽어봤니?
"응, 세 번 읽었어. 한번 읽는데 한 달씩 걸리더라."
"한 달 만에 한번 읽었으면 빨리 읽은 거야. 넌 역시 머리가 좋아!"
"한 달에 한번 읽은 것이 빨리 읽은 거야?"
"빨리 읽은 거지! 난 처음엔 석 달에 한번 읽었어. 근데 세 번 읽으니까 부자가 되는 길이 보이던가?"
"아니, 안보여. 아무리 눈을 씻고 찾아봐도 부자가 되는 길은 안 보였어."
"그럼 뭐가 보였어?"
"구약을 보니까 말야. 구약에는 상과 벌이 명확하게 적혀있더라. 여기 봐."
 나는 성경을 꺼내어서 레위기 26장 3절부터 손으로 가리키며 읽었습니다.
 3절 너희가 내 규례와 계명을 준행하면
 4절 내가 너희에게 철따라 비를 주리니 땅은 그 산물을 내고 밭의 나무는 열매를 맺으리라.
 5절 너희의 타작은 포도 딸 때까지 미치며 너희의 포도 따는 것은 파종할 때까지 미치리니 너희가 음식을 배불리 먹고 너희의 땅에서 안전하게 거주하리라.
 이런 식으로 복을 주는 약속이 쭉 이어져 있고- 하나님을 배반했을 땐 말할 수 없는 벌을 준다고-뒤에 쭉 나와 있더라. 그리고 말야.
 나는 신명기 28장을 찾아서 또 손가락으로 가리키며 말했습니다.
 2장 네가 네 하나님 여호와의 말씀을 청종하면 이 모든 복이 네게 임하며 내게 이르리니.
 3절 성읍에서도 복을 받고 들에서도 복을 받을 것이며
 4절 네 몸의 자녀와 토지의 소산과 네 짐승의 새끼와 소와 양의 새끼가 복을 받을 것이며.
"이런 식으로 쭉 복을 준다는 내용이 나와 있고 뒤쪽에는 하나님을 배반했을 땐 저주가 내리는 과정이 쭉 나와 있더라.
"역시 하 정태는 머리가 좋아!"
 백만불은 나를 칭찬하며 만족한 표정으로 말했습니다.

"내가 50번 읽은 뒤에야 알게 된 것을 너는 3번을 읽고 알았구나. 그래, 나한테 하고 싶은 얘기는 뭔가?"

땅 부자가 되는 비밀

"그게 말이야.."
나는 잠시 망설이며 생각한 뒤에 말했습니다.
"옛날엔 하나님이 이스라엘 백성들만 다스렸지만 지금은 하나님의 외아들인 예수님이 온 인류를 다스리는 우리의 주인이잖아. 맞지? 아니야?"
"아냐. 맞았어!"
백만불이 크게 고개를 끄덕이며 말했습니다.
"아주 정확하게 깨달았네. 지금은 예수님이 우리의 주인이야. 근데 하고 싶은 말이 뭐야?"
"그게,...구약에는 복을 받는 것과 저주 받는 것이 아주 명확하게 나와 있는데 신약에는 그런 게 안 보이고 구약에 없던 천국과 지옥이 등장하고 전도가 등장하더라."
"역시 넌 머리가 좋아! 그래서 계속 말해봐?"
"예수를 잘 믿으면 천국에 가고 안 믿으면 지옥에 간다고 되어 있어. 복을 받는 것이 명확하게 안 나와 있더라. 부자가 되자면 복을 많이 받아야 되잖아."
"당연하지! 네 눈엔 안 보였나본데 예수님께서 부자가 되는 길도 분명히 열어놓으셨어. 여기를 좀 봐."
이번에는 백만불이 성경을 펼치고 신약 마태복음 5장5절 말씀을 손가락으로 가리키며 말했습니다.
"여기를 좀 봐. 뭐라고 되어 있니?- **온유한 자는 복이 있나니 그들이 땅을 기업으로 받을 것임이요**― 라고 되어 있잖아, 뭐

예수를 믿었으면 먼저 예배부자가 되라   75

를 받는다고 되어 있니?"
 "어? 그러네. 온유한 자가 땅을 기업으로 받는다고 되어 있네."
 "봤지? 분명히 온유한 자가 땅을 기업으로 받는다고 되어 있잖아. 하 정태, 땅을 많이 받으면 부자가 될까? 안 될까?"
 "그야 당연히 부자가 되지."
 "간단하잖아. 온유한 자가 땅을 기업으로 받는다고 되어 있잖아. 머리 좋은 하정태가 이건 못 보고 지나갔네."
 "그러네."
 나는 민망하여 뒷머리를 긁적거리며 말했습니다.
 "있네. 부자가 되는 길이 있네. 신약에도 부자가 되는 정답이 분명히 있네."
 "예수님이 숨겨놓으셨지. 그래서 보는 사람은 보고 못 보는 사람들은 그냥 지나가게 돼."
 "산삼처럼 말이지?"
 "그렇지! 산삼처럼 날마다 보고도 눈에 안 보여서 그냥 지나간 거지. 그리고 여기를 좀 봐!"
 백만불이 그러면서 마태복음 11장 29절 말씀을 찾아 손으로 가리키며 읽었습니다.
 29절-나는 마음이 온유하고 겸손하니 나의 멍에를 메고 내게 배우라. 그리하면 너희 마음이 쉼을 얻으리니
 백만불은 성경을 읽고 난 뒤에 나를 딱 바라보며 질문했습니다.
 "누가 마음이 온유하고 겸손하다고 했니?"
 "예수님이시네."
 "그렇지! 예수님이 마음이 온유하고 겸손하다고 하셨으니 온유한 자가 되려면 예수님께 배우면 될 거 아닌가?"

"어? 그러고 보니까 정말 그러네."
나는 고개를 크게 끄덕였습니다. 부자가 되는 길을 절반은 알게 된 기분이었습니다.
"그런데 말이야. 머리 좋은 하 정태!"
백만불이 그런 나를 딱 바라보며 말했습니다.
"아무리 머리가 좋아도 뭔가를 배우고 알아야 면장 질을 할 수 있는 것처럼 먼저 뭔가를 알아야지 않겠나?"
"그야 그렇지. 알아야 면장 질을 하니까"
"알아야지. 아는 게 당연 먼저지."
백만불이 그러면서 알아가는 과정을 말했습니다.
"온유한자가 되자면 온유한 자인 예수님 편을 많이 읽고 예수님을 닮아가야 하는데 말야. 그러자면 여기를 좀 보게."
백만불은 다시 마태복음 4장 23절을 찾아 손가락으로 가리키며 말했습니다.
23절-예수님께서 온 갈릴리에 두루 다니사 그들의 회당에서 가르치시며 천국복음을 전파하시며.-
"라고 되어 있지 않나. 그러니까 가르치기를 잘하자면 먼저 배워야 될 것 아닌가. 알아야 가르칠 수 있으니까."
"그렇지! 가르치려면 먼저 배워야지!"
"가르쳐 주는 데가 있으면 배우겠는가?"
"당연하지! 어디서 가르쳐 주는가!"
"하 정태, 요번 주일에 교회에 가서 주일학교교사를 한번 알아보게. 주일학교에선 아이들에게 성경말씀을 가르치네. 그러니까 3학년 4학년 과정을 가르치는 교사 자리가 혹시 비어있으면 하나 넣어달라고 하게."
"무슨 소리야?"

나는 깜짝 놀라며 손을 휘휘 내저었습니다.
"난 아무것도 몰라! 이제 겨우 성경을 세 번 읽었을 뿐이야. 그런 내가 무슨 아이들에게 성경말씀을 가르친 단 말인가? 그건 안 돼."
"하 정태, 너 아직 세례 안 받았어?"
"아냐. 세례야 진작 받았지."
"세례를 받았으면 자격은 충분해"
"난 아무것도 몰라. 난 날라리 서리집사라니까 담배 피우고 술도 마시고.."
"걱정할 것 없어."
백만불은 웃으며 말했습니다.
"주일학교에 가면 아이들을 가르치는 선생님 공과 책을 줘, 너 같이 머리 좋은 친구가 보면 금방 이해하고 가르칠 수 있어."
"그러니까 뭐야? 지금 나보고 성경공부하면서 아이들을 가르치라는 말이야?"
"그렇게 이해했으면 백점이다!"
"야, 백만불!"
"처음엔 다 그렇게 해. 일단 거기서 공부하면서 아이들을 가르쳐. 그러면서 성경지식을 쌓아봐. 알아야 면장 질을 하는 거잖아."
"그렇긴 하지만.. 어쩐지 영 자신이 없는데.."
"자신을 가지고 도전해봐. 무엇이든지 기본이 되어 있어야 성공해. 부자가 되려면 예수님처럼 일단 잘 가르쳐야 되니까 무조건 배우고 공부하면서 가르치는 거야. 알겠나?"
"알겠네. 까짓 거 부자가 된다는데 내가 지금 뭘 망설이겠어, 해볼게."

"좋아, 그리고 성경도 계속 읽어. 성경에는 하나님한테서 땅을 엄청 많이 선물 받은 사람도 있어. 그 분이 누군지도 알아 맞춰 봐. 어떤 방법으로 땅을 많이 받았는지를 알아야 너도 받을 게 아닌가?"
'알았어. 그가 누군지 찾아볼게."
"난 말야. 나보다 엄청 머리 좋은 내 짝꿍 하 정태가 부자가 되라고 이렇게 애를 쓰고 있네. 그러니까 꼭 부자가 되게나."
"아멘, 정말 고맙네. 백만불. 부자 되는 길잡이 노릇을 해줘서 정말 고맙네."

나는 백만불에게 진심으로 고마워했습니다. 그러자 백만불은 명함 한 장을 꺼내어 내 손에 쥐어 주면서 부탁하듯 말했습니다.
"주일학교교사를 하다가 혹시 의문이 생기거나 이해가 잘 안 되거나 문제가 생길 땐 언제나 나한테 바로 전화하게, 알겠나?"
"알겠네. 정말 고맙네, 고마워."

나는 백만불의 명함을 받아 쥐고 진심으로 고마워했습니다. 재벌회장이면 무지 바쁠 텐데도 나한테 언제든지 전화하라니 그보다 더 고마울 데가 어디 있겠습니까? 진정한 친구가 아니라면 도저히 할 수 없는 일일 것입니다.
"그리고 다음에 또 보세."

백만불은 그렇게 주일학교교사의 길로 가서 가르치는 것을 배워보라는 큰 숙제를 남기고는 또 훌쩍 내 곁을 떠나갔습니다. 그를 보내고 가만히 생각하니까 부자가 되는 입구만 겨우 찾은 느낌이었습니다.

하 정태씨는 거기서 또 잠시 말을 중단하고 주스를 한 모금 마셨습니다. 그리고 잠시 생각하다가 말했습니다.

―고맙다, 백만불, 진짜진짜 고맙다 백만불.―

나는 내 친구 백만불이 정말 진심으로 고마웠습니다. 세상에 부러울 것 없는 재벌회장이 중학교 때 꿀밤 맞으며 수학을 배운 친구를 찾아와서 부자가 되라며 부자가 되는 길잡이 노릇을 하겠다는데 내가 어찌 눈곱에 때만큼이라도 의심하거나 꾸물거릴 수가 있었겠습니까? 난 내 친구 백만불이 한 말을 백 프로 다 믿었습니다. 그리고 주일학교교사가 되기로 단단히 결심했습니다. 그런 뒤에 주일까지 기다릴 수가 없어서 바로 담임목사님에게 전화했습니다.

"목사님, 안녕하세요. 하 정태 집삽니다. 다름이 아니옵고 목사님을 찾아뵙고 긴히 상의할 일이 좀 있는데 시간을 좀 내 줄 수 있겠는지요?"

"시간은 당연히 있습니다!"

담임목사님은 흔쾌히 시간을 내주겠다고 했습니다. 언제든지 내가 원하는 시간에 만나주겠다고 했습니다. 그래서 그 다음날 오후에 땅슈퍼를 잠시 아내에게 맡겨놓고 담임목사님을 만났습니다. 그리고 많이 부족하지만 주일학교 2, 3학년 중에 한 반을 맡아 가르치는 교사가 되고 싶은데 가능하겠느냐고 조심스레 물어보았습니다. 그랬더니 담임목사님이 아주 기뻐하시며 흔쾌히 허락했습니다.

"하 집사님이 주일학교교사를 하시겠다면 바로 알아봐드리겠습니다."

"목사님, 감사합니다. 고맙습니다."

나는 나를 믿어주는 목사님이 너무 고맙고 감사해서 진심으로 인사했습니다.

내가 목사님을 만난 그때가 12월 중순이었습니다. 주일학교는 일반학교와 달리 12월말에 학기가 끝나고 1월부터 새 학기가 시작된다고 했습니다. 그 바람에 내가 아주 최적기에 찾아간 것이 되었습니다. 뭔가 느낌이 아주 좋았습니다.
"하 집사님 나를 따라오세요."
그 다음 주일에 목사님을 찾아갔더니 목사님이 내 손목을 다정히 잡고는 주일학교 초등부로 갔습니다. 초등부는 3, 4학년이 함께 공부하는 곳이라고 했습니다.
"인사하세요. 부장 장로님이십니다."
담임목사님은 황 영식 초등부 부장 장로님에게 나를 소개하며 인사하게 했습니다. 초등부에는 장로 한분이 부장, 안수집사 두분이 부감, 어떤 부서는 권사가 부감을 하기도 한다고 했습니다. 그리고 교사가 20여명 되고, 3, 4학년 들은 합해서 100여명 된다고 했습니다. 부장 장로가 내 손을 꼭 잡아주며 진심으로 기뻐하며 반겨주었습니다.
"하 집사님, 잘 오셨습니다. 안 그래도 내년에 교사가 좀 부족할 것 같아 기도하고 있었는데 하나님이 하 집사를 택하여 보내 준 것 같습니다. 너무 감사합니다. 천군만마를 얻은 기분입니다. 앞으로 저를 좀 많이 도와주십시오."
"아닙니다. 도움 받을 사람은 접니다."
나는 어쩔 바를 몰라 하며 고개를 숙였습니다. 황 영식 장로는 사람이 한없이 겸손하고 따뜻하고 좋아보였습니다. 장로, 부장이라는 직위로 올 수 있는 교만한 모습은 그림자도 찾아 볼 수 없었습니다. 무식하고 아무것도 모르고 그냥 부자가 되는 길을 가려고 뛰어든 내 손을 잡고 좋아죽었습니다. 어쨌든 그렇게 나는 졸지에 주일학교 교사의 길로 나아가게 되었습니다.
―내가 정말 주일학교교사를 잘 할 수 있을까?―

백만불이 주일학교교사를 해서 주님처럼 잘 가르치는 능력을 배우라고 해서 무작정 뛰어들기는 했지만 막상 교사를 해야 된다고 생각하니까 이만 저만 걱정이 되는 것이 아니었습니다. 그래서 밤에 한가할 때 백만불한테 전화를 했습니다. 백만불이 내 전화를 아주 반갑게 받아주었습니다.
　"야, 하정태. 머리 좋은 내 짝꿍이 이 밤에 어쩐 일이야? 용건이 있으면 망설이지 말고 다 말해보게."
　"그게 말이야.."
　나는 망설이다가 말했습니다.
　"엊그제 주일에 목사님 추천으로 초등부 교사를 하기로 했네."
　"잘됐네, 잘 됐어, 그래서?"
　"그런데 생각할수록 어떻게 해야 될지 막막하네. 자네가 알고 있는 대로 몇 가지 조언을 주게."
　"역시 하 정태는 꼼꼼해. 좋아. 내가 알고 있는 대로 말해주겠네."
　하 정태씨는 거기서 또 잠시 말을 중단하고 물을 한 모금 마시고 한참동안 뭔가를 생각했습니다. 그러다가 이윽고 다시 얘기를 시작했습니다.

　　왕이 되는 큰길.
　"하 정태, 지금 네 앞에 성경이 있니?"
　"응, 있네."
　"그러면 성경 사무엘상 17장 34절과 35절을 찾아서 한번 읽어보게."
　"알았네.'
　나는 성경을 펼치고 얼른 사무엘상 17장 34절과 35절을 찾아서 읽었습니다.

 34절 다윗이 사울에게 말하되 주의 종이 아버지의 양을 지킬 때에 사자나 곰이 와서 양 떼에서 새끼를 물어 가면

 35절 내가 따라가서 그것을 치고 그 입에서 새끼를 건져 내었고 그것이 일어나 해하고자 하면 내가 그 수염을 잡고 그것을 쳐 죽였나이다.

"좋아, 잘 읽었네."

백만불은 나를 칭찬한 뒤에 말했습니다.

"하 정태, 너도 성경을 서너 번 읽어봐서 알겠지만 다윗은 이새의 막내아들이였네. 그래서 이새는 다윗에게 관심이나 기대 같은 건 없었네. 그래서 너는 가서 양이나 쳐라. 그래서 양치기가 되었네. 그런데 가서 아버지의 양을 치다가 뜻밖의 큰 문제를 만나네. 문제는 사자나 곰이 와서 양을 잡아먹는 일이었네. 양치기라면 그것을 지킬 의무가 있지 않겠나. 그래서 다윗이 기도하며 고민하다가 준비한 것이 바로 물매 돌 던지기였네. 낭시로 말하면 돌총이 바로 물매지. 근데 말야. 우리 초등학교 다닐 때 새총으로 새를 잡으러 다녀봤지만 한 마리라도 잡은 적이 있는가? 없네, 그런데 물매로 사자나 곰을 잡으려면 얼마나 피나는 연습을 해야 될까? 다윗은 양을 지키기 위해서 피나는 연습을 했고 마침내 물매로 사자나 곰을 잡을 정도로 능력자가 되었네. 하나님은 준비된 자를 쓴다고 하지 않았나? 하나님은 양을 지키겠다는 다윗의 그 갸륵함에 감동하여 아마 사무엘을 통해 이스라엘 2대왕으로 선택하고 기름을 붓지 않았나 싶네. 어쨌든 블레셋이 쳐들어와 전쟁이 일어났고 다윗은 물매로 골리앗을 죽이고 순식간에 사울의 사위가 되고 이스라엘 이인 자가 되지 않았는가? 양을 치다가 그렇게 되었네. 양은 사랑 없이는 잘 칠

수가 없다네. 주일학교교사는 바로 양을 치는 일과 같은 일이라네. 사랑과 정성을 다하고 잘 보호해야 되지. 모세도 양을 치다가 하나님께 부름을 받지 않았는가? 미국 카터 대통령은 땅콩농사를 지으면서 주일마다 교회에 가서 주일학교교사를 했다네. 그러다가 하나님께 인정을 받아 미국 대통령이 되었다네. 그래서 카터 대통령은 대통령 재임시절에도 주일에는 교회에 가서 주일학교교사를 했다는 일화도 있네. 어쨌든 주일학교교사는 바로 왕이 되는 큰 길이라네. 왕이란 정치적 왕만이 아니네. 돈이 많으면 돈 황제. 복싱 잘하면 복싱황제, 즉 자기분야의 최고 권위자가 된다는 것이네. 어떤가, 내가 자네를 왕이 되는 큰길로 인도한 느낌이?"

"고맙네, 자네의 이야기를 듣고 보니까 정말 내가 땅 부자가 되는 길로 들어온 느낌이네."

"아니야! 하 정태, 내가 아직은 자네한테 인사 받을 때가 아냐. 자네가 내 앞에서 진짜 부자가 되어야만 그때가 되어야만 인사를 받을 수 있겠지. 그러려면 내 말을 귀담아 잘 듣게. 기왕에 시작했으면 성공해야 되지 않는가. 교사에 대해 내가 알고 있는 대로 말해줄 테니까 잘 듣게. 첫째, 주일학교교사를 하러 갈 때 대학 강사 같은 자세로 아이들을 가르치러 간다는 생각을 하지 말고 배우러 간다고 생각하게."

"배우러 가다니? 그건 또 무슨 말이야?"

"새 학기가 시작되고 반편성이 되면 아마 자네한테 다섯이나 여섯 명 정도의 아이를 맡길 거야."

"그래서?"

"하나님은 말이야. 사람을 만들 때 다 다르게 만들었네. 하나도 똑같은 게 없어. 성격도 다 달라. 한 어머니 배속에서 나와도 성격이 다 달라. 그래서 어떤 아이는 칭찬을 해야 말을 잘 듣고 어떤 아이는 화를 내야 말을 잘 듣는 등, 여러 가지 모습을 보게 돼. 그것을 꼼꼼히 기록하며 공부를 해. 그 공부가 바로 사람을 다스리는 기술을 배우는 공부야."

"어? 그러니까 정말 그러네."

나는 약간 감동을 받고 말했습니다. 그러자 백만불이 계속해서 말했습니다.

"대학에는 학과가 많고 세상에는 학원이 많지만 사람 요리하는 학과나 사람 요리하는 학원은 없다네. 대학에 경영학이 있지만 그것은 학문적으로 공부하는 것이지 실제로 사람을 다스리는 기술을 배우지는 못해. 학원도 그래. 요리학원에 가서 요리를 배우려 하면 회비 내고 요리재료도 일일이 내 돈 주고 사가지고 가서 배워야 돼. 근데 주일학교에서 사람 요리하는 공부를 하는데도 내 돈이 하나도 안 들어. 요리 재료인 아이들을 공짜로 맡기고 장소도 공짜로 제공해. 그래서 교회가 알고 보면 너무 좋은 곳이야."

"그러네. 그런 것을 이 머리 좋은 하 정태가 진작 몰랐네."

"하나님이 만든 사람의 성격은 아무도 고칠 수 없네. 이것을 고치려고 하면 문제가 발생하네. 성격을 잘 활용해야 돼. 그래서 예수님께서도 불같은 무식쟁이 베드로는 그 성격대로 사용하고 마태나 마가 같은 지식인은 지식인으로 사용하지 않았나. 성격파악, 성격대로 다스림. 이것이 쉬운 것 같아도 제일 어렵다네. 그래서 주일학교교사를 제대로 한 청년은 결혼을 해서 절대로 이혼을 하지 않는다네. 왠지 아나?. 데이트 할 때부터 성격을 잘 파악해서 성격을 맞추며 살 궁리를 하기 때문이지. 이혼의 80프로는 성격을 고치려다가 일어난다네."

"어? 백만불, 너 정말 공부 많이 했다. 교사 몇 년 했니?"
"20년 쯤 한 것 같네."
"대선배님으로 모셔야겠네."
"그렇지. 넌 이제 시작이니까! 어쨌든 일 년에 다섯 명씩 다스리는 기술을 제대로 배우면 10년이면 50명이야. 50명만 잘 다스리는 기술이 생기면 그 사람은 대통령도 할 수 있는 자격이 생겨. 세상에서 제일 어렵고 힘든 게 사람을 다스리는 기술이야. 그래, 안 그래?"
"그러네. 네 말을 듣고 보니까 진짜 그러네."
"하 정태, 자네는 그 좋은 교회 주일학교교사로 입문을 했네. 근데 주일학교교사를 시작했을 때 뭐가 제일 어려운 줄 아나?"
"글쎄.. 나야 아무것도 모르지."
"아이들을 잡는 것이네. 아이들을 다섯 명 받았으면 그 아이들이 모두 자네한테 딱 달라붙게 만들어야 되네. 강아지들이 젖을 먹으려고 어미에게 딱 달라붙는 것처럼 그렇게 아이들이 자네를 좋아하며 딱 달라붙게 만들어야 되네. 안 그러면 아이들이 다 도망가 버린다네. 다섯 명을 주었는데 6, 7명으로 불어나는 것은 즐겁고 자랑스러운 일이지만 아이들이 다 도망가고 달랑 하나 남아 있다거나 하면 그건 정말 망신이네. 부장, 부감은 물론 동료 선생님 얼굴을 보기도 부끄럽게 된다네."
"자네 얘기를 들으니까 정말 그렇겠어."
나는 바짝 긴장하면서 말했습니다.
"백만불, 너 교사하면서 망신을 많이 당해봤구나. 어떻게 하면 망신을 안 당할 수 있는지 좀 말해줘 봐? 방법이 뭔가?"
"이건 공짜로 가르쳐주면 안 되는데. 이건 아주 돈 많이 받고 가르쳐 줘야 되는 특허품인데.."

"야, 백만불! 나 나중에 부자가 되면 네 강의 비 많이 계산해 줄 테니까 제발 좀 잘 가르쳐줘라."

"좋아. 내 짝꿍 하 정태니까 믿고 가르쳐준다. 나 사실 처음에 주일학교교사하면서 망신, 망신 개망신 많이 당했다. 다섯 명 받았는데 두 달도 안 되어 다 도망가고 달랑 한명 남아있더라. 얼마나 창피스러웠던지 쥐구멍에라도 기어들어가 숨고 싶었다네. 그래서 주님께 어떻게 하면 되겠느냐고 좀 도와달라고 죽기 살기로 막 기도했지. 그랬더니 주님이 아이들을 잡는 방법을 가르쳐주더라."

"진짜야? 진짜 주님이 가르쳐줬어?"

"진짜지. 난 거짓말 안 해. 주님이 말야. 아이 다섯 명을 맡기면 아이들과 상견례를 한 뒤 제일 먼저 아이들 한명 한명마다 넌 장차 꿈이 뭐냐고 물어보라고 했어. 그래서 물어보니까 의사, 간호사, 대통령, 만화방주인 등등 별별 꿈이 다 나오더라. 만화방 주인이 되려고 하는 아이한테-넌 왜 만화방 주인이 되려 하니? -했더니-그러면 매일 만화를 공짜로 볼 수 있잖아요.- 하더라. 아이니까 그런 생각을 할 수도 있지. 그리고 어떤 애는 -난 꿈이 없어요.-그렇게 말하기도 하더라. 그런 애한텐-너도 꼭 꿈을 가져라. 꿈이 없는 사람은 잡초 같은 존재가 된다. 꿈은 씨앗과 같다. 수박 심는 곳에 수박이 나고, 참외 심는 곳에 참외가 나는 것처럼 의사가 되겠다고 꿈을 심고 공부하면 의사가 되고, 경찰이 되겠다는 꿈을 심고 공부하면 훗날 경찰이 될 수 있어. 그러니까 뭔가 라도 꿈을 가져봐.-그러면 나는 장차 사장이 될래요. 혹은 공무원이 될래요. 이렇게 꿈을 말해줘. 어쨌든 아이 다섯의 꿈을 다 알아서 꼼꼼하게 수첩에 적어놓고 공과 끝나고 마지막 기도할 때 꼭 그 꿈들이 이루어지라고 기도해줘."

"어떻게 기도를 하라는 거니?"

"어렵지 않아. 하나님 아버지 순이는 장차 간호사 되는 게 꿈이래요. 꼭 간호사가 되게 해주세요. 하나님 아버지 길동이는 장차 야구선수가 되는 게 꿈이래요. 길동이가 유명한 야구선수가 되도록 도와주세요. 그렇게 기도하면 아이들이 흐뭇한 표정이 돼. 그렇게 한 달쯤 기도하다가 아이들도 기도하도록 만들어야 돼."

"어떻게?"

"간단해. 얘들아, 선생님만 기도해서는 너희들의 꿈이 안 이루어질 수도 있어. 그러니까 너희들도 하루에 세 번씩 하나님께 자기 꿈을 이루어 달라고 기도를 해. 그래서 선생님 기도와 너희들의 기도가 딱 만날 때 기적이 일어나게 돼. 그러니까 아침에 한번 점심 때 한번 저녁에 잠자기 전에 한번, 그렇게 세 번씩 꼭 기도해. 그러면 하나님이 기뻐하시며 너희들의 꿈을 이루어주신다. 알았지? 그러면 예하고 그때부터 기도를 하기 시작해. 그러면 아이들이 기도를 어떻게 해요? 그렇게 묻기도 해. 그러면 쉽게 가르쳐줘."

"어떻게? 쉬운 기도가 어떤 건가?"

"간단하게. 하나님 제 꿈은 장차 의사가 되는 거예요. 그러니까 제가 꼭 의사가 되도록 도와주세요. 예수님의 이름으로 기도합니다. 아멘. 그러면 된다, 그래. 그러면 아이들이 그때부터 기도를 하기 시작해. 아이가 하나님께 기도하기 시작하면 그 아이는 절대로 도망을 안 가. 교사한테 딱 붙어, 어렵니?"

"아니, 네 말을 들으니까 아주 쉬워 보인다. 정말 그렇게 쉽게 잘되니?"

"한번 해봐. 잘되기도 하고 잘 안되기도 하겠지. 기도하면 하나님이 잘 되게 도와주셔."
"다른 건 뭐 또 없니?"
 나는 확실하게 부자가 되고 싶은 마음에 하나라도 실수하지 않으려고 꼬치꼬치 캐물었습니다. 그러자 백만불이 문득 생각난 듯 말했습니다.
"응, 그래! 또 하나 있어."
"또 하나? 그건 뭐니?"

달랑 하나가 만든 기적

 하 정태씨는 거기서 또 말을 중단하고 물을 한 모금 마셨습니다. 그리고 잠시 뭔가를 생각하다가 말했습니다.
"아이들이 기도하기 시작하면 말야."
 백만불이 아주 중요한 내용이라는 태도로 말했습니다.
"아이들 부모님의 신상도 잘 파악을 해. 그래서 장사하는 부모는 장사가 잘 되라고 기도해주고, 회사에 다니는 사람은 회사가 잘 되라고 기도해 줘. 그런 뒤에 너희들도 부모님을 위해 기도해라. 부모님이 건강하고 돈을 잘 벌어야 너희들이 행복하게 공부를 잘 할 수 있는 거야. 알겠니? 그러면 대게의 아이들이 고개를 끄덕이면서 부모님을 위해서 기도를 하기 시작해. 그런 아이는 그때부터 교회에 나오지 말라고 소리쳐도 울면서 제발 교회에 나오지 말라는 말만은 하지 말라고 발버둥을 치는 진골 예수 제자들이 된다네."
"햐-백만불, 네 말을 들으니까 진짜 모든 것이 정말 거짓말 같이 잘 될 것 같아."
 나는 백만불의 얘기에 진심으로 감동하면서 말했습니다.
"그런 지혜는 누가 가르쳐줬니? 너 같은 돌대가리가 그것을 생각해내진 못했을 텐데?"

"그렇지. 내 대가리로는 어림도 없지. 기도하니까 예수님이 모두 가르쳐줬어."

"어떻게? 기도하면 예수님이 직접 백만불아, 너 앞으로 이렇게 해라, 그렇게 말하니?"

"얌마, 그렇게는 안 해. 내가 기도하면 성령님이 생각이 나게 해주고 사람을 통해 정답을 가르쳐주기도 해."

"사람을 통해 정답을 가르쳐주다니? 그건 무슨 말이야?"

"내가 기도를 했잖아. 그러면 선배 교사가 뜬금없이 찾아와서 힘들죠. 그러면서 가르쳐줘. 성령님이 선배교사를 통해 가르쳐주는 거지."

"그래? 성령님이?"

나는 그때 뜻밖의 감동을 받고 반문했습니다.

"그러니까 뭐야? 네가 어려움을 기도하면 하나님이 사람을 통해 응답을 한단 말이지?"

"그런 경우도 많아. 그렇기 때문에 기도하고 있을 때는 목사님이나 동료 선생님들이 말할 때 항상 귀를 열어놓고 있어야 돼. 주님이 응답하셨는데, 내 생각에는 목사님의 말씀이 아닌 것 같아요. 내 생각에는 선생님의 말이 아닌 것 같아요. 이런 식으로 거부를 해버리게 되면 주님의 응답을 거부해 버리는 꼴이 되는 것이니까."

"그렇군? 그럴 수 있겠어!"

나는 백만불의 얘기에 크게 공감을 하고 고개를 끄덕이다가 말했습니다.

"알겠네. 정말 좋은 것을 가르쳐줬어. 고마워. 근데 하나 궁금한 게 있는데 말야. 너 아이가 달랑 한명 남았을 때 어떻게 했니?"

"말마라! 두 주일 동안 주님께 도와달라고 매달리며 기도했어. 그런데 그 때 담임목사님이 설교를 하셨는데- **한 알의 밀이 떨어져 죽지 않으면 한 알 그대로 있고 죽으면 많은 열매를 맺느니라.** 하신 예수님 말씀을 놓고 설교를 하셨는데 한 알이 한 명 남은 아이를 말하는 것 같더라고. 그래서 궁리하며 생각했지 -궁하면 통한다는 궁여지책이-불현 듯 떠올랐어. 그런데 그때 정말 나한테 기발한 생각이 확 떠올랐어."

"기발한 생각이라니?"

"달랑 한명 남은 애가 한 철규였는데 이 녀석이 상당히 개구쟁이였어. 그래서 내가 철규한테 -철규야, 네가 친구 한 명을 데리고 오면 5천원을 줄 테니까 좀 데리고 와-그랬지. 그랬더니 철규가 눈을 크게 뜨면서 확인을 했어-진짜에요, 진짜 5천원 주는 거예요? -그래, 진짜로 준다. 그러니까 한번 데리고 와봐. 그랬더니 그 다음 주일에 놀랍게도 철규가 남녀친구 여섯 명이나 데리고 왔더라."

"뭐야? 그래서?"

"그래서 그날 내가 그 여섯 명의 꿈을 일일이 확인한 뒤에 길게 기도를 해줬지. 그리고 철규한테 3만원을 주면서 한 달 동안 책임지고 데리고 나와야 된다고 했지. 그러자 철규가 그러겠다고 했어. 그리고 나는 그 한 달 동안에 그 여섯 아이를 모두 진골 예수 제자로 만들었지."

"뭐라구? 너 정말 대단하다야!"

"그 뿐만이 아니야. 그때부터 철규 하고 합작을 해서 아이들 30명을 전도했었어. 그리고 그 30명 모두를 진골 예수님 제자로 만들었어."

"햐.-너 정말 대단하다. 완전 전화위복이 된 거잖아. 학교 다닐 땐 완전 멍청하던 너한테 어떻게 그런 번쩍번쩍 빛나는 지혜가 나타났니?"

"그건 내 지혜가 아냐. 하나님이 주신 지혜야. 나는 옛날과 똑같이 멍청해. 돌대가리야."

"새끼 겸손 떨기는.. 알았어. 나도 네가 한 대로 한 번 해볼 거야."

"잘해봐. 하정태. 너 나중에 부자 되면 반드시 나 업어줘야 돼. 내가 오늘 너한테 말한 것은 다른 사람한텐 한 번도 말을 안 한 거야."

"알았어. 정말 고맙다, 백만불!"

"하 정태! 내가 아까도 말했지만 다윗 왕이나 모세가 모두 양을 치다가 하나님께 쓰임을 받았어. 카터 대통령은 주일학교 교사하다가 대통령이 됐어. 내가 하 정태 너를 그런 고귀한 주일학교교사 자리로 인도한 거야. 고맙지? 내가 안 고마워?"

"당연 고맙지, 고마워. 내 나중에 부자가 된다면 반드시 너 두 번 업어줄게."

"알았어, 기대해볼 게. 그럼 난 바빠서 이만 전화 끊겠네."

"알았네. 고마워, 백만불!"

나는 백만불과 그렇게 통화를 하고 전화를 끊었습니다. 그런 뒤에 한참동안 나에게 백만불을 붙여주신 하나님께 감사기도를 했습니다.

하 정태씨는 거기까지 얘기한 뒤에 또 잠시 말을 중단 하고 주스를 한 모금 마셨습니다. 그리고 강변을 바라보며 잠시 생각하다가 이윽고 나를 보며 말했습니다.

선생님, 저는 그렇게 꼭 부자가 되어 보겠다는 일념으로 백만불이 시키는 대로 주일학교교사를 시작했습니다. 다윗이 양을 친 것처럼 그렇게 저도 양치기를 시작했습니다. 제가 맡은 반은 3학년 3반이었는데 남자아이 셋 여자아이 둘 그렇게 모두 다섯 명을 받았습니다.

"애들아, 너희들은 장차 무엇이 되는 게 꿈이니? 차례대로 한 번 말해봐?"

나는 백만불이 가르쳐준 대로 아이들과 상견례를 한 뒤 먼저 아이들의 꿈을 알아내어 꼼꼼히 잘 기록했습니다. 그리고 공과 공부를 끝내고 기도할 때 항상 그 애들의 꿈을 이루어주라고 차례대로 길게 기도했습니다. 그 기도를 듣는 아이들의 태도가 모두 진지했습니다.

―흠, 역시 백만불의 말이 맞았어.―

나는 좋은 예감을 가지며 열심히 가르쳤습니다. 교사를 시작할 때 공과 책을 주었는데 읽어보니까 얼떨떨했습니다. 성경을 세 번 읽기는 했지만 공과의 말씀들이 딴 나라 말씀을 보는 것처럼 생소하기만 했습니다. 그래서 실수하지 않으려고 주중에 날마다 공부하여 주일에 교회에 가서 아이들을 가르쳤습니다. 그런데도 뭔가 부족하고 잘못하고 있는 것만 같아서 하나님께 간절히 기도했습니다. ―하나님, 제가 뭔가 교사를 잘못하고 있는 것 같아요. 아이들이 내 가르침에 즐거워하는 빛보다는 지루해하는 모습이에요. 제가 무엇을 잘못하고 있는지 가르쳐주세요.

계속 그렇게 기도했습니다. 그랬더니 어느 주일에 부장장로가 나를 따로 부르더니 정말 뜻밖의 말을 해주었습니다.

"하 집사님, 내가 보니까 교사를 너무 열심히 잘하고 있네요. 주님이 기뻐하시며 큰 복을 내려주실 것입니다."

"별 말씀을요. 저는 지금 뭐가 뭔지 하나도 모르겠습니다."

예수를 믿었으면 먼저 예배부자가 되라 93

"처음엔 다 그래요. 이건 제가 선배교사로서 말씀드리는 건데요. 조금도 기분 나쁘게 듣진 마세요. 제가 보니까 하 집사님이 사랑이 많으셔서 아이들에게 공과 말씀을 조금이라도 더 많이 먹이려고 애를 쓰는 모습이었습니다. 아주 좋은 현상이에요. 근데요. 아무리 좋은 음식도 너무 많이 먹이면 맛이 없는 것처럼 하나님 말씀도 한꺼번에 너무 많이 먹이면 탈이 나기도 해요. 아이들은 자라가면서 계속 하나님 말씀을 배우게 되니까 요약하고 요약해서 골자만 먹이세요. 그리고 형편이 되면 맛있는 과자를 사다가 주기도 하면서 재미있는 얘기도 해주세요. 그러면 아이들이 싫증 내지 않고 하 집사님을 아주 좋아하면서 잘 따르게 된답니다."

"그렇군요. 잘 알겠습니다. 장로님, 좋은 조언을 주셔서 정말 감사합니다."

내가 고민하며 기도했던 부분이 사실은 그 부분이었는데 장로님이 내 고민을 꾀 뚫어보고 말하는 것 같아 너무 고맙고 감사해서 진심으로 몇 번인지 모르게 감사인사를 했습니다. 그리고 장로님과 헤어진 뒤에야 주님이 내 기도를 듣고 장로님을 통해 응답했다는 것을 깨닫게 되었습니다. 그래서 주님께도 감사기도를 했습니다.

"얘들아, 오늘은 선생님이 초콜릿 사 왔다."

나는 그 다음 주일에 바로 초콜릿을 사 가서 아이들에게 나누어 주었습니다. 그랬더니 아이들이 초콜릿을 먹으며 얼마나 좋아하는지, 강아지들이 엄마젖을 빨고 있는 모습을 보고 있는 것처럼 즐겁고 행복했습니다.

"얘들아, 선생님이 오늘은 웨하스를 사왔다."

나는 주일마다 번갈아가며 과자를 사가지고 가서 아이들의 입을 즐겁게 해주었습니다. 그랬더니 아이들이 정말 강아지들처럼 나를 졸졸 따르며 좋아했습니다. 뿐만 아니었습니다. 내가 준비해간 하나님 말씀도 과자처럼 냠냠 맛있게 잘 먹어주었습니다. 그랬는데 어느 주일에 뜻밖의 큰 낭패를 당하게 되었습니다. 정말 상상도 못했던 일이 순식간에 내 앞에서 펼쳐졌습니다.

졸지에 잃어버린 양

하 정태 씨는 거기서 또 잠시 말을 중단하고 물을 한 모금 마셨습니다. 그런 뒤에 잠시 뭔가를 생각하다가 말했습니다.

"주일학교 교사들은 바빠서 주중에는 새벽예배에 못 올지라도 주일만이라도 새벽예배에 와서 아이들을 위해 기도하세요. 그래야 아이들이 잘 따르고 말도 잘 듣습니다."

어느 주일에 담임목사님이 설교하면서 특별히 주일학교교사들을 격려하며 그렇게 간곡한 부탁을 하였습니다. 그래서 나도 그 다음 주일부터 새벽에 가서 예배를 하고 기도하고 집에 왔습니다. 그리고 나면 다시 잠을 잘 수도 없었습니다. 그래서 8시쯤 우리 반 아이들에게 일일이 전화해서 잠을 깨우고 교회에 올 준비를 하라는 말을 했습니다. 그랬는데 어느 주일 아침에 윤도석이라는 남자 아이한테 전화를 했는데 뜻밖에도 도석이가 아닌 도석이 아버지가 굵직한 목소리로 전화를 받았습니다.

"누구시죠?"

"아, 저어... 저어..."

순간 나는 어떻게 대답해야 될지 몰라서 쩔쩔 매며 망설이고 있었습니다. 그러자 도석이 아버지가 약간 짜증난 목소리로 말했습니다.

"왜 대답을 안 해요? 누구신가요?"

"저어... 도석이 아버지신가요?"

"그런데요. 댁은 누구시죠?"

"애... 안녕하세요. 저는 교회 주일학교 도석이 담당 선생님입니다."

"우리 도석이가 교회에 다니고 있는 것입니까?"

"예, 그렇습니다."

그 다음 순간 도석이 아버지의 입에서 잔뜩 화난 거친 목소리가 튀어나왔습니다.

"이놈의 새끼가! 교회에 가지 말라고 그만큼 말했는데 또 교회 갔어! 이런 우라질 놈의 새끼!"

"여보세요! 여보세요!"

나는 놀라고 당황해서 뭔가 변명이라도 하려고 했지만 도석이 아버지는 아무 대꾸도 없이 전화를 뚝 끊었습니다. 순간 나는 큰 실수를 한 느낌에 아찔하여 앞이 캄캄했습니다.

-이 낭패를 어떻게 한다? 도석이가 아버지한테 크게 혼날 텐데 어쩌지?-

나는 안절부절 못했습니다. 내 걱정과 근심은 그대로 현실이 되었습니다. 도석이는 그날부터 교회에 나오지 않았습니다. 그 우락부락한 목소리의 아버지한테 얼마나 혼났을까를 생각하자 내 가슴이 너무 아팠습니다. 그래서 나는 백만불에게 전화해서 내 실수를 말해주었습니다. 그랬더니 백만불은 별일 아니라는 투로 말했습니다.

"너무 가슴 아파하지 마. 주일학교교사를 처음으로 하게 되면 대게 한 번씩 겪는 일이야. 잠을 깨워주려고 한 지나친 사랑이 한 아이를 고통스럽게 하는 일이 되기도 하지."

"백만불, 너도 그런 경험을 해봤다는 말이니?"

"당연히 해 봤지!"

"그래서 어떻게 했니?"

"어떻게 하기는? 가슴이 아프고 마음이 아파서 발을 동동 구르며 후회하다가 주님께 무슨 좋은 방법이 없겠느냐고 기도했지. 그랬더니 주님이 답을 줬어."

"답? 어떤 답을 줬니?"

"이미 저질러진 실수는 잊어먹어라. 그리고 앞으로는 부모님이 예수 믿는 집 아이와 안 믿는 집 아이를 잘 분류하라고 했어."

"그런 다음에?"

"그런 다음에 먼저 집사님 댁 아이를 깨우라고 했어. 그런 뒤에 집사님 자녀에게 예수 안 믿는 집 친구를 깨우는 전화를 하라고 지시하래."

"하! 그래. 그러면 되겠다!"

나는 그 지혜에 감탄하며 말했습니다.

"그러니까 뭐야. 친구 전화니까 부모가 의심하지 않고 바꿔준다 이 말이지?"

"그렇지! 답이란 모를 땐 어려워도 알고 나면 또 너무 쉬운 게 답이잖아."

"그렇지! 하아. 그럼 되겠다. 고마워 백만불!"

"고마워하지 마, 나도 주님께 받은 답이니까."

"알았네. 내 다음에 또 전화할게."

나는 그러고 전화를 끊었습니다. 나는 어려움을 당할 때마다 백만불한테 전화해서 답을 받았습니다. 그리고 백만불의 말은 무조건 백 프로 다 믿었습니다. 재벌회장이 된 그를 의심할 까닭이 없었습니다. 그가 하라는 대로 다 하면 나도 반드시 부자가 되리라는 것도 확실하게 믿었습니다. 그러면서 열심히 주일학교교사를 했습니다. 아이들과 함께 성경공부를 하며 가르치니까 한없이 기쁘기도 하고 즐겁기도 했습니다. 그래서 월요일만 되면 주일이 기다려졌습니다. 그런 와중에도 잃어버린 양인 윤도석이가 늘 눈에 선하고 가슴에 가시처럼 박혀서 잘 지워지지 않고 늘 가슴이 아팠습니다. 그래서 아이들에게 도석이를 좀 달래서 데려오라고 부탁을 했습니다. 그랬더니 도석이가 얼마나 아버지에게 혼이 크게 났는지 앞으로 다시는 교회 안 간다. 죽어도 교회 안 간다. 그러더라는 것입니다. 그래서 내 가슴이 더욱 아팠습니다. 나는 견디다 못해 날마다 윤도석이가 돌아오라고 간절히 기도했습니다.

-주님, 윤도석이를 지켜주시고 보호해주세요. 그리고 그 마음의 앙금이 풀리게 하시고 다시 교회에 와서 우리와 함께 주님을 섬기며 살아갈 수 있도록 도와주세요.-

나는 그렇게 하루도 빠지지 않고 늘 도석이를 위해 기도했습니다. 그 윤도석이가 그 후 중학생이 되어서 다시 교회에 나왔습니다.

어쨌든 나는 그렇게 기도하며 열심히 아이들에게 성경을 가르쳤습니다. 그런 어느 날, 나는 또 뜻밖의 큰 문제를 만나게 되었습니다. 하 정태씨는 거기서 또 말을 중단하고 물을 한 모금 마신 뒤에 큰 숨을 쉬고는 얘기를 계속 했습니다.

"3학년 3반에 서 지혜라는 아주 똑똑한 여자애가 있었는데, 이 지혜가 어느 날 나를 딱 바라보면서 느닷없이 깜짝 놀랄만한 질문을 했습니다."

"선생님, 우리 예수 믿는 사람은 왜 모두 고난만 받아요?"

"뭐?"

공과 책에 사도 바울을 비롯한 고난 받는 사건이 많이 나왔는데, 그걸 보고 나한테 그렇게 질문을 한 것이었습니다. 하지만 나는 성경지식도 짧고 그런 질문에 대비하고 있지도 않았기 때문에 아무 대답도 할 수가 없었습니다. 그래서 잠시 생각하다가 대답했습니다.

"지혜야, 그 질문의 답은 내가 다음 주일에 말해주면 안되겠니?"

"다음 주일에요?"

"응. 선생님이 성경도 다시 한 번 더 읽어보고 목사님께도 한 번 여쭈어본 뒤에 대답해 줄게. 그러면 안 되겠니?"

"아뇨. 그렇게 하세요."

지혜가 아무렇지도 않게 대답했습니다. 순간 나는 아휴 살았다 싶었습니다.

"백만불, 또 큰 문제를 만났네."

나는 주일을 보내고 월요일 아침이 되기 바쁘게 백만불에게 전화해서 모든 것을 말하고 정답이 뭐냐고 물어보았습니다. 그랬더니 백만불이 껄껄 웃으며 말했습니다.

"너도 나하고 똑같이 당했구나. 똑똑한 아이들은 느닷없이 그런 질문을 해. 정곡을 콕 찔러. 나도 첨엔 너처럼 당황했었어. 하지만 너처럼 솔직히 시간을 달라고 한 뒤에 기도한 후 담임목사님을 찾아가서 여쭈어 보았지. 그랬더니 목사님이 웃으시면서 답을 주셨어."

"어떤 답이었니?"

"목사님이 그러셨어. 열두 제자들과 사도 바울이 활동하던 그 시절은 기독교의 초기라서 거의 모두가 혹독한 고난을 받다가 처형당했어요. 한 마디로 순교하던 시절이었어요. 하지만 그들이 그렇게 피를 흘리며 고귀한 순교를 하는 바람에 이 세상 곳곳에 복음이 전파되었어요. 그리고 지금은 그 피의 대가로 많은 사람이 예수를 믿고 복을 받아 누리며 사는 시대가 된 것입니다. 그러니까 아이들에게 그렇게 말해주세요. 지금은 하나님의 은혜로 복을 받아 누리며 사는 시대라고요."

"그렇구나! 지금은 복을 받아 누리며 사는 시대구나!"

나는 이해와 공감을 하고는 고개를 크게 끄덕였습니다. 그리고 주일이 되기를 기다렸다가 지혜와 3반 친구들을 모아놓고 지금은 복을 누리며 사는 시대라고 말해주었습니다. 그러자 지혜와 3반 친구들이 이해된 듯 공감한 듯 고개를 끄덕이며 명랑해졌습니다. 그렇게 그 문제는 잘 해결하고 넘어갔습니다.

"선생님, 저한테 큰 걱정이 생겼어요."

그리고 얼마 지나지 않아서 이번엔 한 애리라는 여자애가 또 큰 문제를 제기했습니다. 하 정태씨는 거기서 또 말을 중단하고 물을 한 모금 마셨습니다.

아빠를 구원한 아이

하 정태씨는 물을 마신 뒤 한강을 잠시 바라보다가 뭔가 생각난 듯 다시 얘기를 계속했습니다.

"큰 걱정이 생기다니, 무슨 걱정인데?"

"그게 있잖아요."

한 애리는 잠시 망설이다가 말했습니다.

"제가요. 선생님이 시키는 대로 우리 아빠한테 예수 안 믿고 죽으면 지옥에 가니까 예수 믿자고 해도 들은 척도 안하더라고요. 어쩌면 좋죠? 난 우리 아빠와 엄마가 지옥에 가는 거 정말 싫어요. 선생님. 어떻게 하죠?"

"음…"

나는 잠시 입을 다물었습니다. 공과 교육시간에 내가 예수를 믿는 사람은 죽으면 천국에 가고 예수를 안 믿는 사람은 죽으면 유황불이 영원히 꺼지지 않는 지옥에 떨어져서 영원토록 고통을 받으며 살게 된다. 그러니 반드시 꼭 부모님을 전도해야 된다고 말했는데, 한 애리가 내 말을 듣고 부모를 전도하려다가 실패를 한 것 같았습니다.

"선생님, 대답해주세요. 어떻게 해야 되죠?"

"음… 그게…"

한 애리의 얼굴이 너무 심각했습니다. 그래서 반드시 확실한 대답을 해줘야 될 것 같았습니다. 그래서 너무 아찔했습니다.

"애리야, 그게 말이야…"

나는 한참 생각하며 진정한 뒤에 말했습니다.

"부모님을 전도하는 일이 과자를 사는 것처럼 쉬운 일이 아니니까. 선생님이 한 주일 생각해보고 기도해보고 다음주일에 말하면 안 되겠니?"

"다음주일에요?"

"응, 안되겠니?"

"아뇨. 그렇게 해도 돼요. 근데요. 우리 아빠, 엄마를 꼭 예수 믿게 할 수 있어야 돼요. 꼭이요."

"알았다. 선생님이 고민해보마."

나는 애리를 그렇게 달래놓고 걱정이 되어 백만불한테 전화해서 그 사연을 모두 털어놓고 답을 달라고 했습니다. 그러자 백만불이 껄껄 웃으면서 말했습니다.

"하 정태, 너는 내가 간 길을 그대로 따라오는 느낌이구나. 나도 그런 질문을 받고 처음엔 얼마나 황당했는지 몰라. 그래서 주님께 기도했더니 주님이 응답을 주시더라."
"어떻게? 어떻게 하라고 응답을 주셨니?"
"우리 속담에 자식 이기는 부모는 없다는 말이 있잖아."
"있지. 그래서?"
"특히 요즘은 아이를 한 둘 씩 키우기 때문에 부모들의 아이 사랑은 대단하지 않는가?"
"그렇지! 그런데?"
"주님이 그 사랑을 잘 활용하라고 하셨어."
"어떻게 활용을 하라는 건가?"
"이번엔 자네가 주님께 기도해서 직접 정답을 한번 찾아보게"
"뭐야?"
"난 바빠서 이만 전화 끊겠네."
"야, 백만불! 백만불! 아니 뭐 이런 명랑한 친구가 다 있지!"
나는 전화기를 내려놓고 한참 고민하다가 주님께 정답을 달라고 기도했습니다. 그랬더니 주님이 내 머릿속으로 내 생각 같기도 하고 누가 보내는 말 같기도 한 지혜를 내려주었습니다.
—음, 그러면 되기는 되겠는데?—
나는 고개를 끄덕이며 계획을 세웠습니다.
그 다음 주일에 나는 애리를 따로 불렀습니다. 그리고 아빠의 사랑을 물어보았습니다.
"애리야, 너희 아빠가 널 많이 사랑하니?"
"예, 우리 아빤 내가 해달라는 건 뭐든지 다 해줘요. 나를 아주 귀여워해줘요."
"그럼 말이야. 아빠한테 이렇게 한번 해봐."
"어떻게요?"
"집에서 아빠와 단 둘이 됐을 때, 아빠 우리 주일학교 선생님이 그러는데요. 예수 안 믿고 죽으면 유황불이 영원히 꺼지지 않는 지옥에 간대요. 난 아빠가 지옥 가는 거 싫어. 정말 싫어, 엉엉... 하고 울어버려..."

"울어요?"

"그래, 엉엉 울어, 그러면 아빠가 울지 말라고 달랠 거잖아. 그러면 더 크게 엉엉 울어. 아빠가 교회에 가겠다고 항복할 때까지 바닥을 치면서 엉엉 큰소리로 울어봐..."

"알았어요, 선생님이 시키는 대로 한번 해볼게요."

한 애리는 3학년이었지만 아이가 매우 순진하고 착했습니다. 그래서 내가 한 말을 조금도 의심하지 않고 그대로 믿었습니다.

"선생님, 오늘 우리 아빠 교회 오기로 했어요."

그런데 정말 놀라운 일이 일어났습니다. 한 애리는 내 말을 그대로 믿고 집에 가서 아빠한테 내가 시킨 그대로 했대요.

"아빠, 주일학교 선생님이 그러시는데요. 예수 안 믿고 죽으면 유황불이 영원히 꺼지지 않는 지옥에 간대요. 난 아빠가 지옥에 가는 거 싫어. 정말 싫어. 엉엉..."

애리가 막 울었대요. 그러자 애리 아빠가 당황한 표정으로 달래더래요.

"애리야, 울지 마, 울지 마."

"몰라! 몰라! 엉엉..."

애리는 주저앉아서 바닥을 치며 큰 소리로 막 울었대요. 그랬더니 마침내 아빠가 다급한 목소리로 항복하더래요.

"알았다! 아빠 교회 갈게. 예수 믿을게. 예수 믿으면 되잖아! 그러니까 울지 마. 아빠 교회 간다니까!"

그 다음 주일에 초등부에 온 애리 아빠가 나한테 그 모든 것을 말해주었습니다. 애리와 내 합작으로 애리 아빠를 구원할 수 있었습니다. 자식을 이길 수 없다는 옛 속담이 크게 내 앞으로 다가왔습니다.

그런 일이 있은 후 얼마 지나지 않아서 이번엔 서 지혜가 또 낭패스러운 질문을 했습니다. 하 정태씨는 거기서 말을 중단하고 이번엔 주스를 한 모금 마셨습니다. 그리고 잠시 생각한 뒤에 말했습니다.

"선생님, 질문이 있어요."

공과공부시간에 서 지혜가 불쑥 말했습니다. 그래서 내가 말을 중단하고 물었습니다.

"무슨 질문인데? 말해봐?"

"선생님, 기도하면 하나님이 다 들어주신다고 했잖아요."

"그랬지. 그런데?"

"근데요. 제가 우리 아빠 취직해서 돈을 잘 벌 수 있게 해달라고 매일 기도했는데도 우리 아빠는 취직도 안 되고 돈도 잘 못 벌어요. 왜 그렇죠?"

"응, 그게..."

그 순간 나는 또 아찔했습니다. 그 질문도 내가 선뜻 답을 할 수 없는 황당하고 난감한 어려운 질문이었습니다. 그래서 잠시 고민하며 생각하다가 말했습니다.

"지혜가 아주 좋은 질문을 했어. 하지만 이 자리에서 대답할 수는 없겠구나, 선생님이 한 주일 하나님께 기도해 본 후 왜 그런지 어떻게 해야 될 지를 대답해줄 게. 그러면 안 되겠니?"

"그렇게 하세요."

지혜가 고개를 끄덕이며 수락했습니다. 하지만 내 마음은 한 없이 무거웠습니다.

"야, 백만불, 큰일 났다. 큰일 났어."

나는 월요일이 되기를 기다렸다가 바로 백만불에게 그 문제에 대해서 소상히 다 말하고 도움을 청했습니다. 그랬더니 백만불이 또 껄껄 웃으며 말했습니다.

"하 정태, 너는 내가 당했던 그대로 다 당하는구나. 나도 그런 질문을 처음 받았을 때 얼마나 당황했던지 몰라, 머리가 다 하얘지더라. 그래서 전전긍긍하며 며칠 없이 하나님께 기도했어. 그랬더니 어느 날, 부장 장로님이 뜬금없이 나를 찾아와서 무슨 애로사항이 없느냐고 물으시더라, 그래서 그 문제를 말씀 드렸더니 장로님이 웃으시며 말씀해주셨어."

"어떻게?"

"장로님이 그러셨어. 성경 말씀에는 기도하면 다 응답된다고 되어 있습니다. 하지만 그것이 기도하면 바로 즉각 즉각 해결된다는 뜻은 아닙니다. 예를 들어 교회 아이들이 수련회를 가는데 비가 오면 안 되겠다 하여 비를 내리지 말게 해달라고 간절히 기도하면 그런 기도는 하나님이 하루 이틀 지내서 비를 내리게도 해줘요. 하지만 초등학교 4학년이 의사가 되게 해주세요. 기도하면 그 기도는 14년 정도 지나야 이루어지는 기도입니다. 그리고 집을 팔아달라고 기도했는데 안 팔아줬어요. 그래서 이년 지나서 팔게 되었어요. 그런데 2억이 올랐어요. 이년 전에 팔았으면 2억이 손해가 되는 거잖아요. 하나님은 항상 자기 자녀들에게 가장 좋은 것을 주려고 하기 때문에 기도하다가 응답이 안 되면 응답이 안 되는 것도 응답인 것입니다. 특히 부모를 위한 기도는 부모가 먼저 예수님을 구주로 믿고 기도해야 바른 응답을 받을 수 있는 것입니다. 하시더라고, 그래서 나는 장로님의 말씀에 크게 공감하고 신앙은 역시 선배가 아는 것이 많구나 생각했지. 하 정태, 자네의 질문에 제대로 대답이 되었는지 몰라?"

"답이 되었네!"

나는 고개를 크게 끄덕이며 말했습니다.

"역시 답은 알고 나면 쉬운데 모를 땐 너무 어렵다니까."

나는 그렇게 백만불에게 답을 받아서 그 다음 주일에 지혜에게 말해주었습니다.

"내 말 잘 들었지? 기도란 그렇게 즉각 들어주는 기도가 있고, 기다려야 되는 기도가 있어. 응답이 안 될 땐 응답이 안 되는 그것이 응답이기도 해. 너희 아빠 예수 안 믿는다고 했지? 먼저 너희 아빠를 전도해서 예수님을 구주로 믿게 해. 그래야만 네 기도를 하나님이 들어주시게 돼. 알겠니?"

"예, 알겠어요. 선생님. 감사해요."

지혜는 내 말에 공감이 되는 듯 밝게 고개를 끄덕였습니다. 그러더니 두 주일 지난 뒤에 나한테 귀속 말로 말했습니다.

"선생님, 오늘 우리 아빠 교회에 왔어요."

"뭐? 할렐루야! 축하한다. 참 잘했다!"

나는 진심으로 축하하며 격려해주었습니다. 그 후 한 달 쯤 지난 뒤에 지혜가 또 나한테 귀속 말로 말했습니다.

"선생님, 우리 아빠, 어제 취직이 되셨대요."

"뭐? 할렐루야, 축하한다! 진심으로 축하한다, 지혜야!"

"모두 선생님이 잘 가르쳐준 덕택이에요."

그러면서 기뻐하며 활짝 웃는 지혜의 얼굴은 세상에서 가장 행복해 보이는 얼굴이었습니다. 나는 그 얼굴은 영원히 잊지 못할 것입니다.

"선생님, 저는 정말 행복했습니다."

하 정태씨가 갑자기 나를 딱 바라보며 말했습니다.

"주일학교교사를 하며 천진난만한 아이들의 믿음과 삶을 바라보며 나는 무한한 기쁨과 즐거움을 맛보았습니다. 주일학교교사 하기를 정말 잘했다는 생각을 수없이 했습니다. 저는 그때 정말 전혀 새로운 행복감에 가득 차게 되었습니다."

하 정태씨는 거기까지 얘기한 뒤에 또 말을 중단하고 물을 한 모금 마셨습니다. 그리고 잠시 생각한 뒤에 다시 말하기 시작했습니다.

성경 속의 땅 부자
"요번 주일부터 한 달 간은 전도하는 달입니다,"
어느 주일에 장로님이 앞에 나가 말했습니다.
"전도를 많이 한 사람에게는 푸짐한 선물도 줍니다. 1등은 자전거 한 대, 2등은 나이키 신발, 3등은 놀이공원 티켓 등등 많이 준비되어 있으니까 전도를 많이 하도록 해요."
"예…"
그러나 아이들의 대답은 신통치 않았습니다. 마지못해 하는 대답이었습니다. 전도의 달이 또 왔구나 하는 그런 시큰둥한 얼굴들이었습니다.
―이번 기회에 전도를 한번 해봐?―
나는 그런 아이들의 모습들을 보면서 문득 3반의 김 준호를 바라보았습니다. 준호는 말할 수 없는 개구쟁이였습니다. 그 개구쟁이 준호를 보자 백만불이 달랑 하나 남은 개구쟁이를 데리고 전도했다는 얘기가 떠올라왔습니다. 나도 준호를 데리고 그렇게 전도를 한번 해보고 싶은 생각이 불쑥 솟구쳤습니다.
"준호야, 나 좀 봐."
나는 공과공부가 끝난 뒤에 준호를 딴 곳으로 불러놓고 내 제안을 내어놓았습니다.

"너 말야, 친구들 좀 데리고 올 수 잇겠니?"
"난 전도 못해요. 요즘 애들 약삭빨라서 교회에 잘 안와요."
"한 명 데리고 오면 만 원 준다. 그러면 데리고 올 수 있겠니?"
"만 원요?"
순간 준호가 눈을 똥그랗게 떴습니다. 그러더니 확인하듯 물었습니다.
"진짜 만 원 줘요?"
"그래, 진짜다. 진짜 만 원 준다!"
"좋아요. 그러면 제가 한번 꼬셔볼게요."
준호는 돈 만 원을 준다는 말에 급 관심을 가지고 그렇게 해보겠다고 하고는 갔습니다. 그러더니 그 다음 주일에 여자 둘 남자 셋, 그렇게 친구를 다섯 명이나 데리고 왔습니다.
"수고했다. 자 받아."
나는 준호를 한편으로 데리고 가서 약속한 대로 5만원을 그 손에 쥐어주었습니다. 그리고 못을 박았습니다.
"그 대신 오늘 데리고 온 친구들을 한 달은 책임지고 데리고 다녀야 된다, 알았지?"
"알았어요. 한 달이에요. 한 달."
준호는 한 달 뒤에는 안 나와도 자기 책임이 아니라는 것을 확인했습니다.
"그래, 한 달이다. 한 달!"
나는 한 달을 약속해 주고는 데리고 온 친구들에게 백만불이 한 대로 꿈을 캐묻고, 꿈을 기도하며 아이들을 꿈으로 꽁꽁 묶었습니다. 그랬더니 그 애들이 모두 한 달이 지나서 진골 예수 제자들이 되었습니다. 그런 애들을 보자 나는 정말 신이 났습니다. 부장 장로도 칭찬했습니다. 교사들도 모두 나를 부러운 눈빛으로 바라보았습니다.

"김 준호가 1등을 했습니다!"

준호는 내 덕택에 전도 1등을 하고 자전거를 선물 받고 좋아 죽었습니다. 나 때문에 자전거를 받아 미안했던지 나를 찾아와서 뒷머리를 긁적이며 인사했습니다.

"선생님, 고마워요. 선생님 덕택에 1등하고 자전거도 받았어요. 정말 고마워요."

"아니야. 준호가 한 거야. 돈은 내가 줬지만 전도는 준호가 한 거야. 축하한다. 준호야,"

나는 준호의 손을 잡고 진심으로 즐거워했습니다. 준호도 내 손을 잡고 좋아 죽었습니다.

"준호야, 우리 앞으로 계속 전도해보자."

"예, 그래요. 선생님."

나는 그렇게 준호와 죽이 맞아서 20명의 아이를 전도했습니다. 준호와 합작으로 한 것이었습니다. 그래서 뜻밖에도 교회에서 주는 전도 상도 받았습니다.

"선생님, 그때 정말 말할 수 없도록 즐겁고 행복했습니다."

하 정태씨가 나를 딱 바라보며 정말 즐거운 모습으로 말했습니다.

"제가 부자가 되려고 교사를 하러 갔는데 교사를 하다가 보니까 아이들에게, 전도에 푹 빠지게 됐어요. 부자가 된다는 생각을 까맣게 잊어버리고 아이들과 함께 매주 정말 즐겁고 행복하게 시간을 보냈습니다."

"야, 하 정태!"

그런 어느 날 백만불이 전화를 했습니다.

"너 내일 많이 바쁘냐?"
"아니, 안 바빠, 근데 왜?"
"안 바쁘면 본사 내 사무실에 좀 와."
"왜?"
"왜는? 친구가 오라면 냉큼 와야지. 난 널 부자 만드는 선생님이잖아."
"알았다. 갈게, 선생님."
"새끼, 이죽거리기는... 뭐 좋은 소식이라도 있니?"
"있지, 태산처럼 많다!"
"큰 기대가 되네, 내일 보자."

나는 전도 상을 받은 얘기를 해줘야겠다는 생각을 했습니다. 그래서 다음 날 아내에게 슈퍼를 맡겨놓고 디렌드그룹 본사가 있는 대박동으로 갔습니다.

"선생님, 제가 말이죠."

하 정태씨는 다시 나를 바라보면서 말했습니다.

"제가 대박동에 있는 디렌드그룹 본사를 향해 갈 때까지만 해도 준호와 합작으로 전도했던 그 즐겁고 행복했던 일들을 백만 불한테 다 쏟아놓고 싶은 마음으로 가득했습니다. 그런데 막상 디렌드그룹 본사 앞에 가서 멈추고 건물을 바라보니까 갑자기 내가 개미처럼 작아지는 느낌이었습니다. 몇 층인지도 가늠이 안 가는 그 높고 번쩍 번쩍 빛나는 디렌드그룹 본사 건물이 정말로 나를 한없이 작게 만들었습니다. 하지만 하나님을 의지하고 담대하게 빌딩 안으로 들어갔습니다."

"저는 회장님 중학교 때 동창인 하 정태라는 사람입니다. 회장님이 오라고 해서 왔습니다."

나는 안내대에 가서 당당하게 말했습니다. 그랬더니 미리 연락을 받았는지 안내원이 깍듯이 마치 어사또 모시듯 나를 아주 친절하게 맞아주면서 곧바로 그룹 회장실까지 안내해 주었습니다.

"야아, 하 정태, 어서 오게나!"

내가 두 번째 와보는 그 으리으리한 회장실로 들어가자 기다리고 있던 백만불이 왕이라도 접견하듯 반갑게 나를 맞아주었습니다.

"하 정태, 자리에 앉게."

나는 응접 소파로 가서 탁자를 사이로 백만불과 마주보며 앉았습니다. 비서가 우리 두 사람에게 각각 차 한 잔을 놓아주고 나갔습니다.

"하 정태, 차 마시자."

"알았네."

백만불과 나는 마주보면서 차를 마셨습니다. 그런 뒤에 내가 먼저 말했습니다.

"오늘 나를 여기로 부른 용건이 뭔가?"

"그렇지! 내가 불렀으니까 용건을 말해야지. 내가 저번에 큰 숙제 하나 내줬는데, 숙제를 잘 해왔는지 몰라?"

"무슨 숙제?"

"성경에서 하나님한테서 땅을 제일 많이 받은 사람이 누군지 알아오라고 했잖아."

"참 그랬지!"

"알아내지 못했구나."

"아냐, 알아냈어."

"알아내? 진짜? 성경에서 땅을 제일 많이 받은 사람이 누구였니?"

"그게 누구냐 하면 말야…"

나는 백만불한테 성경을 좀 달라하여 창세기 8장 13절을 찾아 읽어내려 갔습니다.

13절 육백일 년 첫째 달 곧 그 달 초하룻날에 땅 위에서 물이 걷힌지라 노아가 방주 뚜껑을 제치고 본즉 지면에서 물이 걷혔더니

14절 둘째 달 스무이렛날에 땅이 말랐더라.

15절 하나님이 노아에게 말씀하여 이르시되

16절 너는 네 아내와 네 아들들과 네 며느리들과 함께 방주에서 나오고

17절 너와 함께 한 모든 혈육 있는 생물 곧 새와 가축과 땅에 기는 모든 것을 다 이끌어내라 이것들이 땅에서 생육하고 땅에서 번성하리라 하시매

18절 노아가 그 아들들과 그의 아내와 그 며느리들과 함께 나왔고

19절 땅 위의 동물 곧 모든 짐승과 모든 기는 것과 모든 새도 그 종류대로 방주에서 나왔더라.

"봐, 사람이 다 죽고 하나도 없는 지구에 노아가 가족을 데리고 방주에서 나왔잖아. 그러니까 노아는 하나님께 이 지구를 통째로 선물로 받은 거지, 아닌가?"

나는 성경을 읽어준 뒤에 말했습니다. 그러자 백만불이 고개를 크게 끄덕이며 말했습니다.

"맞았어! 넌 역시 머리가 좋아! 난 5년 지나서 이걸 발견했는데 넌 일 년도 안 되어 발견했구나. 넌 역시 대단해. 역시 하 정태야!"

"야, 너무 치켜세우지 마, 낙상하겠다."

"근데 하 정태, 노아가 하나님한테 뭘 해서 지구를 선물 받았는가?"

"그건…"

나는 생각한 뒤에 말했습니다.

"그건 하나님이 당대의 의인인 노아를 찾아와서 사람들이 너무 악해서 물로 심판할까 하니 너는 방주를 만들어라. 그러면 너와 네 가족은 살려주겠다. 그래서 노아가 하나님의 말씀을 그대로 믿고 순종으로 방주를 만들었기 때문이잖아."

"맞아! 바로 말했어. 정답이야. 믿음과 순종으로 방주를 만든 거야. 근데 노아가 방주를 몇 년 동안 만들었는지는 아는가?"

"몇 년?…"

나는 그건 알 수가 없었습니다.

"그건 내가 계산을 안 해봤는데, 그래서 잘 모르겠네."

나는 솔직히 말했습니다. 그러자 백만불이 말했습니다.

"약 100년 걸려서 만들었네."

"백년?"

나는 눈을 크게 떴습니다. 그러자 백만불이 말했습니다.

"놀랐구나. 나중에 한번 계산해봐. 약 100년이야. 근데 말야. 비도 안 오는데 산에서 백 년 동안 방주를 만든다는 게 보통 믿음과 보통 순종으로는 불가능한 일이야. 비도 안 오는데 산에서 배를 만든다고 사람들이 얼마나 비웃고 욕했겠어. 그래도 노아는 개의치 않고 끝까지 믿음과 순종으로 방주를 만든 거지. 그래서 하나님을 감동시켰던 거야."

"그러네, 자네 얘기를 듣고 보니까 정말 그러네. 백년은 작은 세월이 아니잖아."

"그래서 사람들은 노아를 믿음과 순종의 사람이라고 하네. 그런데 믿음과 순종은 따지고 보면 사람의 영혼과 육체처럼 하나야. 왜냐하면 믿음이 없으면 순종이 안 되고 순종이 없는 믿음은 믿음이 아니기 때문이지. 어쨌든 노아를 보면 믿음 충만, 순종 충만한 자가 되어야 땅 부자가 된다는 것이야. 잊지 말고 새겨두게."

"알겠네. 머리에 깊이 새겨두겠네."

"근데 성경에는 노아보다 땅을 더 많이 받은 사람도 있네."

"뭐야? 노아가 지구를 통째로 다 받았는데 그보다 더 많이 받았다면 우주까지 받았다는 말인가?"

"아니지, 지구를 통째로 선물로 받기는 했지만 노아가 혼자 받은 것이 아니잖아. 가족과 나눠야 되니까 지구를 통째로 받은 건 아니지."

"그러니까 그러네. 근데 노아보다 땅을 더 많이 받은 사람은 누구야?"

"그건 숙제네. 다음에 만날 때 답을 찾아오게나."

"알겠습니다. 부자 선생님. 근데 성경 어디에 그것이 있지? 못 봤는데?"

"숙제는 답이 반드시 있기 때문에 내 주는 거야."

"알겠습니다. 다음에 올 때 꼭 찾아오겠습니다."

내가 약간 익살스럽게 대답하자 백만불은 어이없다는 듯 웃으며 말했습니다.

"참, 하 정태! 너 이제 주일학교교사는 자신이 있니?"

"아직 많이 부족하긴 하지만 이젠 잘 할 수 있을 것 같아. 재미도 있고 보람도 있고, 요즘은 주일이 기다려질 정도로 아이들과 정이 푹 들었네. 참, 나 오늘 너한테 자랑할 게 하나 있다."

나는 불현 듯 준호와의 일이 생각나서 말했습니다. 그러자 백만불이 의아한 표정으로 나를 바라보았습니다.

예수를 닮아가기 2단계
"나한테 자랑할 것이란 뭔가?"
"응, 그게 말야. 왜 너 지난번에 달랑 하나 남았을 때 전도한 얘기 했었잖아."
"그랬지. 그게 왜?"
"사실은 지난번에 초등부에서 전도 잔치를 했었네, 그때 네 생각이 나더라, 실은 우리 반에 김 준호라는 개구쟁이가 있었어. 그래서 준호를 데리고 네가 한대로 한번 해봤지. 그랬는데 20명이나 전도했지 뭐냐. 그래서 준호와 내가 전도 상도 받았어."
"뭐야?"
백만불이 깜짝 놀라며 감탄하듯 말했습니다.
"넌 역시 대가리가 좋아! 넌 역시 대단해. 진심으로 축하하네."
"어떤가? 이만하면 나도 이제 부자가 될 수 있겠니?"
나는 자신만만한 자세로 질문했습니다. 그랬더니 백만불이 대번에 고개를 가로저었습니다.
"부자? 아직 까마득해! 넌 이제 겨우 하나를 통과했을 뿐이야."
"겨우 하나?"
나는 의아해하며 물었습니다.
"몇 개나 통과해야 되는데?"
"글쎄 한 열 개는 통과해야 되지 않겠니?"
"열 개?"
"왜 많아? 부자 되는 것 포기할래?"

"아니야!"

나는 고개를 크게 가로저으며 대답했습니다.

"기왕 시작했으니 끝까지 해야지. 끝까지 갈 거야. 너처럼 부자가 될 때까지!

"좋았어. 역시 넌 내 짝꿍 하 정태야. 오기도 있고 배짱도 있고, 머리도 좋고... 넌 반드시 해낼 거야."

"그런다고 너무 추켜세우지는 마셔."

"사실 내가 오늘 너를 부른 것은 2단계로 넘어가려고 부른 거야."

"2단계는 뭐야?"

"넌 아이들을 가르치면서 성경공부 많이 했잖아. 또 아이들을 가르치면서 가르치는 공부도 했잖아. 2단계는 전도의 단계야."

"전도?"

"그래, 전도! 예수님이 가르치는 본을 보이시며 전도하는 본도 보이셨잖아. 자, 여기를 좀 봐."

백만불은 성경을 펼치고 마가복음 1장 38절 말씀을 찾아서 손가락으로 가리키며 읽었습니다,

막 1:38 이르시되 우리가 다른 가까운 마을들로 가자 거기서도 전도하리니 내가 이를 위하여 왔노라 하시고

"봤지. 예수님이 전도하려고 이 땅에 왔다고 되어있지 않나. 그러니까 전도가 무엇보다 소중한 일인 거야. 예수님을 닮아가야 온유한 자가 되고 온유한 자가 되어야 땅 부자가 되니까 전도는 필수인 거야. 필히 잘해야 되는 일인 거야."

"그러네, 전도를 해야 되네,"

나는 고개를 끄덕이며 말했습니다. 그러자 백만불이 성경 마태복음 10장 1절을 찾아서 손가락으로 가리키며 말했습니다.

1절 예수께서 그의 열 두 제자를 부르사 더러운 귀신을 쫓아내며 모든 병과 모든 약한 것을 고치는 권능을 주시니라

"어때? 전도하러 나가면 예수님이 더러운 귀신을 쫓아내며 모든 병과 모든 약한 것을 고치는 권능을 주시잖아."

"그러네."

나는 고개를 끄덕이다가 반문했습니다.

"근데 백만불, 지금 우리에게는 예수님이 안 계시잖아."

"그렇지! 그래서 예수님께서 따로 방법을 만드셨네, 그게 뭐냐? 예수님께서 - 내가 하늘로 가면 너희들에게 보혜사 성령을 보낼 것이다. 그 보혜사 성령이 너희들에게 모든 권능을 주고 모든 것을 가르치고 너희를 지켜주며 너희 기도도 모두 들어줄 것이다 하셨어. 여기를 좀 봐."

백만불은 다시 성경 사도행전 1장 8절을 손가락으로 가리키며 읽었습니다.

8절- 오직 성령이 너희에게 임하시면 너희가 권능을 받고 예루살렘과 온 유대와 사마리아와 땅 끝까지 이르러 내 증인이 되리라 하시니라-

"하 정태, 봤지. 분명히 봤지, 예수님이 단단히 약속하셨어. 하정태, 너 부자가 되고 싶지? 부자가 꼭 되고 싶으면 내가 하는 말을 귀담아 잘 듣고 잘 순종해야 돼. 그래야만 너도 나처럼 큰 부자가 될 수 있는 거야."

"알았어. 말만해. 내가 뭐든지 다해볼게."

"좋아. 그럼 마지막으로 여기를 봐.'

"백만불은 사도행전 2장 1절부터 손가락으로 가리키며 읽어내려 갔습니다."

행 2:1 오순절 날이 이미 이르매 그들이 다 같이 한곳에 모였

더니

행 2:2 홀연히 하늘로부터 급하고 강한 바람 같은 소리가 있어 그들이 앉은 온 집에 가득하며

행 2:3 마치 불의 혀처럼 갈라지는 것들이 그들에게 보여 각 사람 위에 하나씩 임하여 있더니

행 2:4 그들이 다 성령의 충만함을 받고 성령이 말하게 하심을 따라 다른 언어들로 말하기를 시작하니라.

"봤지? 베드로와 제자들이 예수님을 하늘로 보내고 다락방에 모여 성령님이 강림하시기를 기도하였더니 예수님께서 약속한 보혜사 성령을 보내 주시는 장면이야. 그러므로 누구든지 전도하러 나가는 사람에게는 이 성령의 불이 임하고 성령이 권능과 권세를 주어 전도가 되게 하는 거야. 돈도 그 권능 중의 하나야. 돈이 있어야 일을 할 수 있는 것이니까. 그래서 돈도 주게 되지. 내 말이 이해가 안 되니?"

"아냐, 이해했어. 이해가 돼."

나는 고개를 크게 끄덕이며 말했습니다.

"그렇다면 내가 개구쟁이 준호를 데리고 아이들을 20명 전도한 것도 따지고 보면 성령이 하신 일이네,"

"그렇지!"

백만불이 고개를 크게 끄덕이며 말했습니다.

"예수를 믿고 전도를 하겠다고 기도하고 나가면 누구에게나 성령이 임하고 전도가 되게 해 주시는 거야. 필요에 따라서는 병 고치는 권능과 귀신을 쫓아내는 권세도 주셔. 왜냐하면 전도는 주님의 지상명령이고 주님이 첫째로 소원하는 일이기 때문이야."

"알았네. 그렇다면 무조건 전도하겠다는 각오로 나가서 전도

를 하기만 하면 되겠네."

"그렇지! 일단 전도를 계속 해보게. 그런 뒤에 다음 단계로 넘어가야 되니까."

"알겠네. 너 선생 정말 잘한다. 백만불이 내 선생님이 되다니 세상이 완전 거꾸로 된 것 같아."

"하나님이 그렇게 하신 거지. 하나님은 양지를 음지로 만들기도 하시고 음지를 양지로 만들기도 하시며 부자를 거지로 만들기도 하시고 거지를 부자로 만들기도 하시는 전지전능하신 창조주가 아니신가? 몰랐니?"

"알겠네, 나도 오기가 있어. 기왕에 부자가 되기로 뛰어들었으니까 끝까지 가봐야지. 근데 한 가지 묻자, 전도하는데 왜 복을 받게 되는 거니?"

"그게 말이야…"

백만불은 말을 중단하고 나를 바라보았습니다.

하 정태씨는 거기서 또 말을 중단하고는 물을 한 모금 마셨습니다.

하나님이 주시는 사례비

하 정태씨는 물을 마신 뒤 잠시 생각하다가 말했습니다.

"그게 말이야…"

백만불은 뭔가를 한참 생각한 뒤에 말했습니다.

"하 정태, 가령 말이야. 자네 아들이 물에 빠져 죽어가고 있는 것을 내가 살려냈다고 하자. 그런데 자네한테 재산이 100억이 있다고 해. 그러면 나한테 사례비를 얼마나 주겠나? 한 50억 줘도 괜찮잖아. 아들이 죽어버렸다면 돈 백억을 어디다 쓸 건가? 그래, 안 그래?"

"그건 그러네, 아들이 없다면 돈이 무슨 소용이겠나."
"하나님은 어떠실까? 자기 아들딸이 물에 빠져 죽어가는 것을 건져서 살려주었는데 가만히 있겠니? 만물의 주인이며 최고의 부자이신 하나님이 자기 아들딸을 살려줬는데 가만히 있겠니? 미물 같은 사람도 사례비를 줄줄 아는데 명색이 만물의 주인인 위대하시고 광대하신 하나님이 가만히 계시겠니? 당연히 푸짐한 사례비를 주겠지, 그 사례비를 교회 말로 복을 받는다고 말한다네, 알겠나?"
"그렇구나!"
나는 이해를 하고 고개를 크게 끄덕였습니다.
"부자이신 하나님이시니까 당연히 많은 것으로 주시겠지, 전도는 물에 빠져 죽어가는 자식을 구원하는 일이니까, 전도 많이 하면 사례비 많이 받겠다, 응"
"당연하지! 그래서 전도를 많이 한 사람은 하나님이 그가 원하는 소원은 뭐든지 다 들어준다네."
"알겠네, 좋은 것을 알게 해줘서 정말 고맙네, 백만불, 아니 백회장님!"
"짜식, 좋아하기는! 알게 해주는 김에 내가 중요한 것 하나 더 알게 해주지."
백만불은 뭔가 불현 듯 생각난 듯 말했습니다.
"전도를 하기 전에 먼저 해야 될 일이 있네. 그게 뭐냐면 말야., 먼저 자네가 전도할 전도 대상자의 이름을 수첩에 적어놓고 하루 두 세 번 씩 그 사람들의 이름을 일일이 호명하며 그들을 구원해 달라고 간절히 기도를 하게. 그러면 그 사람들의 영혼이 자네의 기도 줄에 꽁꽁 묶이게 되네. 기도 줄에 꽁꽁 묶여야만 그들이 꼼짝 못하고 자네 따라서 교회에 나오게 된다네. 조금이라도 덜 묶여지면 안 따라오네, 그러니까 대상자를 놓고 기도부터 많이 한 뒤에 전도를 시작하게, 알겠는가?"

"알겠습니다. 전도 선배님!"

내가 약간 익살스레 대꾸하자 백만불이 웃었습니다.

"그리고 말이야..."

백만불은 그 뒤에도 여러 가지를 경험한 대로 얘기 해주고는 나를 데리고 고급 일식집으로 갔습니다. 그리고 푸짐하게 저녁식사 대접을 했습니다. 재벌회장과 함께 저녁식사를 할 수 있어서 너무 행복했습니다. 학교에 다닐 때 운 좋게도 줄을 잘 서는 바람에 백만불과 짝꿍이 된 것이 정말 큰 행운이었다는 생각이 들기도 했습니다.

"하 정태, 내 영원한 짝꿍, 머리 좋은 하 정태!"

백만불은 헤어질 때 내 손을 꼭 잡고 아주 즐거운 모습으로 말했습니다.

"내가 오늘 너한테 산 저녁 공짜 아니야, 너 부자가 된 뒤에 반드시 갑절로 갚아야 돼. 알겠나?"

"알았어. 꼭 갑절로 갚을 게. 띨띨한 백만불, 머리 나쁜 백만불, 잘 가, 짜식아!"

나는 그렇게 백만불과 헤어진 뒤에 전도를 잘 해보려고 꼼꼼하게 생각을 거듭했습니다.

"선생님, 제가 좀 바보처럼 보이지 않습니까?"

하 정태씨가 느닷없이 나를 빤히 보면서 질문했습니다. 그래서 아무 대꾸도 않고 어색하게 미소만 지었습니다. 그러자 하 정태씨가 계속해서 말했습니다.

"사랑을 하면 바보가 된다는 말이 있죠. 근데 부자가 되려고 해도 바보가 되어야 되겠더라고요. 나는 바보처럼 백만불이 시킨 대로 했어요. 부자가 되려면 부자가 된 사람의 말을 무조건 들어야 되는 거잖아요. 그래서 나는 백만불이 시킨 대로 전도를 위해 철저하게 준비를 했어요. 그러는 사이에 해가 바뀌어서 나는 4학년 3반 담임이 되었습니다. 나를 극진히 사랑해 주셨던 황 영식 부장 장로는 성가대 대장으로 발령을 받아가고 초등부에는 박 영태 장로가 부장 발령을 받아 부임해왔습니다."

"하 집사님, 저하고 얘기 좀 해요."

그런 어느 날, 성가대 대장으로 간 황 영식 장로가 나를 따로 부르더니 뜻밖의 말을 했습니다.

"하 집사님, 성가대에 오셔서 찬양을 좀 하시지 않겠습니까?"

"찬양을요? 주일학교교사하면서 성가대원까지 하는 건 좀 무리인 것 같아요."

"괜찮습니다. 할 수 있어요. 주일학교교사를 한 뒤에 교사회의 참석 안하고 바로 성가대로 오시면 3부 예배 찬양을 할 수 있습니다."

"저 근데... 그 게요..."

나는 자신이 없어서 꽁무니를 뺏습니다.

"저를 좋게 봐주신 건 감사합니다만... 제가 음치라서 찬양은 영 자신이 없어요."

"음치라도 상관없어요. 성가대석에 한 백여 명이 섭니다. 입만 뻥끗뻥끗하셔도 됩니다."

"하지만 그렇게 하는 것은..."

"하 집사님, 집사님이 모든 일에 열심이셔서 은혜를 받으라고 권하는 겁니다. 사양하지 마시고 순종해서 복을 받으세요."

황 장로님이 사양하지 말고 순종해서 복을 받으라고 강권하는 바람에 나는 더 거절하지 못하고 결국 성가대 대원을 하기로 했습니다.

"야, 백만불, 내가 사실은 말이야,.."

나는 잘 했는지 잘못했는지 몰라서 바로 백만불에게 전화해서 자초지종을 다 말했습니다.

"내가 이렇게 주일에 두 번씩 봉사하는 것은 좀 무리가 아닐까?"

"아니야! 아주 잘한 일이야!"

백만불은 뜻밖에도 박수를 쳐주었습니다.

"가능하다면, 할 수만 있다면 찬양을 하게. 찬양도 주님이 아주 기뻐 받으시고 은혜도 풍성히 내려주셔. 교회에서 하는 일은 하나도 공짜가 없네. 하나님이 분야마다 모두 합당한 사례비를 내려주셔. 보상을 해준다고, 그것을 놓고 사람들은 은혜를 받는다고 하네. 자네 앞으로 놀라운 큰 은혜를 받게 될 걸세. 잘해 보게."

내 선생님이 된 백만불이 박수를 쳐주어서 나는 기분 좋게 성가대에 들어갔습니다. 그리고 주일마다 교사로. 성가대 대원으로 기쁘고 즐겁게 열심히 봉사를 했습니다.

하 정태씨는 거기서 또 말을 중단하고 물을 한 모금 마시고는 약간 어두운 표정으로 말했습니다.

"선생님, 사실은 제가 그때까지도 술과 담배를 못 끊고 있었습니다. 이유는 있습니다."

"저어 장로님..."

내가 서리집사로 임명 받은 얼마 뒤에 친한 장로님을 찾아뵙고 고민을 말했습니다.

"장로님, 예수를 믿고 술을 마시고 담배를 피우는 것이 죄입니까?"

"아닙니다!"
장로님은 고개를 크게 가로저으며 말했습니다.
"술을 마시고 담배를 피우는 것이 결코 죄는 아닙니다."
"그런데 왜 사람들이 술과 담배를 끊습니까?"
"그건... 집사님도 차차 알게 되시겠지만 우리가 예수를 믿게 되면 성령님이 우리 몸에 임하여 머무르게 되십니다. 그래서 우리 몸이 성전이 됩니다. 하나님이 머무시는 것입니다. 그래서 예수님을 구주로 믿는 사람들을 걸어 다니는 성전이라고 말하기도 해요. 그런 관점에서 보면 내 몸을 술로 담배로 더럽히면 성령님이 괴로워하지 않겠습니까. 하지만 술을 안 끊고 담배를 안 끊어도 성령님은 나무라지도 벌하지도 않습니다. 스스로 담배와 술을 끊을 때까지 기다려 주십니다. 그러니까 아무 걱정 마시고 교회 안에서만은 술과 담배를 마시거나 피우지 마세요. 남에 눈에 안 띄게 조심하세요."

장로님이 죄가 아니라고 해서 술을 그대로 마시고 담배를 그대로 피웠습니다. 그런데 명색이 서리집사가 술을 마시고 담배를 피우는 것이 어쩐지 자꾸만 꺼림칙했습니다. 그래서 은단을 먹으며 담배를 끊으려 해보니까 은단 먹고 담배 피고 은단 먹고 담배 피고 사탕을 먹으며 담배를 끊으려고 해 보니까 사탕 먹고 담배피고 사탕 먹고 담배피고, 사탕은 사탕대로 은단은 은단대로 담배는 담배 대로 피우게 되더라고요. 그래서 술과 담배를 끊기를 그만 두고 조금씩 줄이고 있었습니다. 그랬는데 성가대 대원을 하면서 뜻밖의 문제를 만나게 되었습니다. 나는 혹시라도 냄새가 날까봐 성가대에 갈 때는 특별히 이빨도 깨끗이 닦고 옷도 단정히 입고 가서 얌전히 앉아 연습하며 찬양했습니다. 그런데 내 옆 자리에 앉은 권사와 집사들이 자꾸만 큰소리로 코를 쿵쿵거리는 것입니다. 그래서 저들이 왜 저러나. 의아하게 생각하고는 했습니다. 뒤에 가서 알게 된 일이지만 내가 그들의 옆에 앉아 있으면 내 몸에서 담배 냄새가 코를 찌르더랍니다. 그런데 나는 그런 것도 모르고 그들을 이상한 눈빛으로 바라보며 성가대에 열심히 나갔습니다.

"여보, 요번 달에도 50만원 더 벌었어."

내가 예배에 열심히 참여하고 아내와 아이들도 열심히 예배 참여해서 우리 가족은 예배부자가 되었습니다. 그러자 모든 일이 척척 잘 풀렸습니다. 아내는 달마다 돈이 많이 벌렸다며 좋아 죽었습니다. 그런데다가 내가 주일학교 교사와 성가대 대원으로 두 번씩 봉사하자 모든 것이 풀리고 모든 것이 신기하게 척척 잘 되어 갔습니다. 그런 내 앞으로 놀라운 축복이 눈을 번쩍이며 다가오고 있었습니다.

예수를 믿었으면 땅 부자가 되라

신토불이와 수입종교

어느 날, 백만불이 느닷없이 전화해서 확인하듯 말했습니다.

"어이 수학 천재 내 제자, 주일학교교사도 성가대원 노릇도 잘 하고 있는가? 땡땡이 치고 있는 건 아닌가?"

"걱정 말게. 열심히 잘 하고 있네."

"전도는 시작했는가? 잘하고 있는가?"

"자네가 기도 줄로 꽁꽁 묶으라고 해서 2개월 정도 기도했네. 이제 시작하려 하네. 나는 순종 잘하는 백만불 제자가 아닌가?"
"잘해보게. 전도를 열심히 하다가 보면 반드시 땅 부자가 될 거네."
"알았습니다. 걱정 마세요. 선생님."
"좋아. 착한 내 수제자. 뒤에 또 연락하세."
"그러세."
나는 즐겁게 전화를 끊었습니다. 그 날 점심시간에 땅슈퍼를 아내에게 맡겨놓고 점심식사를 하러 나갔습니다. 슈퍼에서 식사를 할 수도 있었지만 전도할 속셈으로 점심식사를 하러 나갔습니다. 그리고 식사를 하고 돌아오는 길에 행복부동산으로 들어갔습니다. 부동산 사장이 50대 후반의 장 소팔 씨였는데 키도 크고 사람이 좋았습니다. 이 장사장이 고등학교 졸업한 아들과 재처와 셋이서 살고 있었는데 내 전도의 대상자가 되었습니다. 그래서 점심식사를 하고 오는 길에 전도를 하려고 들어갔던 것입니다.
"사장님, 안녕하세요."
"어? 어서 오시게, 하 사장."
장 사장이 혼자서 자리에 앉아 있다가 나를 반갑게 맞아주었습니다. 장 사장은 인물도 좋고 마음씨도 좋았습니다.
"커피 한잔 하셔야지."
"주시면 사양 안합니다."
"하 사장도 말을 재미있게 해. 허허..."
장 사장이 그러면서 커피 한잔을 마련하여 내게 주었습니다. 나는 고맙다는 인사하며 커피를 마셨습니다. 그런 뒤에 본론을 꺼냈습니다.

"장 사장님, 예수님을 구세주로 한번 믿어보시지 않겠습니까?"
"뭐요? 예수요?"
장 사장은 금방 뚱그레진 얼굴로 반문했습니다.
"하 사장, 오늘 나 전도하러 오셨구만."
"전도가 뭔지 아세요?"
"알지. 예수 믿자는 거잖아."
"맞습니다. 장 사장님이 하도 좋은 분이라서 함께 예수 믿고 천국 가자고 권하러 온 것입니다. 예수 믿으시겠습니까?"
"난 이미 교회에 정이 떨어졌네."
"교회에 정이 떨어지다니요. 그게 무슨 말씀이세요."
"사실은 내가 지난해에 교회에 두 번 나갔어요. 그런데 그만 뒀어요."
"왜 그만뒀어요?"
"나 참 생각하면 어이가 없어서..."
장 사장이 뜻밖의 말을 했습니다.
"내가 교회에 두 번째 가던 날이었소. 예배가 끝나자 목사라는 양반이 갑자기 교회를 재건축하게 되었다면서 건축헌금 1억 할 사람 손들어 봐라로 시작해서 건축헌금 5만원 할 사람까지 내려옵디다. 완전 사기꾼 같은 사람이었어요. 그래서 그 다음 주일부터 교회에 발을 딱 끊었어요."
"사장님, 오해를 하셨어요."
나는 장 사장이 시험이 들었다고 느끼고는 오해를 풀어보려고 했습니다.
"그건 목사님이 사기꾼이라서 그런 것이 아닙니다. 교회를 건축할 때 으레 그렇게 해요. 그래서 하나님께 건축헌금을 하고 복을 많이 받게 해주려고 그러는 것입니다."

예수를 믿었으면 땅 부자가 되라

"말은 좋죠. 복을 받게 해준다고. 합법적인 사기하면서 헛소리를 짓거리는 거요. 도대체 난 예수 믿는 사람이 딱 맘에 안 들어요. 저 아래에 살던 박 장로가 사기치고 도망갔고, 저기 미장원 하던 김 권사는 계하다가 돈 떼먹고 도망갔고, 집사라는 놈이 유부녀와 놀아나고, 예수 믿는 사람들 가운데 웃기지 않는 사람이 너무 많아요. 그래서 난 예수 안 믿기로 했어요. 요즘은 우리 집사람하고 둘이서 우리나라 사람이 세운 대석진리회라는 곳에 나가고 있습니다. 조상을 섬기는 것이 주목적인 곳인데 아주 맘이 편해요."

"대석진리회가 어떤 곳인지 한번 말씀을 해보세요."

"불교에서 파생한 어떤 여자 보살이 깨닫고 세운 종교에요."

그러면서 얘기하는데 가만히 들어 보니까 불교, 유교, 기독교를 잘 짬뽕해서 만든 사이비종교였습니다. 그래서 나는 자신 있게 말했습니다.

"장 사장님, 제가 들어 보니까요. 그건 불교, 유교, 기독교를 잘 짬뽕해서 만든 사이비종교에요. 그러니까 믿지 마세요. 그거 믿으면 진짜 사기당해요. 큰일 나요."

"하 사장. 왜 그러시나!"

장사장이 화난 얼굴로 나를 딱 바라보며 반박했습니다.

"남의 종교를 그렇게 무시하면 안 됩니다. 내가 볼 때는 대석진리회야말로 우리나라에서 태어난 신토불이 토종입니다. 하사장이 믿는 기독교야말로 외국에서 수입한 수입종교입니다. 안 그래도 우리나라가 수입품 때문에 골치 아파 죽을 지경인데 무슨 종교까지 수입품을 믿습니까. 나를 따라 토종을 믿으세요. 그래야 큰 복을 받아요."

장 사장은 큰 소리로 오히려 나를 전도하려고 나섰습니다. 그래서 나는 더 이상 어떻게 말할 수가 없어서 그건 사이비종교니까 믿지 말라고 하고는 부동산에서 나왔습니다.

―주님, 세상에 이런 일도 있는군요. 하지만 그래도 포기하면 안 되겠지요.―

나는 그런 일을 당하고도 결코 포기하지 않고 기회가 있을 때마다 전도 대상자들을 만나 예수를 믿으라고 했습니다. 그때마다 그들은 대부분 장 사장처럼 예수를 믿는 사람을 욕하고 교회를 욕하고 목사님들을 욕하기 바빴습니다. 심지어 기독교를 개독교라고 하는 악랄한 사람도 있었습니다. 그들은 아직 복을 받을 때가 되지 못해서 예수 믿는 사람들이 나쁜 짓하는 것만 눈에 보이는 것 같았습니다. 안타깝고 안타까웠지만 내가 할 수 있는 일은 기도밖에 없었습니다.

―전도는 정말 어렵고 어렵다!―

이 말이 입으로 나올 만큼 전도가 잘 되지 않았습니다. 그러다가 몇 개월이 지난 후 좋은 마트라도 하나 나왔나 알아보려고 행복부동산으로 가보았습니다.

"안녕하세요..."

문을 열고 들어가면서 인사를 했습니다. 그랬는데 장사장이 아무 대꾸도 않고 새까만 얼굴로 자리에 앉아 있었습니다. 그래서 나는 의아해하며 한발 다가가서 조심스레 물었습니다.

"사장님. 무슨 일이 있습니까?"

"음..."

장 사장은 그제야 큰 한숨을 쉬고는 말했습니다.

"하 사장, 난 망했소."

"망하다뇨? 도대체 무슨 일이 있었습니까?'

"실은... 내 아내가 바람이 나서 집에서 나갔소. 그 충격으로 내 한쪽 눈이 실핏줄이 터져서 실명 위기에 있소."

"예엣?"

나는 놀라서 갑자기 아무 말도 할 수가 없었습니다. 그래서 멍하니 장 사장을 바라보고만 있다가 가까스로 진정을 하고 말했습니다.

"장 사장님, 점심시간이에요. 제가 오늘 점심대접을 하겠습니다. 일단 나가시죠."

나는 무조건 장 사장을 재촉하여 데리고 나왔습니다. 그리고 음식점으로 가면서 속으로 주님께 강권적으로 기도했습니다.

─주님, 제가 지금 장 사장한테 뭔가 위로의 말을 해야 되는데 무슨 말을 해야 될지 모르겠으니까 하나 생각나게 해주세요. 빨랑 생각나게 해주세요.─

그렇게 주님께 안달을 하면서 걸어가는데 음식점 앞에 가자 욥기가 딱 생각나게 해 주는 거예요. 그래서 음식점으로 들어가 자리를 잡아 앉아서는 장 사장을 위로하려고 말했습니다.

"장 사장님, 성경에 보면 욥기가 있어요. 욥기에 보면 욥이라는 사람이 나오는데 이 사람이 복을 많이 받아 잘 사니까 사탄이 심술이 나서 하나님께 고자질해서 욥을 시험에 들게 했어요. 그래서 욥은 열 명이나 되는 자녀를 한꺼번에 다 잃어버리고 그 많은 재산 다 날아가게 하고 몸은 병들게 하자 욥의 부인마저 - 하나님을 욕하고 죽어라 - 그렇게 저주하고 떠나버립니다. 그래도 욥은 끝까지 하나님을 배반하지 않습니다.

"주신 이도 하나님이요. 취하실 이도 하나님이시니 하나님 뜻대로 하소서."

욥이 끝까지 하나님을 배반하지 않자 마침내 하나님이 감동하여 욥의 병을 고쳐주고 예쁜 아내를 다시 주고 열 명의 자녀를 다시 주고 재산은 옛날의 갑절로 줬습니다.

장 사장님, 사장님도 지금 이때야말로 예수님을 믿을 절호의 기회입니다. 지금 예수를 믿게 되면 하나님이 그 눈을 깨끗이 고쳐주실 것이고 예쁜 아내를 다시 구해다 주시고 복도 갑절로 내려 주실 것입니다. 그러니까 예수를 믿으세요."

"저기요, 하 사장..."

장 사장은 잔뜩 솔깃한 표정으로 내 얘기를 진지한 태도로 듣고 있다가 갑자기 딴소리를 했습니다.

"난 아직 멀었어요. 난 아직 예수 믿을 때가 안 되었습니다."

"됐어요. 때가 됐으니까 제가 온 거잖아요. 그러니까 무조건 예수를 믿으세요."

"오늘 점심은 잘 먹었소. 일단 나갑시다!"

장 사장은 강권적으로 내 권유를 훌쩍 뿌리치고 자리에서 일어났습니다. 그래서 나는 어쩔 수가 없어서 말을 중단하고 장 사장을 따라 행복부동산으로 갔습니다.

"커피나 한 잔 하세요."

부동산에 들어가자 장 사장은 나를 자리에 앉게 한 뒤에 얼른 커피를 한잔 준비해서 내 앞에 놓았습니다. 나는 커피를 마시며 주님께 다시 속으로 기도했습니다.

―주님, 오늘은 꼭 장 사장을 전도할 수 있도록 도와주세요. 도와주실 줄 믿습니다.―

나는 커피를 마시며 간절히 기도한 뒤에 결심한 대로 전도를 시작했습니다.

"장 사장님, 지난번에 제가 예수를 믿으라고 했을 때 그때만 예수를 믿었어도 이런 불행한 일을 안 당했을 것 아닙니까. 지금 나이 들어서 이게 무슨 꼴입니까. 대석진리회가 신토불이니 어쩌니 하시더니 무슨 신토불이가 마누라가 도망가는 신토불이가 다 있습니까! 그게 사이비니까 마누라가 바람이 나서 도망간 것이 아닙니까. 그랬으면 예수님 바짓가랑이라도 붙잡고, 주여 살려주세요. 주여, 불쌍히 여겨 주옵소서, 하며 울며 매달리고 사정해도 예수님이 돌아볼 똥 말똥한데 이러고 있으면 도대체 어쩌자는 겁니까!"

나는 장 사장을 코너로 몰며 아주 강하게 공박했습니다. 그랬더니 장사장도 얼굴이 시뻘겋게 되어 반박했습니다.

"하 사장, 그런 말 마세요. 예수 믿는 사람도 부인이 바람이 나서 도망을 가는 것을 내 여러 명 보았소. 내 마누라가 도망간 건 순전히 내 팔자소관이오!"

"팔자소관으로 돌리지 말고 예수를 구주로 한번 믿어 봐요. 이판사판공사판일 때 예수를 믿는 것입니다."

사탄의 반격과 꿈

하 정태씨는 거기서 말을 중단하고 주스를 한 모금 마신 후 잠시 생각했습니다. 그러다가 다시 얘기를 계속했습니다.

"하 사장..."

장 사장은 내 공격을 받고 한참 멍한 표정으로 나를 바로 보고 있다가 아주 진지한 태도로 물었습니다.

"예수가 도대체 누구요?"

"예수님요?..."

장사장이 뜻밖에도 아주 진지하게 말했습니다. 그래서 나는 잠시 호흡을 가다듬은 뒤에 대답했습니다.

"예수님은 그리스도시오. 살아계신 하나님의 독생자이십니다."

"그리스도가 뭐요?"

"그리스도란 구세주란 뜻입니다. 이 세상에서 예수 안 믿는 사람들은 모두가 죄로 물들어 있는데 그 사람들의 죄를 씻어서 모두 하나님의 아들딸이 되게 해주시는 참 의롭고 좋은 분이십니다."

"그렇다면 하나님은 또 누구요?"

"하나님은 이 천지와 만물을 말씀으로 만드시고 지금도 이 천지만물을 모두 다스리고 계시는 분이십니다. 한 마디로 창조주십니다."

"알겠소. 내 하사장이 하도 간곡하게 부탁해서 한 며칠 진지하게 생각해 보리다."

"감사합니다. 저는 장사장님을 진심으로 생각해서 말씀드린 것입니다. 제발 예수님을 믿는 쪽으로 한번 깊이 생각해주세요."

"알겠소. 오늘 점심도 사 주고 위로도 해 줘서 정말 고맙소."

장사장이 나한테 진심으로 인사했습니다. 그 얼굴을 보아서는 금방 예수를 믿고 교회로 나올 것 같아 보였습니다. 그래서 기쁜 마음으로 인사하고 부동산에서 나왔습니다. 그리고 그날부터 하나님께 더욱 간절히 기도했습니다.

―오 주님 감사합니다. 장사장의 마음 문을 열어주셔서 정말 감사합니다. 장사장이 생각할 때에 믿음과 은혜를 주셔서 꼭 구원 받을 수 있게 도와주세요.―

나는 그렇게 매일 기도했습니다. 장사장이 전도되기나 한 것처럼 기쁘고 즐거웠습니다. 그런데 금방 교회로 올 것처럼 보이던 장 사장은 내가 갈 때마다 엉뚱한 질문만 했습니다.

"하 사장, 근데 귀하신 창조주의 하나뿐인 아들을 왜 십자가에 못 박아 죽였소?"

"그건요... 하나님이 죄인 된 세상 사람들을 구원해서 자기 아

예수를 믿었으면 땅 부자가 되라   133

들딸로 삼아 모두 행복하게 살게 해 주기 위해서 하나뿐인 아들 예수님에게 십자가에 달려 죽으라고 하십니다. 그러자 예수님은 아버지의 명령에 순종해서 세상 모든 사람들을 위해 십자가에서 죄 없이 죄인처럼 피를 흘리고 죽습니다. 그래서 누구든지 예수를 믿고 예수 이름으로 죄를 회개하면 죄가 씻겨서 모두 구원받고 하나님의 아들딸이 됩니다."

"알겠소. 한 며칠 생각해 보겠소."

장 사장은 한 며칠 뒤에 예수를 믿을 듯이 하다가 그 다음에 또 엉뚱한 질문을 했습니다.

"나는 술 먹고 담배도 피우는데 예수를 믿고 교회에 나가도 되겠소?"

"예수 믿으면 제사를 지내지 못한다는데 그건 어떻게 하면 됩니까?"

"기독교와 불교가 무엇이 다릅니까? 하나님 말씀이나 부처님 말씀이나 따지고 보면 비슷비슷하지 않습니까?"

"교회에 가면 십일조를 내야 된다는데 그것은 어떻게 하면 됩니까?"

"교회에 안 가고 집에서 예수를 믿으면 안 됩니까?"

그런 식으로 20여개나 질문을 했습니다. 내가 대답해주면 금방 예수 믿을 듯한 태도를 보이다가 며칠 지나면 또 엉뚱한 질문을 했습니다. 예수를 구주로 믿으라 하면 싫다. 좋다만 대답하면 될 텐데 그렇게 엉뚱한 질문만 했습니다. 나도 몰라 죽겠는데...그랬는데 내가 20여개의 질문을 다 대답하자 그때서야 교회에 가겠다고 했습니다. 주일학교교사를 하면서 성경공부를 열심히 했기 때문에 그런 대답을 다 할 수 있었습니다.

"야, 백만불!"

나는 백만불한테 전화해서 자랑스럽게 기쁘고 즐겁게 장사장이 마침내 교회에 나가기로 했다고 말했습니다. 그랬더니 백만불이 말했습니다.

"수고했네, 장사장이 자네한테 질문을 한 것은 마귀가 자네를 시험한 것이네. 자네가 그 질문을 다 대답하자 장 사장에게 붙어있던 마귀는 떠나가고 장 사장은 구원 받게 되었네."

"뭐야?"

나는 놀람을 감추지 못하며 반문했습니다.

"그렇다면 전도대상자가 뭔가 교회에 대해서 질문을 시작하면 구원 받을 때가 가까웠다는 얘기 아닌가?"

"그렇지! 바로 말했네. 구원 받고 싶은 마음이 생겨서 궁금한 것을 확인하는 거지!"

"하! 진짜 제대로 하나 배웠네."

"자네 앞으로 전도 많이 하겠어. 축하하네."

"전도를 많이 하겠다니 그건 무슨 소리야?"

"그건 두고 보면 알게 되네. 그보다 선배로서 선생님으로서 하나 가르쳐주지. 지금 당장 장사장인지 그분을 만나서 말하게."

"뭘 말하라는 거니?"

"처음으로 교회에 나가겠다는 사람한테는 또 믿음을 잘 심어줘야 되네."

"믿음을 심다니? 믿음을 어떻게 심어?"

"장 사장 그분한테 처음 교회에 나갈 땐 토요일에 목욕을 깨끗이 하고 주일 아침에 속옷과 겉옷을 깨끗이 갈아입고 오늘 내가 저 교회 안으로 들어가기만 하면 내 모든 소원이 다 이루어진다. 이런 믿음을 가지고 가라고 하게. 그러면 하나님이 반드시 그 소원을 다 이루어 준다네."

예수를 믿었으면 땅 부자가 되라

"그래? 야. 그런 것이 믿음심기구나. 알았네. 그리고 또 뭐 가르쳐 줄 것은 없는가?"

"또 하나 있어."

"또 하나는 뭐야?"

"처음으로 교회 나가는 사람은 하나님이 꿈으로 응답하시는 경우가 많네. 그러니까 장사장이 교회에 다녀오면 그날 밤에 무슨 꿈을 꾸게 될 것이고 꿈을 꾸게 되면 반드시 자네를 찾아와서 꿈 얘기를 할 거네. 그때 꿈 얘기를 잘 들어보고 - 아, 그것 재수 없는 꿈이잖아! 이런 방정맞은 소리를 하면 큰일 나네. 무슨 꿈 얘기를 하던지 그 꿈을 좋게 해몽을 해 주게. 그러면 그 꿈이 자네가 해몽해 주는 대로 된다네."

"알겠네. 명심하겠네. 선생님, 고맙습니다."

나는 거기서 백만불과 전화를 끊었습니다. 그리고 장 사장을 만나 백만불이 시켜준 대로 장 사장에게 단단히 믿음을 심어주었습니다. 그랬더니 장사장이 그렇게 하겠다고 했습니다. 그래도 나는 주님께 다시 한 번 간절히 기도했습니다.

─주님, 요번 주일에는 장사장이 반드시 교회에 와서 주님을 영접하고 구원을 받을 수 있도록 도와주세요. 악한 사탄이 방해하지 못하게 도와주세요.─

주님이 그런 내 간곡한 기도를 들어주었습니다. 그래서 장 사장이 주일에 교회에 와서 예배를 드렸습니다. 성가대에서 장 사장의 모습을 볼 수 있었습니다. 장 사장은 계속 울고 있었습니다. 그래서 예배가 끝나기 바쁘게 성가대 연습도 않고 뛰어나가 장 사장을 만나서 새신자반에 장 사장을 부탁했습니다. 그러고야 성가대로 다시 갔습니다. 그런데 그렇게 좋을 수가 없었습니다. 장 사장이 교회에 왔는데 마치 천하를 다 얻기라도 한 것처럼 그렇게 기쁘고 즐거울 수가 없었습니다. 영혼구원의 기쁨을 그렇게 처음으로 맛 볼 수 있었습니다. 그리고 그 다음 날 백만불이 말해 준 일이 현실이 되어 내게로 다가 왔습니다.

"하 사장. 안녕하세요."

월요일 오후 2시가 조금 지났을 무렵에 장사장이 음료수까지 한 박스 사 들고는 땅슈퍼로 들어오며 나한테 아주 즐겁게 인사했습니다. 그래서 나는 놀라고 당황한 얼굴로 일어나서 장 사장을 얼른 맞이했습니다.

"장 사장님, 어쩐 일이세요. 땅슈퍼도 다 찾아주시고..."

"이거 오다가 하 사장 드리려고 사 왔소."

"왜 이런 걸 사오셨어요. 안 사 오셔도 되는데..."

나는 얼른 음료수를 받았습니다. 그리고 의자를 내어 장사장이 앉게 한 뒤에 음료수를 꺼내 한 병씩 마셨습니다. 그런 뒤에 찾아온 연유를 물었습니다.

"장사장님, 바쁘실 텐데 어떻게 오셨습니까?"

"하 사장, 내가 실은 어제 교회에 갔다 와서 밤에 기도하고 잤더니 이상한 꿈이 꾸였습니다."

"무슨 꿈을 꾸셨는데요?"

"꿈인데... 제가 어딘가로 가는데 갑자기 어떤 허연 노인이 내 앞에 나타나는 겁니다. 그래서 내가 깜짝 놀라서 무릎을 꿇었어요. 그랬더니 그 허연 노인이 호박 모종을 하나 들고는 나를 딱 바라보더니 - 잘 키워봐! - 그러면서 휙 던지더라고요. 그래서 깜짝 놀라서 깨보니까 꿈이었습니다. 이게 무슨 꿈이죠?"

그 순간 백만불이 꿈 해몽을 좋게 해주라고한 말이 생각나서 그 꿈을 좋게 생각하고는 먼저 박수부터 탁 쳤습니다.

"장 사장님. 그 꿈은 아주 좋은 꿈입니다. 꿈을 아주 잘 꾸시네요. 진작 예수 믿었더라면 팔자를 열두 번도 더 고쳤겠어요."
"팔자를 열두 번도 더 고치다뇨?"
"생각해 보세요. 우리 속담에도 복 있는 사람이 집에 오면 호박이 넝쿨째 굴러들어온다고 하잖아요. 이게 호박 모종이잖아요. 잘 키워봐. 잘 키우면 어떻게 됩니까? 호박 넝쿨이 자꾸 뻗어나가잖아요. 그러면 호박이 자연히 주렁주렁 열릴 거잖아요. 이 꿈은 예수 믿으면 복을 많이 주겠다는 확실한 약속의 꿈입니다. 그리고 잘 키워봐! 이게 무슨 말이냐? 예수 잘 믿어봐! 이 말입니다."

그랬더니 그때부터 장 사장이 신이 나서 열심히 예수를 잘 믿었습니다. 그리고 한 달 쯤 교회에 다녔을 때 실명할 뻔했던 한 쪽 눈도 하나님이 깨끗이 고쳐주셨고 세 번째 아내도 아주 예쁜 여자로 골라서 장 사장한테 붙여주었습니다. 불행해졌던 장 사장이 예수를 믿고 순식간에 행복을 되찾게 되었습니다. 그런 장 사장을 바라보니까 마치 내가 행복을 되찾은 것처럼 기쁘고 즐거웠습니다.

그런 어느 날 내가 집에 가자 아내가 갑자기 나를 붙잡고 방방 뛰며 좋아했습니다.

하 정태씨는 거기서 또 말을 중단하고 물을 한 모금 마셨습니다.

술과 담배 체크아웃

하 정태씨는 물을 마신 후 잠시 머리를 정리하듯 생각하다가 말했습니다.

"여보, 여보, 이거 좀 봐요."
아내가 땅슈퍼 판매 장부를 내게 보이며 말했습니다.

"제가 틀렸나 싶어서 세 번이나 확실히 계산해 보았는데요. 지난달보다 백만 원이나 더 벌었어요. 백만 원이나 더 벌었다고요, 여보…"

"손님이 좀 많다 싶더니만 장사가 잘 됐나보다."

"달마다 이렇게 잘 됐으면 정말 좋겠어요."

"앞으로는 계속해서 잘 될 거야."

나는 아내에게 그동안 내가 주일학교교사를 하며 성가대 대원을 하고 전도까지 했기 때문에 그런 것 같다. 백만불이 하나님의 일을 열심히 하면 하나님이 사례비를 준다더니 진짜 사례비를 준 것 같다고 말했습니다. 그랬더니 아내가 자기도 주일학교 교사를 하겠다면서 나를 따라 초등부로 왔습니다. 그러자 부장 장로가 좋아하며 아내에게 신입반 교사자리를 마련해 주었습니다. 그래서 아내도 교사로 봉사하게 되었습니다.

"야, 백만불, 내 얘기 좀 들어봐."

내가 백만불에게 전화해서 그와 같은 일을 말해줬더니 백만불이 박수치며 격려했습니다.

"야 하 정태, 너 땅 부자 되겠다."

"땅 부자 좋아하지 마라. 난 아직 술 담배도 못 끊은 날라리 서리집사야."

"두고 봐, 두고 보면 알게 될 것이니까."

―진짜 내가 땅 부자가 되려나?―

나는 백만불과 전화를 끊은 뒤에 설레는 가슴으로 은근히 땅 부자가 되는 기대감에 젖어보기도 했습니다.

"하 정태, 전도 열심히 해, 그러면 반드시 땅 부자가 될 거야. 열심히 해보라고…"

백만불은 그 뒤에도 느닷없이 전화를 해서 나한테 전도를 많이 하라는 격려를 하고는 전화를 끊었습니다.

그런 어느 날이었습니다. 그때까지도 나는 술과 담배를 못 끊고 있었습니다. 그래서 담배를 피우고 싶을 때면 가끔씩 슈퍼 옆에서 전기공사 사무실을 하고 있는 박 승훈 안수집사 사무실로 갔습니다. 박 집사는 안수집사가 되었어도 담배를 끊지 못하고 있었습니다. 그래서 내가 가서 기도를 한번 해달라고 하면 박 안수집사는 늘 - 하 집사가 머리가 될지언정 꼬리는 되지 말라는 기도를 잘해주었습니다. 그러면 나는 아멘! 한 뒤에 담배 갑을 꺼내어 - 집사님, 우리 한 대 핍시다. - 그러면 박 안수집사가 좋아하며 담배를 피웠습니다. 우리 둘은 그렇게 담배 때문에 죽이 착착 잘 맞았습니다.

"집사님, 안녕하세요."

그날도 가게를 잠시 아내에게 맡겨놓고 나와서 박 안수집사 사무실 문을 열고 들어가며 인사를 했습니다. 그리고 여느 날처럼 기도를 받은 뒤에 담배 갑을 꺼내며- 집사님, 우리 한 대 핍시다.- 했습니다. 그랬더니 박 집사가 뜻밖에도 힘없이 고개를 가로저으며 말했습니다.

"저어 실은... 제가 담배를 끊은 지 일주일이 되었는데 기운이 하나도 없네요. 하 집사님 혼자 피시고 가세요."

"예에?"

그래서 나는 벌 받는 기분으로 담배를 피우고 슈퍼로 돌아왔습니다. 그런데 왜 그런지 기분이 영 찜찜했습니다.

"야, 백만불, 나 오늘 어이없는 일을 당했다."

나는 고민하다가 백만불한테 전화하여 자초지종을 말했습니다. 그랬더니 백만불이 껄껄껄 웃으면서 내 가슴에 비수를 꽂듯이 말했습니다.

"하 정태, 너도 이제 담배를 끊어야겠다. 오늘 그 상황은 바로 주님이 너한테 담배를 끊으라고 명령한 말이야."
"뭐야? 내가 담배를 끊어야 돼? 난 담배 없으면 못 살아!"
"너 땅 부자가 되기 싫어?"
"뭐야? 땅 부자와 담배가 무슨 상관이야!"
"상관있지! 하 정태가 주일학교교사에다 성가대대원에 전도까지 열심히 하니까 주님이 기뻐하셔서 뭔가 큰 은혜를 주시려고 담배 끊으라고 하고 있는 거네."
"야, 안 돼! 담배피운지 20년이 넘었어. 난 담배 없으면 못 살아! 진짜야!"
"땅 부자가 되기 싫으면 계속 담배를 피우시던가."
"뭐야? 너 나 약 올리는 거야?"
"하 정태, 주일학교교사하고 성가대대원하면서 전도까지 하는 집사가 담배를 피운다는 게 말이 되니?"
"뭐야? 아, 이거 정말..."

나는 갑자기 무슨 함정에라도 푹 빠진 느낌이었습니다. 그런 나에게 백만불이 폭탄 같은 말을 던지고 전화를 끊었습니다.

"부자 되는 것을 포기를 하고 담배를 계속 피우던가. 담배를 끊고 부자가 되던가. 선택은 네 자유니까 알아서 하게."
"아, 아 이런 맹꽁이 같은 친구!"

나는 백만불이 순간적으로 한없이 얄미웠습니다. 하지만 나는 곧바로 이성을 회복했습니다.

―그래, 담배 끊자. 여기까지 와서 되돌아설 수는 없잖아. 부자가 되기로 길을 나섰으면 끝까지 가봐야지, 가보자고! 담배 끊자! 담배 끊어!―

나는 마음을 독사처럼 독하게 먹었습니다. 그리고 주님한테 담배를 끊을 수 있게 도와달라고 간절히 기도했습니다. 그랬더니 정말 기적 같은 희한한 일이 일어났습니다. 담배는 끊고 싶어도 자꾸 입이 못 견디게 생각나게 해서 피우게 됩니다. 그것을 중독이라고 합니다. 그래서 끊겠다고 결심만하고 담배를 못 끊습니다. 그런데 이상하게도 담배 생각이 전혀 안 나는 거예요. 그래서 일주일 만에 아주 가볍게 담배를 끊었습니다. 그러자 주님이 곧바로 술을 끊는 기회도 만들어 주었습니다.

"사장님, 오늘 저하고 점심 함께해요. 제가 대접하고 싶어서 그래요. 제발 사양하지 마세요."

땅슈퍼에 채소를 비롯한 여러 가지 물건을 공급하는 김 사장이 간곡히 밥을 함께 먹자고 했습니다. 그래서 점심을 함께 먹게 되었습니다. 식사하면서 소주도 한 병 시켜서 반반씩 나누어 마셨습니다. 그리고 김 사장과 헤어져서 오는데 정말 이상한 일이 일어났습니다. 갑자기 사람도 하얗게 보이고 버스도 하얗게 보이고 나무도 하얗게 보였습니다. 내 눈에 보이는 세상 모든 물체가 모두 새하얗게 보였습니다. 너무 이상했습니다. 그래서 오는 길에 행복부동산에 들어가서 장 사장에게 그 희한한 현상을 말했습니다. 그랬더니 장 사장이 정말 뜻밖의 말을 했습니다.

"하 사장이 그러니까 하나 생각나는 게 있네요. 도망간 재처가 삼년 전에 맹장염 수술을 받았어요. 그래서 3개월 동안 술을 끊었다가 야유회에 가서 술을 마셨는데 갑자기 졸도를 하더라고요. 그래서 깜짝 놀랐는데, 깨어난 뒤에 물어보니까 졸도하는 순간 세상이 모두 하얗게 보였다고 했어요. 하 사장 술 끊어야겠어요. 술 안 끊으면 죽는다는 경고 같아요."

"뭐라고요?"

나는 깜짝 놀라 눈을 똥그랗게 떴습니다. 큰 충격이었습니다.

그래서 그날부터 술을 끊었습니다.

"하 정태, 잘 지냈나?"

그런 어느 날, 백만불이 또 느닷없이 전화를 했습니다. 그래서 나는 술과 담배를 끊게 된 애기를 해주었습니다. 그랬더니 백만불이 또 껄껄 웃으며 말했습니다.

"하 정태, 너는 어쩌면 그렇게 내가 간 길을 졸졸 따라 오냐. 하나님이 너를 기특하게 보시고 은혜를 내려주신 거야. 너는 거듭 난 거야."

"거듭나다니. 그건 또 무슨 말이야?"

"예수님께서 육으로 난 것은 육이요. 영으로 난 것은 영이라고 말씀하셨어. 그러니까 자네의 육체는 변함없이 그대로인데 자네의 영은 죽어서 새롭게 태어난 것이지. 예수를 믿고 팔자를 많이 고치는데 그게 다 그런 거야. 팔자가 고약했던 영혼은 죽고 팔자가 좋은 하나님 아들딸도 다시 태어나게 된 거지. 그걸 거듭났다고 한다네. 아무튼 자네는 지은 죄를 주님의 보혈로 확실하게 씻고 성령의 사람으로 거듭나게 되었어. 그래서 하나님이 자네에게 은혜를 내려서 담배와 술도 확실하게 체크아웃한 거야."

"그래? 근데 난 아직 뭐가 뭔지 잘 모르겠고 얼떨떨하기만 하네."

"어쨌든 전도자는 영적전쟁을 하는 군사네. 군사는 건강해야 전쟁을 잘 할 수 있지 않는가? 그래서 전도를 하게 되면 하나님이 제일 먼저 전도자의 신체검사를 하네. 그래서 술과 담배도 끊게 하고 병이 있으면 고쳐주기도 한다네."

"그래? 그런 거야?"

"뿐만 아니야, 사례비, 즉 복도 많이 내려주네."

"전도가 그렇게 좋은 거였구나."

"그렇지! 주님이 제일 좋아하시는 게 전도니까. 너 장 사장 말고 또 누구 전도한 사람이 있니?"

"아직은 없어."

"그럼 먼저 장 사장 가족을 다 전도하라고 하게, 그래서 장사장이 가족을 전도하면 그 가족에 대한 사례비는 자네와 장사장이 반타작을 하게 된다네."

"뭐야? 그러니까 내가 전도한 사람이 전도를 해 오면 거기에 대한 복은 저하고 나하고 반반씩 나눈다는 말이야?"

"그렇지! 그러니까 일단 한 사람을 전도하면 그 가족은 물론 사돈에 팔촌까지 모조리 다 전도해 오게 하는 거야."

"알았어, 열심히 애써 보겠네."

"하 정태, 너 그리고 노아 다음으로 땅을 많이 받은 사람이 누군지는 알아냈니?"

"아니. 그 뒤로 성경을 3독이나 했는데 내 눈엔 아직 그게 안 보이더라."

"그게 산삼 같아서 잘 안보여. 하지만 기도하면서 잘 찾아보게. 그걸 찾아야만 땅 부자가 되는 길이 열린다네."

"알겠네, 성경을 읽으면서 열심히 찾아보겠네."

"하 정태, 너는 지금 아주 대단히 잘 하고 있는 거야. 옛날의 나처럼, 넌 반드시 땅 부자가 될 거야. 잘 해봐! 잘해보라고!"

백만불이 그러고는 전화를 끊었습니다. 나는 은근히 기쁘고 즐거웠습니다.

ㅡ새끼, 백만불, 난 반드시 너 따라 잡을 거야 흠...ㅡ

나는 속으로 다시 한 번 결심하고 맘을 독하게 먹으면서 다음엔 누구를 전도할까 하고 궁리했습니다.

누님과 통닭구이

하 정태씨는 거기서 또 말을 중단하고 물을 한 모금 마셨습니다. 그러고 나서 한강을 잠시 바라보다가 다시 얘기를 계속했습니다.

"여보, 여보…"

어느 수요일이었습니다. 점심을 먹고 땅슈퍼로 갔더니 아내가 무슨 큰일이라도 난 듯이 나를 맞이했습니다.

"무슨 일이 있었소?"

"고모님이 왔어요."

아내가 얼른 대답했습니다.

"지금 어머니하고 집에 계셔요. 집에 가보세요."

"알았소."

나는 가게를 아내에게 다시 맡겨놓고 나왔습니다. 그리고 집을 향해 걸어갔습니다. 누님의 일이 생각났습니다. 누님과 나는 나이 차이가 열두 살이었습니다. 언젠가 어머니가 나한테 말했습니다.

"지금이니까 말하는데 사실 너희 아빠가 총각 때 예수를 믿었다더라. 얼마나 열심히 믿었는지 귀신들린 사람도 기도해서 고쳐줄 정도였다더라. 그러자 미국선교사가 미국으로 데리고 가서 신학공부를 시키겠다고 했대. 그런데 너희 할아버지 할머니가 극구 반대해서 미국에 못 갔대. 그리고 예수 안 믿는 우리 집으로 장가와서는 교회도 안 가고 믿음도 잃어버렸어. 나도 시집와서 처음엔 몇 번 교회에 나가기도 했다. 새벽예배를 다녀오면 가슴이 떳떳하기도 했지. 그러다가 나도 교회를 그만뒀지, 그 뒤에 애를 낳았는데 애가 돌만 지나면 죽는 거야. 셋을 잃어버렸다. 그 다음에 지금 네 누나를 낳았지. 그리고 네 누나는 어떻게든지 키워보려고 점쟁이란 점쟁이는 다 찾아다니고 절이란 절엔 다 가보고 온갖 짓을 다했다. 바위한테도 가서 빌어보고 느티나무한테도 가서 빌어보고... 네 누나 키운 생각을 하면 참 말로 다 못한다. 그래서 네 누나는 어떻게 안 죽이고 키웠어. 그 뒤에 네 위의 형을 낳았는데 그게 또 일곱 살이나 되어서 원인 모를 병에 걸려서 죽었어. 그 뒤 곧바로 네 아버지도 아들 따라 갔다. 그런데 너는 병 치례도 안하고 잘 컸다. 내가 네 누나 때문에 불교 믿고 부처님한테 빌었다."

어머니는 그렇게 누님을 키운 일에 대해서 회고하면서 가끔씩 그 얘기를 하곤 했습니다. 지금 생각하면 아버지 때에 우리 집에 성령님이 오셨는데 안 받아들인 까닭으로 아버지가 50도 못 채우고 요절한 것 같았습니다.

―주님, 요번엔 꼭 누님을 전도할 수 있게 해주세요. 지혜를 주세요.―

나는 걸어가면서 주님께 누님을 전도할 수 있게 해달라고 계속 기도했습니다. 내가 우리 누님을 전도하려고 2년 동안이나 기도하면서 애썼는데 번번이 실패를 했었습니다. 그래서 다시 한 번 기회를 달라고 기도하면서 집으로 갔습니다.

"정태야, 어서 오느라, 네 누나가 왔다."

"동생, 어서와"

집에 가자 어머니와 누님이 나를 반갑게 맞아주었습니다. 누님은 내가 어렸을 때 혼자된 어머니가 안쓰러웠든지 내가 엿가락이었다면 확 잡아 땡겨서 키우고 싶다고 했을 정도로 나를 사랑하며 기대도 많이 했었습니다. 그런데도 그 좋아하는 동생이 믿는 예수는 죽어라고 거부하며 안 믿는 것이었습니다.

"누님, 오랜만에 오셨어요."

나는 자리에 앉으며 말했습니다. 그러자 누님이 늘 하던 대로 말했습니다.

"너희 매형은 만날 속 썩이지. 먹고 살아야 그러니까 자주 오고 싶어도 못 온다."

누님은 부자 집에 시집을 갔는데 두 아들이 방탕하여 그 재산을 다 말아먹었다고 했습니다. 돈이 갈 때는 그냥 안가고 반드시 사람을 버려놓고 간다고 하는 속담처럼 매형은 알코올 중독이 되어 평생 가족을 돌보지 않고 제멋대로 살았습니다. 그런데도 누님이 착해서 이혼도 하지 않고 시장에서 옷 장사를 해서 아들 둘 딸 둘을 키워냈습니다. 그런 일들을 생각하면 누님이 불쌍하기도 했습니다. 그래서 나는 이런 저런 이야기를 하다가 본론을 꺼냈습니다.

"누님, 누님도 이제 그만 예수님을 구주로 믿으세요. 그래야 행복해집니다."

"동생, 또 예수 얘기냐?"

서로 끔찍이 사랑하고 있는 누님 동생 사이인데도 예수 말만 나오면 금세 철천지원수를 만난 것처럼 금방 얼굴이 우거지상으로 변하여 도끼눈을 뜨고는 대들었습니다.

"제발 예수 얘기 그만해라. 난 네가 예수 얘기할 때마다 여기 발걸음도 하기 싫어진다! 오늘도 엄마가 보고 싶어 왔다. 그러니 제발 예수 얘기 하지마라. 나는 불교 믿다가 죽을 거니까 제발 건드리지 마라!"

"누님, 어머니가 누구 때문에 불교를 믿고 온갖 미신을 믿었습니까? 누님과 나 때문이었지 않습니까? 그런 어머니께서 예수님을 구주로 믿으시는데 누님이 불교를 믿을 아무 명분도 없잖아요."

"듣기 싫다! 제발 나 흔들지 마라! 난 불교 믿다가 죽을 거야! 불교 믿다가 죽을 거라고!"

누님이 발악하듯 무섭게 소리쳤습니다. 순간 나는 아찔했습니다. 그래서 속으로 -주님, 어떻게 할까요?- 했더니 주님이 번개같이 좋은 생각이 나게 해주었습니다. 그래서 진정하여 마귀에게 대항하듯 말했습니다.

"누님, 나를 좀 똑바로 보세요. 옛날에 내가 직장에서 나와 사업하다가 실패했을 때 세상 사람들이 모두 나를 버렸잖아요. 이웃도 버리고 친구도 버리고 솔직히 말하면 누님도 나를 버렸잖아요. 내가 누님 찾아가서 돈 10만원만 빌려달라고 하면 오만원으로 딱 잘라서 그것도 그냥 주는 것이 아니라 인상까지 써가면서 -너도 이제 좀 벌어서 써라, 누나도 돈 없다, 죽겠다!- 그러셨잖아요!"

"그때 그건..."

내가 정곡을 콕 찌르자 누님도 창피한지 얼굴이 시뻘게져서는 안절부절 못하다가 변명하듯 말했습니다.

"그때 그건 동생이 미워서 그런 것이 아니라 동생이 정신 차려서 돈 잘 벌으라고 그랬지. 내가 진심으로 동생이 미워서 그랬던 것이 아니야."

"맞습니다! 뭐 설마 누님이 날 미워서 그랬겠어요. 제가 지금 누님 보고 예수 믿으라고 하는 것도 누님이 미워서 그러는 것이 결코 아닙니다. 누님을 사랑해서 그러는 겁니다."

"안다. 나도 잘 알고 있다..."

누님이 처음으로 얼굴에 그렸던 우거지상을 지우고 말했습니다. 그래서 나는 용기를 내어 계속 공격해 들어갔습니다.

"누님, 우리가 이 세상에 살 때는 누님이 예수를 믿든지 안 믿든지 누님 동생하며 적당히 비위를 맞추며 잘 살 수 있어요. 그런데 누님하고 나하고 다 죽었다고 한번 생각해봐요. 그러면 나는 천국에 가고 누님은 지옥으로 갑니다. 누님, 지옥이 어떤 곳인지 아세요? 우리가 겨울에 차를 타고 외곽도로로 나가면 트럭 세워놓고 불을 활활 피워서 통닭구이 하는 거 봤지요. 그 통닭구이 하는 데가 바로 지옥입니다."

"통닭구이 같은 소리하고 있네!"

누님이 발끈하여 소리쳤습니다.

"통닭구이가 있기는 개 코가 있어! 그런 거 없어. 그건 모두 사람이 만들어 낸 말이야!"

누님이 아주 신경질적으로 반응했습니다. 그럴수록 나는 더욱 침착한 태도로 대응했습니다.

"누님, 통닭구이가 진짜 있어요. 우리나라에 예수를 믿는 사람이 1천 2백만 명 정도 된다고 해요. 그 가운데 누님보다 똑똑하지 않는 분이 한 분도 없어요. 그분들이 뭐 모두 바보라서 예수를 믿는 줄 아세요. 천만에요. 모두 다 통닭구이 안 되려고 예수 믿는 거예요."

"아이 몰라, 몰라! 난 예수 안 믿어. 난 불교 믿다가 죽을 거야!"

"누님, 누님하고 나하고 다 죽어서 하늘나라에 갔다고 합시다. 그래서 내가 천국에서 행복하게 잘 살고 있는데 어느 날 예수님이 나를 찾아와서 -야, 정태야, 너 요즘 행복하냐? -그러면 제가 -예 행복합니다, 주님, 정말 정말 감사합니다. -했을 때 예수님이 -감사한 것은 좋은데 저기 저 지옥을 좀 봐라. 너희 누님이 저렇게 매일같이 통닭구이 되고 있는데 너 혼자 천국에서 무지무지 행복하겠다. -그러시면 난 뭐라 그래요? 누님 내가 왜 천국까지 가서 누님 때문에 매일매일 속을 끓이며 살아야 하느냐 고요!"

"고만해라! 그만해! 네가 입이 닳도록 그래도 난 예수 절대로 안 믿어, 난 불교 믿다가 죽을 거야!"

"누님, 지옥도 지옥이지만 우리가 이 땅에 살 때도 잘 살아야 되잖아요."

나는 계속해서 누님을 흔들었습니다.

"누님 우대그룹 회장 잘 아시죠? 그분이 예수 믿는 분이에요. 그분이 쓴 책에 보면 어릴 때 가난해서 고생할 때 그 분 어머니가 성경책을 펴 놓고 가르치고 열심히 기도한 것 다 기록해 놨어요. 왜 그런 줄 아세요. 그 기록은 우리 어머니가 우리를 위해 주야로 열심히 기도해서 하나님이 나를 그룹회장이 되게 해 주셨다. 감사하면서 쓴 기록이에요. 누님, 다시 한 번 생각해봐요. 나중에 누님 자녀들이 잘 되어서 우리 어머니가 -예수 잘 믿고 불철주야 하나님께 기도해서 오늘날 내가 이렇게 잘 됐다. 이런 소리를 듣는 게 좋습니까 아니면 -우리 어머니가 불교인지 미신인지 이상한 것 믿고 날마다 땡땡이 쳐서 오늘날 내가 요 모양 요 꼴이 됐다- 이런 저주 같은 말을 듣는 게 좋아요? 누님, 우리 기도해요."

그러고는 누님과 어머니의 손을 꽉 잡고 큰 소리로 하나님께 간절히 기도했습니다.

"사랑에 하나님 아버지, 제발 우리 누님을 구원해 주세요. 나는 우리 누님이 통닭구이 되는 거 정말 싫어요. 통닭구이가 얼마나 뜨겁겠어요. 그러니 제발 우리 누님 통닭구이 만들지 말아주세요. 우리 누님은 뜨거운 음식도 싫어해요. 그런데 통닭구이는 얼마나 싫겠어요. 제발 통닭구이 만들지 마세요. 그런 우리 누님이 가난하게 사는 것도 싫어요. 예수 믿고 하나님 은혜를 받아 부자가 되어 살게 해주세요. 우리 누님이 부자로 잘 살게 해주시고 우리 누님 통닭구이 안 만들 줄 믿고 감사드리며 예수님의 이름으로 기도합니다. 아멘."

나는 우리 누님 복장 터지라고 통닭구이만 계속 강조해서 기도했습니다. 그랬더니 내 기도가 끝나기 바쁘게 누님이 아주 신경질적으로 말했습니다.

"내가졌다! 내가 항복했다! 나도 예수 믿으마! 예수 믿으면 될 거잖아!"

우리 누님은 그렇게 신경질적으로 패악을 치면서 예수님을 구주로 영접하였습니다. 그런 뒤에 제일 먼저 매형을 전도하더니 두 딸과 두 아들과 며느리와 사위와 손자손녀도 모두 전도하였습니다.

하 정태씨는 여기까지 얘기한 뒤에 다시 말을 중단하고 물을 한 모금 마셨습니다.

꿈꾸며 자라는 믿음.

하 정태씨는 물을 마신 뒤에 다시 한강을 잠시 바라보고 있다가 얘기를 시작했습니다.

"제가 그렇게 우리 누님과 그 가족들을 모두 구원하고 기분이 좋아 있는 어느 날, 장 사장이 내 땅슈퍼로 찾아와서 또 뜻밖의 말을 했습니다."

"하 사장, 내가 어제 밤에 또 신기한 꿈을 꾸었어요."

"무슨 꿈을 꾸셨는데요?"

"제가 꿈을 꾸다가 보니까 꿈속인데 내가 정승이 되어 있더라고요. 그런데 갑자기 내 앞에 왕이 나타났어요. 그래서 깜짝 놀라서 왕에게 큰 절을 하다가 잠을 깼어요. 이건 무슨 꿈이죠?"

"정승이 되었다?"

나는 꿈을 좋게 해몽해주라고 했던 백만불의 말을 생각하면서 잠시 어떻게 해몽해야 될지를 생각했습니다. 그러다가 어떤 생각을 하고는 먼저 박수부터 탁 쳤습니다.

"장 사장님, 또 길몽을 꾸셨습니다! 아주 엄청나게 좋은 꿈을 꾸셨어요. 내가 괜히 장 사장님을 전도해가지고 내가 받을 복을 장 사장님이 다 받아가게 생겼잖아요. 아이 신경질 나!"

"무슨 꿈인데 그래요?"

내가 일부러 신경질이 난 행동을 하자 장 사장이 뚱그레진 얼굴로 조심스레 물었습니다. 그래서 내가 큰소리로 대답했습니다.

"생각해보세요. 정승이 되어서 왕 앞에 절을 했잖아요. 이건 바로 장 사장님이 장차 장로가 된다는 꿈이잖아요."

"옛? 제가 무슨 장로가 됩니까?"

"두고 봐요. 그 꿈은 분명히 장로가 되는 꿈이에요. 장사장님은 장차 반드시 장로가 됩니다."

그 후 십년이 지나서 장 사장은 진짜 장로가 되었습니다. 하나님은 꿈으로 장 사장의 믿음을 키워 갔습니다. 어쨌든 장 사장은 내 꿈 해몽을 듣고 기분이 아주 좋아져서 싱글벙글하며 돌아갔습니다. 그리고 이틀이 지나서 또 땅슈퍼에 있는 나를 찾아왔습니다.

"하 사장님, 큰일 났습니다."

장사장이 새하얗게 긴장된 심각한 표정으로 말했습니다. 그래서 나는 의아해하며 물었습니다.

"또 무슨 큰일이 났습니까?"

"그게 말입니다... 그 게요..."

장 사장은 차마 말하기 거북한지 몇 번 망설이다가 마침내 결심한 듯 말했습니다.

"도망 간 재처한테서 전화가 왔는데요.-소식을 들으니까 당신은 벌써 어떤 예쁜 여자를 만나 잘 살고 있다는데 나도 기소중지 풀어주라, 그래야 먹고 살 수 있잖아.- 그러는 것입니다. 어떻게 하면 좋겠습니까?"

장 사장은 내가 무슨 하나님이라도 되는 듯이 나한테 판결을 지어달라는 태도로 말했습니다. 그래서 내가 속으로 -주님 어떻게 할까요? -황급히 기도했더니-네 원수를 사랑하라-는 말이 떠올라왔습니다. 그래서 장 사장한테 말했습니다.

"장 사장님, 생각할수록 한없이 괘씸하고 밉겠지만 이미 지나간 일이고 예수님도 네 원수를 사랑하라 하셨으니까 내가 시키는 대로 하세요. 어떻게 하느냐? 성경책을 하나 사 들고 가서 재처를 만나세요. 그리고 내가 하 사장을 만나 예수 믿고 모든 것을 회복했다. 그러니 당신도 예수를 믿으라. 당신이 예수를 믿겠다, 그러면 간통고소를 취하해서 당신 기소중지 풀어줄게. 그렇게 말하세요."

"안돼요! 난 못해요!"

그 순간 장 사장이 소리치며 벌떡 일어났습니다.

"난 죽어도 그 여자는 용서 못해요! 날 배반하고 떠난 그 여자를 난 절대로 용서 못한다고요!"

"장 사장님! 장 사장님..."

나는 장 사장을 붙잡아 어떻게든 설득하려 했습니다. 하지만 장 사장은 이미 홱 몸을 돌려 나한테 등을 보이며 땅슈퍼 문을 박차고 밖으로 나가버렸습니다.

"백만불, 문제가 생겼다?"

나는 고민하다가 바로 백만불에게 전화를 해서 도움을 요청했습니다. 장 사장에게 일어난 변화를 모두 말해주었습니다.

"장 사장이 이 일로 시험에 들어서 교회에 안 나오기라도 하면 어쩌지?"

"하 정태, 아무 걱정하지 말고 기도만 하게."

백만불은 걱정할 일이 아니라는 태도로 말했습니다.

"예를 들어 자네가 전도한 사람이 교회에 나오자마자 좋은 일만 일어나면 다행인데 어려운 일이 팍팍 밀려온다면 자네한테 와서- 당신이 예수 믿자고 해서 믿었는데 요즘 우리 집에 왜 이런 일이 자꾸 생기느냐고- 은근히 따질 수도 있어. 그럴 때 전혀 당황하거나 겁먹지 말고 담대하게 행동하게. 자네가 전도한 사람이 찾아와서 몸이 아프다고 하면 그 사람의 손을 잡고 병을 고쳐주라고 기도하게. 그러면 하나님이 그 사람의 병을 깨끗이 고쳐주네. 무슨 문제를 들고 찾아오던지 그 문제를 해결해주라고 담대하게 기도하게. 그러면 하나님이 그 문제를 다 해결해 준다네. 하나님이 전도자는 하나님처럼 만들어 준다네. 그래야 초신자가 전도자를 믿고 졸졸 따라다닐 것 아닌가, 그래서 대개 전도된 사람이 세례를 받은 뒤에 서리집사가 될 때까지 어린애로 생각하고 기도도 잘 들어준다네."

"그렇다면 내가 기도하면 장사장의 문제도 하나님이 해결해 주시겠네."

"당연하지! 전도자나 전도대상자를 놓고 하는 기도, 즉 남을 위해 하는 기도를 중보기도라고 하네. 중보기도는 하나님이 특히 잘 들어준다네."

"알았어, 고맙네. 그럼 난 장사장의 문제를 잘 해결해 주라고 기도만 하겠네."

"그렇게 하게, 그러면 하나님이 해결해주시는 것을 자네 눈으로 보게 될 거네."

백만불이 정확하게 대답해주었습니다. 그래서 나는 백만불이 시키는 대로 장사장의 문제를 은혜로 잘 해결되게 해주라고 하나님께 간절히 기도만 했습니다.

"하 사장, 지난번에 내가 무례하게 행동했습니다. 너그럽게 용서해 주세요."

내가 3일 동안 간절히 기도했더니 마침내 장 사장이 나를 찾아와서 정중히 사과부터 하고 말했습니다.

"내가 재처를 만났습니다."

"안 만난다더니 어떻게 만났습니까?"

내가 의아해하며 묻자 장 사장이 솔직하게 말했습니다.

"집에 가서 가만히 생각해보니까 하 사장이 한 말이 하 사장이 한 말이 아니라 하나님이 한 말이라 생각되었어요. 그래서 순종하는 마음으로 성경을 한권 사들고 가서 재처를 만났어요."

"그래서 어떻게 됐어요?"

"재처를 만나 하 사장이 시키는 대로 다 말하고 손을 잡고 기도했더니 재처가 울더라고요. 그래서 나도 울었어요. 울고 난 뒤에 재처가 나를 배반하고 싶어서 배반한 것이 아니라 어쩌다가 한번 실수가 나서 그렇게 된 거니까 용서를 해주면 자기도 예수를 믿겠다고 하더라고요. 그래서 용서를 해 주었어요. 기소중지를 다 풀어주고 재처가 두고 간 돈도 건네줬어요. 그랬더니 지난 주일에 재처와 재처남자가 다 집 앞에 있는 교회에 나갔다고 연락이 왔더라고요."

"할렐루야! 장 사장님, 정말 힘든 일을 사랑으로 잘 해냈습니다!"

나는 장 사장의 행동에 감격하여 기쁜 맘으로 격려했습니다.

"장 사장님, 원수를 사랑했으니 하나님이 반드시 큰 복으로 보상해 줄 것입니다. 우리 기도합시다."

나는 내 기도를 들어준 하나님 은혜에 감사해서 장 사장의 손을 잡고 축복기도를 길게 해줬습니다. 그랬더니 장 사장도 기분이 좋은 듯 아주 흐뭇한 표정으로 돌아갔습니다.

"장 사장님, 오늘은 또 어떻게 오셨습니까?"

장 사장은 그러고 돌아간 뒤 일주일이 지나서 또 슈퍼로 나를 찾아왔습니다. 그래서 나는 또 무슨 일이 생겼나 걱정하면서 진지한 태도로 물었습니다. 그랬더니 장 사장은 무슨 일인지 말을 잘 못하고 꾸물꾸물 하다가 상상도 못했던 말을 했습니다.

"하 사장, 내가 예수를 잠깐 쉬었다가 믿으면 안 되겠습니까?"

"뭐라구요?"

나는 폭탄 같은 말에 잠시 어안이 벙벙해 있다가 가까스로 진정하며 반문했습니다.

"도대체 무슨 말씀이세요? 예수를 믿었으면 계속 믿지 잠시 쉬었다가 믿겠다는 것은 또 무슨 말씀입니까?"

"그게... 실은 말입니다. 제가요 실은..."

장 사장은 뭔가 부끄러운 얘기인 듯 한참 망설이다가 마침내 결심한 듯 말했습니다.

"하 사장, 실은 제가 사실은 젊어서부터 도박병이 있었습니다. 그런데 예수를 안 믿었을 때는 오늘 밤에 잃으면 그 다음 날 밤에 가면 대개 땄습니다. 그런데 예수를 믿고 도박을 해 보니까 오늘 밤에도 잃고 내일 밤에도 잃고 계속 계속 잃는 것입니다. 백전백패에요. 그래서 예수를 잠시 쉬었다가 잃은 돈을 다 딴 다음에 믿으면 안 될까 하고 여쭈어 보는 것입니다."

"장 사장님…"

나는 터질 것 같은 웃음을 꾹 참고 말했습니다.

"생각은 애들처럼 아주 기발하게 잘했는데요. 우리 예수 믿는 사람한테는 그게 안통해요. 장 사장님도 이제 예수를 한 6개월 믿었으니까 제가 딱 까놓고 말하는데요. 우리 예수 믿는 사람은 교회에 딱 한번만 들어왔다가 나가도 그 코를 누가 꿰고 있느냐? 예수님이 꿰고 있어요. 그리고 그 줄을 예수님이 잡고 있어요. 그래서 예수 믿는 사람이 예쁜 짓을 하며 예수를 잘 믿으면 자꾸 복을 내려주지만 예수님이 원치 않는 일을 하면 그때마다 예수님이 이 줄을 탁탁 당겨요. 그러면 장 사장의 코가 어떻게 되겠어요. 코가 빠져요. 그러니까 코 안 빠지려면 오늘부터 도박을 완전히 딱 끊으세요."

"아이구 그건 안 됩니다. 돈을 많이 잃었어요."

"얼마나 잃으셨는데요?"

"우연히 누구 따라갔다가 300만 원이나 잃었어요."

"3백만 원이나요?"

나는 놀라서 눈을 똥그랗게 떴습니다. 3백이면 큰돈이었습니다. 그래서 무조건 그만두라 해서는 안 될 것 같아 잠시 생각한 뒤에 말했습니다.

"장 사장님, 그 돈이 정말 아까우시면 오늘 밤 자기 전에 하나님께 한번 기도를 해보세요. 그래서 하나님이 잠깐 쉬었다가 믿으라고 하면 쉬고 계속 믿으라고 하면 계속 믿으세요."

"알겠습니다. 기도해 보겠습니다."

장 사장이 그러고는 돌아갔습니다. 그런 뒤에 나는 하나님께 간절히 기도했습니다.

―하나님, 만일 장 사장이 내가 시킨 대로 기도하고 자면 꿈

을 정확하게 꾸게 해주세요.―

　나는 두세 번 간곡하고 간절하게 기도했습니다. 그랬더니 그 다음 날 오전에 장 사장이 득달같이 슈퍼로 나를 찾아왔습니다.

　"하 사장, 하 사장이 시키는 대로 기도하고 잤더니 또 꿈이 꾸였어요."

　"이번에는 또 무슨 꿈을 꾸셨습니까?"

　"글쎄 있잖아요…"

　장 사장이 아주 심각한 빛으로 꿈 얘기를 했습니다.

　"잠을 자는데, 제가 꿈속에서 죽었더라고요. 그래서 저승에 갔어요, 거기 관리인이 있더라고요. 그래서 저승관리인한테 내 집은 어디요? 했더니 저기라고 하더라고요. 그래서 가리키는 곳에 가보니까 구덩이더라고요. 그런데 뚜껑이 있더라고요. 그래서 구덩이에 들어가려고 뚜껑을 열고 보니까 구덩이 속에 뱀이 우글우글하더라고요. 그래서 깜짝 놀라서 잠을 깼습니다."

　"그것 보세요. 도박을 안 끊으면 지옥에 간다는 꿈 아닙니까?"

　나는 진지하게 꿈 해몽을 해줬습니다.

　"장 사장님, 우리가 이 세상을 다 살고 저 세상으로 갔어요. 구덩이가 내 집이라도 좋아요. 그 속에 들어가서 좀 편안히 쉬려고 하는데 뱀이 온 몸을 칭칭 감고 턱주가리를 끝없이 물어댄다면 어떻게 살겠어요. 그래요. 안 그래요?"

　"…"

　장 사장은 자기가 생각해봐도 너무 끔찍했는지 입을 꾹 다문 채 심각한 표정만 짓고 있었습니다. 어쨌든 장 사장은 그 꿈을 계기로 한평생 자신을 괴롭혀온 도박병과 깨끗이 이별하게 되었습니다. 뒤에 가서 고백했는데 본처도 그 도박병 때문에 고생고생하다가 죽었다고 했습니다. 한번 걸리면 집안을 끝없이 말아먹는 무서운 병, 아내도 돈 준다고 하면 팔아서 한다는 그 무서운 도박병을 예수님이 깨끗이 고쳐주셨습니다. 장 사장은 그렇게 하나님이 꿈으로 믿음을 주기도 하고 가르침을 주기도 하면서 인도해갔습니다.

하 정태 씨는 거기서 또 말을 중단하고 이번에는 주스를 한 모금 마셨습니다.

무너진 철옹성 비밀

"선생님, 사람은 정말 알 수 없는 존재 같아요."

하 정태씨는 주스를 마신 후 잠시 생각에 잠기다가 나를 딱 바라보며 말했습니다.

"처음에 예수를 믿으라고 했을 때는 수입종교라며 배척하던 장 사장이 예수를 믿고 은혜를 받으니까 사람이 확 달라지더라고요. 백만불이 사돈에 팔촌까지 다 전도시키라고 해서 전도하라고 했더니 재처와 재처남자 그리고 세 번째 부인, 세 번째 부인한테 아들이 셋이 있었는데 그 아들과 며느리들과 손자손녀까지 합해서 15명을 전도했어요. 내가 시키면 시키는 대로 뭐든지 순종했어요. 그래서 그런 전도를 다 한 겁니다. 그리고 어느 날은 선물까지 사들고 나한테 와서 진심으로 고맙다는 인사까지 하더라고요."

"많은 기적을 본 거네요."

내가 한마디 하자 하 정태씨는 크게 고개를 끄덕이며 말했습니다.

"기적이죠. 그 모든 것이 기적이죠. 근데 장 사장한테 고등학교 졸업한 아들이 하나 있었는데 그 아들만 구원을 못했어요. 그래서 내가 또 말했어요.

"장 사장님, 아드님도 구원하셔야죠. 하나뿐인 아들인데 그걸 지옥 가게 내버려두면 안 되잖아요."

"아, 우리 아들은 안돼요! 창훈이 그놈은 철벽이라서 아예 내 말을 들을 생각을 안 해요. 그놈은 철벽이에요, 철벽!"

장 사장은 아들 창훈을 아예 포기했다는 투로 말했습니다. 그렇게 잘라 말하는데 자꾸 더 권할 수가 없어서 나도 입을 다물었습니다.

"백만불, 나 의논할 게 하나 있어."

나는 장 사장을 보내고 바로 백만불한테 전화했습니다. 그리고 창훈이 얘기를 해주며 어떻게 하면 좋겠느냐고 물었습니다. 그랬더니 백만불이 뜻밖의 말을 했습니다.

"하 정태, 너도 이제 성경을 많이 읽었으니까 내 말하는데 여호수아 편을 보면 여리고성이 나오잖아. 그 여리고성을 철옹성이라고 하네. 장사장이 말한 그 철벽이 바로 철옹성인데, 하나님이 그 성을 어떻게 무너뜨리라고 했는가? 하루 한 번씩 성을 돌고 마지막 날에는 일곱 번 돌고 제사장이 양각 나팔을 불고 백성이 외치면 무너진다고 했잖아. 그런데 하나님이 시키는 대로 그렇게 해보니까 철옹성인 여리고성이 진짜로 정말 거짓말같이 와르르 무너졌잖아."

"맞아! 그건 나도 알고 있네."

"하 정태, 근데 말야, 명색이 철옹성인데 하루 한 번씩 돌고 마지막 날 일곱 번 돌고 제사장이 양각나팔을 불고 백성이 외친다고 어떻게 무너지겠니? 상식적으로 생각하면 절대로 무너질 성이 아니야, 근데 무너졌어, 왜 무너졌을까? 믿음으로 했기 때문에 무너진 거야."

"아, 아, 그러니까 그러네. 정말 그러네."

나는 백만불의 말에 큰 감동을 받고 무릎을 치며 말했습니다.
"그래, 맞아! 믿음이야, 믿음!"
나는 백만불에게 정답을 찾아줘서 고맙다고 인사 한 후 전화를 끊었습니다. 그리고 그 다음 날 점심을 먹고 오는 길에 행복부동산에 들어갔습니다.
"하 사장, 어서 오시오.'
장 사장은 아주 반갑게 나를 맞아주면서 얼른 커피를 준비해서 내 앞에 놓았습니다.
"장 사장, 아들이 철벽이라 했었죠..."
나는 여리고성이 무너진 것은 믿음으로 했기 때문에 무너졌다는 말을 해 주고 아들을 구원할 방책을 말했습니다.
"장 사장님, 거듭 말씀 드리지만 철옹성이 무너진 것은 믿음으로 했기 때문입니다. 그러니까 장 사장님도 내가 시키는 대로 해서 아들을 전도하세요. 어떻게 하느냐 하면요. 월요일 아침 아드님과 식사할 때 - 창훈아, 우리 예수 믿으니까 너도 믿어- 화요일에도 우리 예수 믿으니까 너도 믿어, 수요일에도 목요일에도— 쭉 그러시다가 주일 아침에 나팔을 부세요. 어떻게 나팔을 부느냐? 이 녀석아, 내가 예수 믿고 실명할 뻔한 눈도 고치고, 너희 새 엄마도 만나고 도박병도 고치고 하여간 사장님께서 생각나는 대로 나팔을 부세요."
"알겠습니다. 그렇게 하겠습니다."
장 사장은 정말 신기할 만큼 내 말에 순종을 잘했습니다. 그래서 만날 이적을 체험했습니다. 순종이 늘 이적을 만들었습니다. 그래서 기도했습니다.
—주님, 장 사장이 창훈이를 전도할 수 있도록 적극적으로 좀 도와주세요.—

그렇게 한 후, 나는 주님께 매달려 강권적으로 창훈이를 구원할 수 있게 해달라고 계속 기도했습니다. 그랬더니 한 주일이 지난 월요일 아침에 장 사장이 잔뜩 감격한 얼굴을 하고 나를 찾아와서 소리치듯 말했습니다.

"하 사장님, 어제 우리 창훈이가 교회에 갔습니다."
"할렐루야! 어떻게 나갔습니까?"

나는 깜짝 놀라며 연유를 물었습니다. 그랬더니 장 사장이 아주 신난 얼굴로 말했습니다.

"하 사장이 시키는 그대로 했습니다. 월요일 아침 식사할 때 밥상 앞에서 - 애, 창훈아 우리 예수 믿으니까 너도 예수 믿어- 그랬더니 창훈이가 - 싫어요, 난 예수 안 믿어요. 했어요,. 다음 날도 -애 창훈아, 우리 예수 믿으니까 너도 예수 믿어! -싫다는데 짜증나게 왜 그래요. 난 안 믿어요. 안 믿는다고요! 그렇게 역정을 내거나 말거나 개의치 않고 계속했어요. 그러다가 주일 아침에 나팔을 불려고 폼을 잡고 있는데 창훈이가 옷을 입고 나오며- 아버지, 오늘은 저도 아버지 따라 교회에 가겠습니다. 하면서 따라왔어요."

"할렐루야! 하나님의 은혜입니다. 장 사장님이 내가 시키는 대로 순종했기 때문에 그런 이적이 일어난 것입니다. 모두 하나님이 하셨습니다. 아드님을 구원하신 것을 축하합니다. 장 사장님은 하나님께 큰 복을 받으신 것입니다."

"모두 하 사장이 도와주고 기도해준 덕택입니다. 감사합니다. 진심으로 감사합니다."

장 사장은 허리를 굽실거리며 나한테 감사하다는 말을 열 번도 더 했습니다.

하 정태씨는 거기서 또 잠시 말을 중단하고 물을 한 모금 마셨습니다.

"선생님, 솔직히 말씀드리면 제가 더 놀랐습니다."

하 정태씨는 나를 바라보며 말했습니다.

"어떻게 그렇게 쉽게 전도가 될 수 있느냐고요. 그때 난 여리고성 비밀이 바로 전도라는 것을 깨달았어요. 그래서 나도 그렇게 그런 방법으로 전도를 한번 해보고 싶은 마음이 불일 듯 일어났어요. 그래서 나는 그런 방법으로 전도할 곳을 찾았어요."

하 정태씨는 말을 중단하고 잠시 생각하다가 말했습니다.

"생각 끝에 나는 땅슈퍼 아래쪽에 있는 <다림방>이라는 음식점을 찍었어요. 당시 그 음식점이 잘 될 때였어요. 선생님께서도 잘 알고 계시겠지만 음식점은 12시부터 2시까지는 굉장히 바빠요. 그런데 한 3시쯤 되면 손님도 없고 좀 한가해요. 그래서 3시쯤 갔어요. 예상대로 손님이 한두 명밖에 없었어요. 그래서 나는 저만큼 뒤쪽으로 자리 잡아 앉아서 사장을 불렀어요."

"사장님, 저 좀 봅시다."

그러니까 사장이 내 앞으로 와서 서며 물었습니다.

"찾으셨습니까?"

"예."

나는 일어나서 인사했습니다. 땅슈퍼를 하는 하 정태라고 이름까지 말했습니다. 그러자 그가 자기는 변 명수라고 했습니다. 그렇게 통성명하며 인사를 다 끝낸 뒤에 본론을 꺼냈습니다.

"사장님, 예수 믿으세요."

변 사장은 예수를 믿으라는 말에 화들짝 놀라서 말했습니다.

"난 예수 안 믿어요. 죄송합니다."

변 사장이 그러고는 내빼듯이 얼른 카운터로 갔습니다. 그래도 나는 아무렇지도 않게 음식을 시켜서 맛있게 먹고 인사하고

예수를 믿었으면 땅 부자가 되라

왔습니다. 그리고 그 다음날 또 그 시간에 그 집으로 가서 자리를 잡아 앉아 사장을 불렀습니다.

"사장님, 저 좀 봅시다."

"왜 그러세요?"

변 사장이 내 앞으로 와서 물었습니다. 그래서 나는 또 싸악 미소 지으며 말했습니다.

"사장님, 예수 믿으세요."

"아, 아니요, 난 예수 안 믿어요."

변 사장이 또 화들짝 놀란 모습으로 허둥지둥 대답하고는 내빼듯 카운터로 갔습니다.

"사장님, 저 좀 봅시다."

나는 그 다음 날도 그 시간에 그 자리에 앉아서 사장을 불렀습니다.

"..."

변 사장이 말없이 나를 바라보더니 약간 굳어진 얼굴로 내 앞으로 와서 서며 물었습니다.

"왜 그러시죠?'

"변 사장님, 실은 제가요..."

나는 자리에서 일어나 회사에서 명퇴하고 나와 고생하다가 예수 믿고 장사해서 집도 사고 슈퍼도 하게 된 경위를 간단하게 간증했습니다. 그러면서 예수를 믿고 구원도 받고 천국에도 가자고 했습니다.

"저기요, 하사장님!"

변 사장은 내 말을 듣고 완전 싸늘해진 태도로 쌀쌀맞게 말했습니다.

"하 사장님에게는 참 좋은 예수님인지 모르지만 나 하고는 궁합이 잘 안 맞는 예수에요. 그러니까 앞으로는 예수 믿으라는 말은 더 이상 하지 마세요."

"변 사장, 그 게요..."

그러나 변 사장은 내 말을 더 들을 생각도 않고 홱 돌아서서 가버렸습니다.

"사장님, 저 좀 봅시다."

하지만 그 다음 날도 나는 그 시간에 그 자리에 앉아서 변 사장을 불렀습니다. 그러자 변 사장이 약간 짜증난 표정으로 내 앞으로 와서 서더니 따지듯 물었습니다.

"왜 불렀어요?"

"사장님, 예수 믿으세요."

"이봐요. 하 사장!"

변 사장이 버럭 화를 내며 목소리를 높였습니다.

"제가 예수 안 믿는다고 분명히 말했잖아요. 근데 왜 자꾸 그래요. 아무리 그래도 난 예수 안 믿을 거니까 제발 사람 괴롭히지 마세요."

"그게 괴롭히는 게 아니고..."

나는 뭔가 말하려 했습니다. 그러나 변 사장은 이미 홱 돌아서서 카운터로 갔습니다.

그 다음 날은 금요일이었습니다. 금요일에도 나는 그 시간에 그 자리에 앉아서 변 사장을 불렀습니다.

"사장님, 저 좀 봅시다."

"하 사장, 정말 왜 그래요1"

변 사장은 카운터에서 나를 바라보며 화난 태도로 목소리를 높였습니다.

"지금 나하고 뭐하자는 겁니까. 어제 그만큼 알아듣게 말했으면 그만하셔야죠. 그런 식으로 사람 괴롭히려면 우리 집에 오지 마세요. 음식을 안 팔아줘도 좋으니까 오지 마시라고요. 요즘 하 사장이 매일같이 와서 예수 믿으라고 하는 바람에 내가 갈등이 생겨서 못 살겠어요. 그러니까 내일부터 우리 집에 오지 마세요. 제발 오지마시라고요!"

변 사장은 아주 작정을 한 듯 사정없이 나를 면박 주며 공격했습니다. 그래도 나는 아무렇지도 않게 음식을 시켜먹었습니다. 따지고 보면 나는 변 사장을 약 올리러 갔고 변 사장은 약이 올라 방방 뛰어야만 정상이니까요.

"백만불, 야 전도하기 힘들다 힘들어."

내가 백만불한테 전화하여 하소연하듯 말했더니 백만불은 가당치도 않다는 태도로 대꾸했습니다.

"얀마, 하 정태! 전도하기 쉬우면 누구나 다 하지! 땅 부자가 아무나 되겠니? 모질고 끈질긴 사람만이 살아남아서 땅 부자가 되는 거야, 힘내! 힘내서 열심히 뛰어봐!"

"그래, 알았다. 뛸게! 뛰어보자고!"

나는 각오를 새롭게 했습니다. 기왕에 부자가 되기로 작정하고 뛰어들었으면 끝장을 봐야 된다고 생각했습니다. 그래서 결코 단념할 생각은 꿈에도 하지 않았습니다. 독사처럼 독하게 맘먹고 더 적극적으로 나아갔습니다. 하 정태씨는 거기까지 말한 뒤에 또 잠시 말을 중단하고 물을 한 모금 마셨습니다.

무너진 철벽

하 정태씨는 물을 마신 뒤 잠시 생각하더니 곧바로 얘기를 계속 했습니다.

"변 사장한테 참담할 정도의 공박을 받고 돌아온 그날 밤, 나는 잠자기 전에 주님께 아주 진지한 태도로 기도했습니다."

―주님, 여리고성 작전대로 하자면 주일에 가서 나팔을 불어야 되는데, 주일엔 교회에 가서 주일학교교사를 해야 되니까 토요일에 가서 나팔을 불겠습니다. 그런데 지금까지 변 사장한테 할 말 안할 말 다 해서 이제 무슨 말을 해야 될지 모르겠어요. 그러니까 내일은 주님이 함께 가셔서 제 입술을 통해 성령님이 친히 나팔을 부셔서 변 사장을 구원해 주세요. 반드시 꼭 성령님이 도와주실 줄 믿고 감사드리며 예수님의 이름으로 간절히 기도합니다. 아멘―

나는 그렇게 단단히 모든 것을 주님께 맡겼습니다. 그리고 토요일 오후 그 시간에 그 자리에 가서 앉았습니다. 그리고 또 변 사장을 불렀습니다.

"사장님, 저 좀 봅시다.'

"하사장님, 사람이 정말 왜 그래요!"

변 사장이 카운터에서 나를 딱 째려보며 어제보다 더 무섭게 나를 공박했습니다.

"사람을 약 올려서 죽일 작정이라도 하셨습니까! 어제 그만큼 오지 말라고 말했으면 오지 말아야지 또 와서 나를 괴롭혀요. 정말 왜 그래요!"

"사장님, 제가 오늘은 사과하러 왔습니다. 그러니까 화내지 말고 여기 좀 오세요."

내가 웃으며 사과하러 왔다니까 변 사장이 금세 화난 얼굴을 풀고 내 앞으로 와서 앉으며 말했습니다.

"무슨 사과를 하시겠다는 겁니까?"

"사장님, 정말 죄송합니다. 저는 무지무지 좋은 예수지만 사장님은 무지무시 싫은 예수를 내가 자꾸 믿으라고 강권했으니 정말 실례를 범했습니다. 죄송합니다."
 나는 그렇게 헛소리 사과를 하면서 성령님이 역사하기를 기다렸습니다. 그런 어느 순간 정말 거짓말같이 내 뇌리에 번개처럼 어떤 좋은 생각이 떠오르며 몰려왔습니다. 그때 나는 진정하고 성령이 주는 생각을 감동으로 받아서 말했습니다.
 "사장님, 사람이 있잖아요. 고등학교든지 대학교든지 일단 학교를 졸업하고 나면 그때부터 공부가 끝났다고 생각하고는 공부를 안 하잖아요. 그래서 사람들이 점점 무식해집니다. 교회에 가면 목사님이 뭐 만날 예수 믿어라, 예수 믿어라, 그런 말만 하는 게 아니고요. 교회 목사님들은 대개가 대학교수를 하고도 남을 만큼 실력이 쟁쟁한 분들인데요. 그분들이 이렇게 하면 자녀를 잘 키울 수 있다. 이렇게 하면 친구 간에 원만히 지낼 수 있다. 이렇게 하면 부부가 화목하게 지낼 수 있다. 여러 가지 상식을 곁들여서 말씀을 해주는데요. 그 말씀을 듣다가 보면 이슬비에 옷이 젖는다는 속담처럼 나도 모르게 점점 유식해집니다. 사장님, 예수 믿고 3년 된 사람 치고 말을 못 하는 사람을 봤어요. 예수 믿고 3년 되면 벙어리도 말을 한다고 해요. 그래서 사람들이 예수 믿는 사람들을 말쟁이라 그래요. 왜 그런 줄 아세요? 목사님이 항상 논리정연하게 말씀하시기 때문에 그 말씀을 들으면서 나도 모르게 논리 훈련이 되어 있는 것입니다. 그래서 세상에서 무슨 시비가 나면 논리적으로 팍팍 반박을 잘하기 때문에 도저히 못 이기겠으니까, 저놈의 말쟁이! 저놈의 말쟁이! 하는 겁니다. 그만큼 유식해져 있다는 증거인 것입니다."
 그런데 정말 희한한 일이 일어났습니다. 변 사장이 유식해지고 싶은 소망이 있었는지 그 말에 팍 가더니 교회에 나왔어요. 나는 변 사장의 심중을 몰랐는데 성령님은 변 사장의 심중을 읽고 뭘 원하고 있었는지를 알고 있었던 것입니다.

주일이 지난 뒤에 <다림방>으로 갔더니 변 사장 부부가 내 손을 꼭 잡고 고맙다는 인사를 열 번도 더 하면서 음식 한 그릇 공짜로 줬습니다.

하 정태씨는 거기서 또 말을 중단하고 물을 한 모금 마셨습니다. 그리고 얘기를 계속했습니다.

"변 사장 부부가 교회에 나오고 나자 이번엔 그 옆에 있는 칼국수집이 내 눈에 딱 들어오는 거예요."

"하지만 칼국수 집으로 가면 그분들이 삐치잖아요."

내가 한 마디 하자 하 정태씨는 고개를 크게 끄덕이며 말했습니다.

"선생님, 말씀 잘하셨어요. 당연 삐지죠. 그걸 교회 말로 시험이 든다, 그래요. 그래서 칼국수 집을 전도하고 싶은 마음이 굴뚝같아도 꾹 참고 칼국수 집을 찜만 했어요."

"찜만 하다니요?"

내가 묻자 하 정태씨가 대답했습니다.

"찜이란 칼국수 집 앞을 지날 때마다 속으로 주님께 기도하는 겁니다. -주님, 다음에는 이 칼국수 집도 제가 전도할 수 있도록 도와주세요.-.그러면서 지나다니는 거예요. 그렇게 3개월을 지나다니다가 3개월이 지난 뒤에야 칼국수 집으로 이동을 했습니다. 칼국수 집에 가보니까 그 집에는 젊은 부부가 음식점을 하고 있더라고요. 그래서 월요일부터 금요일까지 날마다 점심을 먹으러 가서 약을 올렸습니다. 그랬는데 성령님이 그 집에는 전혀 다른 나팔을 불더라고요."

"전혀 다른 나팔을 불다뇨?"

"제가 다림방에서처럼 사과를 하는데 전혀 다른 생각을 감동으로 주는 겁니다. 그래서 감동을 주는 대로 말했죠.-사장님, 있 잖아요. 사람이 무엇을 보고 쫓아가느냐에 따라서 그 결과가 아 주 달라질 수 있습니다. 예를 들어 호랑이가 되겠다고 쫓아가다 가 나면 호랑이는 되지 못해도 고양이가 되는 수가 있는데, 고 양이가 호랑이 보다는 작지만 쥐보다는 엄청 크지 않습니까? 그 래서 말인데요. 사장님이 이 칼국수 사장으로 만족하고 살면 그 뿐인데요. 젊으나 젊은 양반이 어떻게 칼국수 사장으로 만족하 고 살겠습니까. 뭔가 큰 꿈을 꾸고 살아야 될 거잖아요. 꿈을 이 루려면 만물을 만들고 다스리는 하나님의 은혜를 입어야 되는데 그 하나님에게 - 하나님, 저도 재벌그룹 회장이 되게 해주세요. 재벌그룹회장이 되게 해주세요.- 그렇게 기도하다가 나면 재벌 그룹 회장은 안 될지라도 반반한 중소기업 사장은 될 수 있습니 다. 그랬더니 이번에도 희한한 일이 일어났습니다."

"무슨 일이 일어났는데요?"

"그 분이 반반한 중소기업 사장이 되고 싶은 꿈이 있었는지 그 말에 뻑 가더니 교회에 나오더라고요. 성령님이 그 심중을 알고 콕 찔러준 것이지요."

"허어. 그것 정말 신기하네요."

"신기하죠. 예수를 믿으면, 전도를 하고 기도를 하다가 나면 정말 신기한 일을 많이 경험하게 됩니다. 어쨌든 주일이 지난 뒤에 칼국수 집에 갔더니 사장은 없고 사모가 나한테 절을 할 듯한 태도로 인사했어요."

"하사장님, 정말 고맙고 감사해요. 제가요. 실은 처녀 때 예수 를 잘 믿었었어요. 그런데 안 믿는 사람과 결혼을 하게 됐어요. 그랬는데 결혼 전에는 결혼 후에도 교회에 다니라고 하더니 결 혼하고 나자마자 바로 교회 못 가, 그래서 지금까지 끙끙거리고 있었는데 사장님이 오셔서 속 시원하게 해결해 주셔서 너무너무 감사합니다."

"사모는 진심으로 고마워하고 감사하는 태도로 나한테 칼국수 한 그릇을 공짜로 주었습니다."

그날 밤, 나는 백만불한테 전화해서 장 사장이 아들을 전도한 일과 내가 변 사장과 칼국수 사장 부부를 전도한 일을 모두 감격을 감추지 못하며 말했습니다.

"백만불, 전도가 그렇게도 되다니, 정말 신기하지 않니?"
"그건 신기한 게 아니네."

백만불이 선배답게 말했습니다.

"마귀는 영물이라네. 그래서 우리는 마귀를 볼 수 없지만 마귀는 우리 생각까지 다 알고 있다네. 우리가 전도 할 대상자도 사실은 모두 마귀의 휘하에 있네. 전도는 마귀한테 있는 영혼을 뺏어 와야 되는 것이니까 상식적으로 생각하면 말도 안 되게 어렵다네. 답이 없어. 하지만 우리가 그 영혼을 구원하려고 죽기 살기로 매달리면 하나님이 마귀한테 -애 그 영혼을 하나 내 줘라- 그러면 마귀가 싫어도 할 수 없이 내어준다네. 그래서 전도하러 갈 때 처삼촌 벌초하듯이 -예수 믿으세요.- 그랬다가는 마귀한테 있는 대로 따귀를 맞는다네. 어떻게 따귀를 맞느냐? -생긴 것은 예쁘장하게 생겨가지고 집에서 살림이나 잘 살지 예수 좋아하고 자빠졌네, 예수 좋아하지 말고 서방이나 잘 관리해 - 이렇게 오장육부를 박박 긁는다네. 친척 집에 전도하러 가면- 네가 예수 믿고 잘 된 게 뭐 있니? 네 신랑이 다니는 그 회사가 회사여? 네 아들이 그게 잘 된 거야? - 아픈 데만 박박 긁고 콕콕 쑤셔서 있는 대로 열불 나게 해서 씩씩거리며- 내가 다시 전도하러 가나 봐라! 화가 나서 그렇게 소리 지르며 전도를 그만

두게 된다네. 그렇기 때문에 전도하러 갈 때는 항상-주님, 저는 전도 전자도 몰라요. 주님 함께 가셔서 도와주세요. 주님 안 가시면 저도 안 갈래요. 이렇게 배짱을 부리며 주님을 꼭 모시고 가야 된다네. 그러면 주님께서 보내주신 성령님이 동행해주시며 모든 것을 도와주신다네. 보혜사 성령님이 항상 내 옆에 계신다는 것을 잊지 말게. 그 성령님만 모시고 다니면 만사가 형통이라네."

"그랬구나! 그렇구나!"

나는 감탄하며 말했습니다.

"성령님이 도와주셔서 내가 전도할 수 있었구나, 백만불, 알게 해줘서 고맙네. 어쨌든 난 열심히 전도할 거네."

"열심히 하게, 그래서 꼭 땅 부자가 되게."

"고마워, 나를 위해 기도나 많이 해주게.

나는 그렇게 백만불에게 또 다른 깨달음의 정보를 입수하였습니다. 그리고 여리고성 작전대로 열심히 전도했습니다. 그래서 칼국수 집 옆에 있는 해장국집, 갈비집, 대구탕집, 보신탕집, 순두부집, 국밥집, 중국집 등등 차례대로 전도하여 모두 우리 교회로 데리고 갔습니다. 그러자 사람들이 나를 전도 왕이라고 했습니다. 하나님이 다 하셨는데, 나는 주님의 심부름만 열심히 했는데, 사람들이 나를 전도 왕이라 불렀습니다. 그리고 전도하다가 안 되면 나를 찾아와서 도와달라고 했습니다. 그래서 내가 가면 금방 전도가 되었습니다.

―이만큼 전도했으니, 전도 왕이 되었으니 이제 하나님이 사례비를 많이 주시겠지. 땅 부자가 되게 해주시겠지-

나는 은근히 큰 기대를 하며 사례비 주기를 기다리고 있었습니다. 그런데 사례비는 고사하고 또 내가 상상도 못했던 큰 문제가 폭탄처럼 내 앞으로 날아와 꽝 터졌습니다.

태풍처럼 몰려온 먹구름

하 정태씨는 거기서 말을 중단하고 또 물 한 모금을 벌컥 마셨습니다. 그리고 뭔가를 한참 생각했습니다. 그러다가 다시 얘기를 시작했습니다.

"선생님, 저는 정말로 하나님이 사례비를 많이 주셔서 땅 부자 곧 될 줄 믿었어요. 그런데 내 믿음이 개똥믿음이었는지 몰라도 내가 전도 왕 소리를 듣던 어느 날, 내가 꿈에도 상상 못했던 일이 내 앞에서 벌어졌습니다."

"여보, 나하고 얘기 좀 해요."

어느 날 밤, 아내가 잠자기 전에 갑자기 심각한 표정을 짓고 말했습니다.

"무슨 얘기를 할 게 있어?"

"그게 말예요."

내가 퉁명스럽게 대꾸하자 아내는 나를 경계하는 눈빛으로 바라보며 목소리를 낮추어 말했습니다.

"여보, 내가 무슨 말을 할지라도 화를 내거나 소리치거나 하지마세요. 그러겠다고 약속해야 말할 거예요."

"무슨 얘긴데 그래?"

"먼저 약속부터 하세요."

"알았어, 약속할 테니 말해봐."

"화 안낸다고 분명히 약속했어요?"

"그래, 약속했어, 말해봐."

나는 아내가 뭔가 장난을 친다고 생각하며 대수롭지 않게 받아드렸습니다. 그러자 아내가 차마 말 못하겠는지 또 망설였습니다.
"그게...실은...그게...말예요."
"뭔데 떠듬거리고 그래. 말해. 속 시원하게 말해봐."
"왜... 나 돈 번다며 다녔잖아요..."
그러니까 3개월 전이었습니다. 어느 날, 갑자기 아내가 돈을 잘 벌수 있는 길이 생겼다면서 좋아했습니다.
"자석 요를 파는 일인데 말예요. 이 자석요가 사람 몸에 얼마나 좋은지 모른대. 현대인들처럼 하루 종일 열심히 일하고 스트레스 받는 사람은 이 자석 요에서 하룻밤을 자고 나면 피곤이 확 풀어진대요. 그래서 요즘 자석요가 인기대박이야. 그래서 나도 하려고요."
"누가 하자고 했는데?"
"중학교 친구를 우연히 전철에서 만났는데 나를 만나자마자 그 얘기를 했어. 걔가 그렇게 해서 돈을 많이 벌었대."
"그래?"
나는 세상 물정에 어두운 아내가 약간 걱정이 되어 말했습니다.
"여보, 세상을 만만하게 보지 마. 당신은 세상 물정에 어둡잖아. 세상은 말이야. 밀림 같아. 밀림에 가면 독거미, 독사, 사자, 뱀 같은 맹수와 해충들이 우글거려. 특히 독거미 같은 건 줄을 쳐 놓고 기다리다가 무엇이 줄에 탁 걸리면 쏜살같이 달려가서 잡아먹어, 그러니까 조심해야 돼. 세상에는 사람 독거미인 사기꾼들도 우글우글해."
"또 강의 시작하세요? 또 강의해?"
"난 그런 일은 안했으면 좋겠어."
"나도 돈 벌고 싶어. 그 친구는 나하고 친했던 친구야, 거짓말은 안 해!"

"조심하라고 그러는 거야."

"이건 하나님 은혜예요!"

아내가 자신에 차서 목소리를 높였습니다.

"내가 요즘 나도 돈 좀 많이 벌 수 있게 해달라고 기도를 세게 했어요. 이건 분명히 기도응답으로 온 하나님 은혜라고요."

"하여간 조심해서 해. 잘못되면 큰일 나."

"알았어요. 시간도 좋아. 당신 일 도와주고 3시나 4시쯤에 가서 7시까지 장사하고 오면 되니까 나한텐 너무너무 딱 맞는 일이라고요."

아내가 좋아 죽었습니다. 그래서 나도 아내가 정말 하나님께 기도해서 응답을 받아 하나님의 은혜로 돈을 벌게 된 줄로 믿었습니다. 그랬는데 그게 아니고 마귀가 이끌고 간 절벽이었던 것입니다.

"여보, 제발 화내지 마... 내가 사실은 지금 카드빚이 3천만 원이 됐어요..."

"뭐라구?"

나는 깜짝 놀랐습니다. 3백도 아니고 3천? 우리 살림에 3천? 너무 큰 거금이라서 나는 잠시 동안 어안이 벙벙해서 아무 말도 못했습니다.

"내가 미친년이야... 내가 미쳤었어..."

아내가 갑자기 눈물을 확 쏟으면서 자신을 나무랐습니다. 후회하며 울었습니다.

"그게 있잖아... 그게 다단계였어... 내 앞으로 많이 사면 보너스를 많이 준다고 해서 카드로 물건을 많이 사 창고에 넣어뒀어. 팔아야 되는데 하나도 못 팔았어. 자석요도 생판 사기였어요. 아무 효과도 없는 순 엉터리였어. 어제 사장과 몇몇이 구속되고 나머지는 모두 도망갔어. 내가 지금 두 달째 카드 돌려막기를 하고 있는데 빚이 눈덩이처럼 불어나고 있어. 죽어버릴까도 생각했는데 애들 때문에 차마 죽지도 못하고... 그래도 날 이해해 줄 사람은 당신밖에 없잖아요... 그래서 맞아죽을 셈 치고 말한 거예요. 여보. 용서해주세요. 그 중학교 동창생이 마귀였어. 그게 유명한 사기꾼이었어. 그것이 동창이란 이름으로 나를 속였어요. 친구라는 이름으로 나를 구렁텅이에 빠뜨렸어. 못된 년, 못된 년..."

아내는 그러면서 주룩주룩 눈물을 흘렸습니다. 안타까워하며 후회하며 방바닥을 치면서 울었습니다.

-어휴, 내가 그만큼 조심하라고 했는데...-

내 마음 같아서는 아내를 힘껏 딱 때려주고 싶었습니다. 아내가 만일 그릇이었다면 그대로 집어 들어 딱 깨뜨렸을 것입니다. 하지만 각 방에 어머니와 아이들이 편히 자고 있는데 화내고 소리를 칠 수도 없었습니다. 무엇보다도 아내가 진심으로 후회하고 뉘우치며 안타까워하며 우는 모습을 보자 머리끝까지 치솟았던 화가 스르르 내려갔습니다. 만일 아내가 나한테 고백하지 않고 혼자 고민하다가 죽기라도 했다면 어쩔 뻔했나? 이런 생각을 하자 귀 밑에 소름이 쫙 돋기도 했습니다.

"알았어, 화 안내기로 약속했으니까 화 안낼게."

나는 순간적으로 마음을 정리하여 아내를 달랬습니다.

"너무 걱정하지 마. 하늘이 무너져도 솟아날 구멍이 있다고 했으니 어떻게 잘 해결되겠지. 마음을 편안히 해. 잘 말했어. 내가 다 이해했어. 오늘은 일단 자자. 그리고 모든 문제는 내일 생각해 보자. 뭔가 좋은 방법이 있을 거야. 잊어버리고 자. 자자..."

나는 아내를 달래고 진정시켜서 잠자게 했습니다. 그런데 나는 도무지 잠이 오지 않았습니다. 그래서 속으로 하나님께 간절히 기도했습니다.

―하나님, 이게 도대체 무슨 일입니까? 왜 이런 일이 나한테 다가옵니까? 왜 태풍 같은 먹구름이 제게로 다가옵니까? 제가 뭘 잘못했습니까? 뭘 잘못했는데 이런 불행한 사태가 일어났습니까?―

나는 하나님께 내 잘못이 무엇인지 몰라서 같은 기도만 계속하다가 잠이 들었습니다.

"여보, 아무 일 없을 거야. 편안한 마음으로 기도만 하고 있어, 문제는 내가 다 해결할게."

나는 아내를 안심 시켜놓고 아무 일도 없는 듯이 마트로 출근했습니다. 하지만 내 마음이 안정이 잘 되지 않았습니다. 3천만 원을 생각하면 피가 확 거꾸로 솟구쳐 올랐습니다. -우리 형편에 빚이 3천? - 말이 안 되는 일이 일어난 것입니다. 그래서 일손이 잘 잡히지 않아서 허둥대고 있었습니다.

"야, 하 정태, 잘 있었나?"

그런데 오전 10시쯤이었습니다. 손님도 없고 한가한 시간에 가게 문이 왈칵 열리더니 백만불이 큰 목소리로 호기롭게 내 이름을 부르며 가게 안으로 들어왔습니다.

"야, 백만불!..."

그 순간 나는 마치 구세주 예수님을 만난 것처럼 반가워서 눈물까지 글썽거렸습니다.

"갑자기 연락도 없이 어쩐 일이야?"

"이 앞을 지나가는데 갑자기 하 정태 네가 보고 싶더라. 그래서 들어온 거야."

예수를 믿었으면 땅 부자가 되라

"잘 왔어! 아주 잘 온 거야."

나는 참 잘 됐다 싶었습니다. 안 그래도 아내가 사고 친 문제를 상의하고 싶었는데 백만불이 내 마음을 알기라도 하는 것처럼 나타난 것이었습니다.

"백만불, 앉게."

나는 의자를 내주었습니다. 백만불이 가게를 둘러보며 앉았습니다.

"백만불, 나한테 큰 문제가 하나 생겼네."

"큰 문제라니? 무슨 문제인데..."

"그게 말이야..."

나는 백만불과 마주보며 앉아서 아내가 사고 친 얘기를 해주었습니다. 그리고 어떻게 해야 될지 모르겠다고 말했습니다. 그랬더니 백만불이 나한테 성경을 달라고 하더니 마태복음 4장 1절에서 11절까지를 손가락으로 가리키며 읽어내려 갔습니다.

마 4:1 그 때에 예수께서 성령에게 이끌리어 마귀에게 시험을 받으러 광야로 가사

마 4:2 사십 일을 밤낮으로 금식하신 후에 주리신지라

마 4:3 시험하는 자가 예수께 나아와서 이르되 네가 만일 하나님의 아들이어든 명하여 이 돌들로 떡덩이가 되게 하라

마 4:4 예수께서 대답하여 이르시되 기록되었으되 사람이 떡으로만 살 것이 아니요 하나님의 입으로부터 나오는 모든 말씀으로 살 것이라 하였느니라, 하시니

마 4:5 이에 마귀가 예수를 거룩한 성으로 데려다가 성전 꼭대기에 세우고

마 4:6 이르되 네가 만일 하나님의 아들이어든 뛰어내리라 기록되었으되 그가 너를 위하여 그의 사자들을 명하시리니 그

들이 손으로 너를 받들어 발이 돌에 부딪치지 않게 하리로다 하였느니라.
마 4:7 예수께서 이르시되 또 기록되었으되 주 너의 하나님을 시험하지 말라 하였느니라 하시니
마 4:8 마귀가 또 그를 데리고 지극히 높은 산으로 가서 천하 만국과 그 영광을 보여
마 4:9 이르되 만일 내게 엎드려 경배하면 이 모든 것을 네게 주리라
마 4:10 이에 예수께서 말씀하시되 사탄아 물러가라 기록되었으되 주 너의 하나님께 경배하고 다만 그를 섬기라 하였느니라.
마 4:11 이에 마귀는 예수를 떠나고 천사들이 나아와서 수종 드니라

백만불은 여기까지 읽은 뒤에 나를 딱 바라보며 말했습니다.
"온유한 자가 되자면 예수님을 닮아가야 되잖아. 오늘 이 말씀은 예수님이 우리에게 시험을 어떻게 이기는지 본을 보이신 거야. 우리가 초등학교부터 대학까지 계속 시험을 치며 올라가는 것처럼 신앙도 마찬가지야. 계속 시험을 치면서 올라가는 거야. 특히 너처럼 땅을 기업으로 많이 받고 싶은 사람은 더 많은 시험을 치고 올라가야 돼. 왜 그런지 아나? 한번 생각해보게. 초등학교 다니는 자네 아들이 자네한테 일억을 달라고 하면 주겠니? 그 애한테 일억을 주면 강도한테 돈도 빼앗기고 목숨까지 빼앗길 수 있어. 그래서 그 애한테는 만원도 많은 돈이야. 이와 같이 하나님도 자기 아들딸에게 그들이 충분히 관리할 수 있을 만큼만 돈을 준다네. 다 같이 예수를 믿어도 재물은 다 다르게 소유하고 있는 것이 그런 뜻이네. 한마디로 자기 아들딸이 충분

히 관리할 수 있을 만큼만 돈을 준다네, 그래서 돈을 많이 받고 싶으면 힘들고 어려운 시험을 많이 치고 올라가야 되네, 그런 관점에서 본다면 자네는 요번에 아주 큰 시험을 치게 되었네. 자네 아내가 얄미워 죽겠지? 어떻게 할 건가? 아내가 살림을 말아먹었다고 이혼을 할 건가?"

0점과 100점의 시험

하 정태씨는 거기서 말을 중단하고 이번에는 주스를 한 모금 마셨습니다. 그리고 한강을 잠시 바라보다가 다시 나를 바라보며 말했습니다.

"하 정태, 어떻게 할 건가? 요번 시험에서 100점을 받고 싶은가? 0점을 받고 싶은가?"

백만불이 단도직입적으로 질문했습니다. 그래서 나는 잠시 숨을 가다듬은 뒤에 반문했습니다.

"어떤 것이 백점이고 어떤 것이 영점인가?"

"한번 생각을 해보게. 자네 예수님을 믿고 지금까지 살아온 것이 누구의 은혜였는가? 하나님의 은혜로 산거잖아. 그렇다면 지금 자네가 가지고 있는 재산이 다 누구 것인가? 하나님의 것이잖아. 그렇다면 하나님이 주신 돈을 자네 아내가 쓴 결과잖아. 아깝기야 하지. 자네 살림에 삼천만 원이면 거금이지. 하지만 시험을 잘 쳐서 백점을 맞으면 많이 나간 만큼 또 많이 들어오기도 한다네. 내가 보기엔 자네가 순종으로 교회 봉사도 하고 전도도 열심히 하니까 하나님이 제일 쉬운 문제를 낸 것 같네. 생각해보게. 자네 아내가 큰 병이라도 나서 병원에 입원했다면 그보다 더 많은 돈을 쓸 수도 있네, 어디 그뿐인가? 아내를 병수발하려면 얼마나 고생이겠는가? 돈을 잃는 것은 제일 가벼운 시험문제라네, 왜일까? 돈은 하나님께 또 받으면 되니까 간단하잖아. 안 그래?"

"그렇다면 내가 이 문제로 아내와 다투고 이혼을 하고 그러면 빵점이고 이 문제를 십자가를 짊어지듯 내가 다 알아 해결하면 백점이겠네."

"그게 바로 정답이네. 하 정태는 수학을 잘 하니까 금세 정답을 찾아내네 그래."

"근데 말야, 내가 3천만 원을 해결하려면 집을 담보로 은행 대출을 받는 길 밖에 없네."

"그럼 그렇게 하면 되겠네."

"뭐야? 집을 담보로 대출을 받으란 말인가?"

"그래야지. 그래야 하나님이 그 돈을 또 어떻게 갚으시고 또 어떤 큰 은혜를 주시는지 자네 눈으로 보게 될 것이 아닌가? 예수님처럼 시험을 칠 때는 당당히 이기고 백점을 받게."

"음... 집을 담보로 돈을 빌린다?"

나는 고민하며 잠시 생각에 잠겼습니다. 그러자 백만불이 뜻밖의 말을 했습니다.

"3천만 원은 나에겐 껌 값이야. 자네에게 그냥 줄 수도 있네. 하지만 그렇게 하면 하나님이 자네에게 베푸는 은혜를 만날 수도 볼 수도 없네. 그래서 자네 스스로 처리하라는 거야."

"알겠네. 이제 이해도 되고 깨달아졌네."

나는 그제야 고개를 크게 끄덕이며 말했습니다.

"내 스스로 처리하고 백점 받겠네. 그 다음 일은 그 다음에 생각하겠네."

"잘 결정했네. 그리고 이걸 좀 보게."

백만불이 11절을 손가락으로 가리키며 읽었습니다.

"이에 마귀는 예수를 떠나고 천사들이 나아와서 수종드니라."

백만불은 성경 말씀을 읽은 다음에 나를 정면으로 딱 바라보며 말했습니다.

"잘 들었는가? 자네가 시험을 백점 맞으면 마귀는 싱거워져서 떠나게 되고 대신 천사들이 자네한테 나아와서 수종을 든다네. 그러면 자네가 앞으로 잘 될까? 잘 안될까?"

"당연히 잘 되겠지."

"맞네, 잘 되네, 뭔지는 나도 모르지만 자네가 전도를 많이 해서 하나님이 뭔가 큰 은혜를 준비하고 있나보네."

"그런가? 좋게 말해줘서 고맙네.'

"좋게 말한 게 아니고 바로 말한 거네."

백만불은 자신 있게 힘을 주어 말했습니다.

"나도 실은 수많은 시험을 치고 올라왔네. 성경을 잘 보게, 성경을 보면 항상 어려움 뒤에 복이 온다네. 노아가 백년이나 고생하며 순종으로 방주를 만들자-하나님은 노아에게 지구를 몽땅 선물로 주지 않았나. 모세가 순종으로 이스라엘 백성을 이끌고 나가자 하나님은 홍해를 갈라 길을 만드셨네, 요셉이 꾹 참고 종으로 고생하자 국무총리를 시켜주었네. 그게 다 뭔가? 어려움을 슬기롭게 이겨 나가지 못하는 자는 재물도 권력도 받을 수 없다는 뜻이네. 좋은 일이 있어도 감사기도를 하고 나쁜 일이 있어도 감사기도를 하는 뜻이 이제 좀 이해가 되는가?"

"이해가 되네."

나는 가만히 고개를 끄덕이며 진심으로 인사했습니다.

"백만불, 고맙네. 오늘 내가 잔뜩 근심에 싸여 있는 줄 알고 주님이 자네를 내게 보내어 위로를 해주라고 했나보네."

"그럴 지도 모르네. 어제까지도 오늘 내가 이 앞으로 지나가게 될 줄은 전혀 생각도 안했고 계획도 없었거든."

"역시 하나님의 크신 은혜네. 백만불, 나를 위해 기도를 좀 해주고 가게."

"알겠네."

백만불은 내 손을 잡고 진심으로 나를 크게 축복해 주라고 길게 간절히 기도했습니다. 그런 뒤에 가게 문을 나서며 권고하듯 말했습니다.

"낙심하지 말고 전도를 계속하게나. 전도의 상이 제일 크다고 했네."

"알겠네. 잘 가게, 백만불."

나는 백만불을 보내고 다시 자리에 앉았습니다. 그리고 백만불을 보내어 나를 위로해주고 내 맘에 평안을 준 하나님께 다시 한 번 간절히 감사기도를 했습니다.

"여보, 카드 죄다 꺼내봐."

그날 밤, 나는 아내에게 카드를 모두 받았습니다. 그리고 집을 담보로 3천만 원을 융자 받아서 카드빚을 모두 갚고 카드는 모두 갈기갈기 찢어서 버렸습니다.

그리고 아내에게 신신당부했습니다.

"여보. 당신 앞으로는 억지로 돈 벌겠다고 너무 애쓰지 마, 돈은 쉽게 벌리는 게 아니야, 쉽게 많이 벌 수 있다고 유혹하는 것은 모두 백 프로 사기라는 것을 잊지 마. 알겠지?"

"알았어요. 내 앞으로 다시는 그런 헛된 유혹에 안 넘어 갈 거예요. 믿어주세요."

아내는 진심으로 좋아했습니다. 그리고 나를 딱 바라보며 눈물까지 글썽이며 말했습니다.

"난 당신이 내 남편이라는 게 정말 자랑스러워요. 당신을 진심으로 존경해요. 사랑해요. 정말 사랑해요."

아내는 새삼스런 고백을 하면서 나를 진심으로 힘껏 포옹해주었습니다.

"이 사람이 왜 이러나..."

나는 아내를 꼭 껴안아주었습니다. 나 때문에 아내가 시험문제가 되어 고통 받고 있었다는 것을 생각하자 정말 안쓰럽고 미안했습니다. 하지만 나 때문에 당신이 십자가를 졌다는 말은 하지 않았습니다.

"명훈아빠. 오늘부턴 마트에 한 시간씩 일찍 나갈게요."

어쨌든 그 후부터 아내가 확 변했습니다. 전에는 가끔씩 왜 나는 늘 못사는지 모르겠다. 개똥팔자인가 봐, 남편을 잘 만나야 잘 살지! 등등 가끔씩 불만을 터뜨리기도 했는데 그런 말들이 아내의 입에서 싹 사라졌습니다. 쥐죽은 듯 어머니도 극진히 잘 모시고 아이들도 잘 보살폈습니다. 마트에서도 손님이 오면 왕을 모시듯 친절하게 대해주었습니다. 거금 3천만 원은 날아갔지만 아내의 태도가 겸손하게 확 바뀌어져 있었습니다. 그래서 돈은 잃었지만 마음은 오히려 더 편안했습니다. 그래서 하나님께 진심으로 감사기도를 했습니다.

―3천만 원?―

그런데 아무리 좋게만 생각하려 해도 3천만 원이란 돈이 날아간 것은 나에겐 큰 충격이었습니다. 그래서 전도도 잠시 중단하고 기도만 하고 있었습니다. 그랬는데 어느 날부터인가 땅슈퍼에 갑자기 손님이 불어나면서 물건이 잘 팔렸습니다. 한 달이 지나 계산을 해보니까 전달보다 백만 원이나 더 수입이 올라와 있었습니다.

"명훈아빠, 장사가 갑자기 잘 되네요."
"그러네, 우리 한 달에 백만 원씩 저축해서 빚 갚자."
"그래요. 여보!"
아내가 좋아죽었습니다.
"명훈아빠, 하나님이 은혜를 내려주시는 게 아닐까요?"
"그러게... 그런 것 같기도 하네."
아내와 나는 좋아하면서 한 달에 백만 원씩은 따로 떼서 저축했습니다.
그런 어느 날이었습니다. 오후 3시쯤 되었는데 손님도 없고 해서 성경을 펴서 읽었습니다. 마태복음 25장 42절에서 46절까지 말씀이었습니다.
마25: 42 내가 주릴 때에 너희가 먹을 것을 주지 아니하였고 목마를 때에 마시게 하지 아니하였고
마25: 43 나그네 되었을 때에 영접하지 아니하였고 헐벗었을 때에 옷 입히지 아니하였고 병들었을 때와 옥에 갇혔을 때에 돌보지 아니하였느니라 하시니
마25: 44 그들도 대답하여 이르되 주여 우리가 어느 때에 주께서 주리신 것이나 목마르신 것이나 나그네 되신 것이나 헐벗으신 것이나 병드신 것이나 옥에 갇히신 것을 보고 공양하지 아니하더이까.
마25: 45 이에 임금이 대답하여 이르시되 내가 진실로 너희에게 이르노니 이 지극히 작은 자 하나에게 하지 아니한 것이 곧 내게 하지 아니한 것이니라 하시리니
마25: 46 그들은 영벌에, 의인들은 영생에 들어가리라 하시니라
이 말씀을 읽고 묵상하고 있을 대에 갑자기 전화가 와서 받았

더니 회사 다닐 때 친했던 송 만암이었습니다.
"하 정태, 잘 지냈냐?"
"어, 송 만암, 난 잘 지내고 있네. 자네는?"
"나도 그럭저럭 잘 지내고 있네. 근데 너 양 병관 과장님 잘 알지?"
"양 과장님, 잘 알지. 날 좋아했었잖아."
"양 과장님이 요번에 회사공금을 횡령하고 감옥에 갔네."
"뭐야? 양 과장이 공금횡령이라니?"
나는 깜짝 놀라며 반문했습니다.
"양 과장님은 그럴 분이 아니시잖아."
"황 부장 대신 들어간 것 같아."
"황 부장 대신 들어가다니? 그건 또 무슨 말이야?
"황 부장이 좀 횡령한 것 같아. 근데 황 부장이 사장의 외삼촌이잖아. 그래서 양 과장이 대신 들어간 것 같아."
"뭐야? 세상에 뭐 그런 개 같은 경우가 다 있니?"
"그게 세상이잖아. 시간 되면 면회나 한번 가 주게. 안양교도소에 있다더라."
"알았네."
나는 그러고 전화를 끊었습니다. 회사를 그만두고 벌써 얼마이던가. 그런데도 그 회사와의 관계가 완전히 끊어지지 않고 인맥으로 이어져오고 있었습니다.
―내가 왜 양 과장한테 면회를 가야 되지?―
그런 생각을 하니까 옛날에 양 과장이 나한테 잘해주었던 여러 가지 일들이 떠올랐습니다. 그런 어느 순간 금방 읽은 말씀이 딱 눈에 꽂혔습니다.
옥에 갇혔을 때에 돌아보지 아니하였느니라.

옛 상사의 슬픔

하 정태씨는 거기서 또 잠시 말을 중단하고 물을 한 모금 마신 뒤에 얘기를 계속 했습니다.

―옥에 갇힌 옛 상사를 돌아보지 않는 것이 주님을 돌아보지 않는 것과 똑같단 말인가?―

나는 잠시 그런 생각을 했습니다. 그러자 문득 어쩌면 양 과장이 구원을 받을 때가 되었는지도 모른다는 생각이 밀려왔습니다. 그래서 바로 송 만암에게 전화해서 양 과장 집 전화번호를 알아냈습니다. 내가 회사에 다닐 때는 양 과장이 대리였는데 그 때 나는 양 과장 부인을 형수라고 불렀습니다. 그래도 하도 오랜만이라 긴장하며 전화를 했습니다.

"여보세요. 누구시죠?"

양 과장 부인이 전화를 받았습니다.

"형수씨, 안녕하세요. 저 하 정태입니다."

"어머나, 어머나, 정태 씨가 갑자기 전화를 다 하시고 어쩐 일이세요?'

"양 과장님이 좋지 않은 일에 연루되어 안양에 있다는 소식을 들었습니다. 뭐라고 위로할 말이 없네요. 운수가 나빴다 생각하시고 마음을 편안히 가지세요."

"처음엔 충격이 컸는데 한 달 지나니까 아무렇지도 않는 일상이 됐어요."

"제가 면회를 한번 갈까 하는데요..."

내가 면회를 가겠다고 하자 형수는 자기가 매일 면회를 갔는데 내가 가겠다면 자기가 양보를 하겠다고 했습니다. 그리고 면회시간은 5분 내지 6분정도 된다고 했습니다.

―5분내지 6분 동안에 내가 무슨 하늘 용빼는 재주로 양 과장

을 전도하지?—

나는 고민하며 기도했습니다. 양 과장을 만나는 순간 전도할 수 있는 지혜를 달라고 했습니다. 그런 뒤에 날을 잡아서 성경을 한 권 사들고 안양교도소로 면회를 갔습니다.

"들어오세요."

면회를 신청한 후 잠시 기다리자 들어오라고 했습니다. 교도소 면회는 난생 처음 해보는 것이어서 사뭇 긴장되고 떨리기도 했습니다.

면회실은 현대식으로 되어 있었습니다. 유리벽 칸막이로 되어 있고 유리벽에 구멍이 뻥뻥 뚫려 있어서 서로 얼굴을 바라보며 말을 할 수 있게 되어있었습니다.

"양 과장님, 오랜만입니다."

잠시 후, 수의를 입은 양 과장과 나는 유리벽을 사이로 마주 보며 앉았습니다. 참 오래간만에 옛 상사를 만나서는 안 될 장소에서 만났습니다.

"하 정태, 자네가 면회를 오다니…"

양 과장은 반가움을 감추지 못하며 말했습니다.

"정말 꿈만 같네. 내가 지은 죄는 아니지만 여기서 참지 않으면 안 되는 상황이라네."

"만암이한테 들어서 다 알고 있습니다."

"그래, 자네가 하고 있는 일은 잘 되고 있는가?"

나는 거기서 결심했습니다. 여러 가지 잡다한 얘기를 하면 5분도 부족할 것 같았습니다. 그래서 실례를 무릅쓰고 양 과장의 말을 딱 잘랐습니다. 내 목적은 양 과장을 전도하러 왔기 때문이었습니다.

"양 과장님, 사실은 제가 지금은 예수님을 구주로 믿으며 살고 있습니다. 예수님도 죄 없이 억울하게 십자가에 달려 죽으신 분입니다. 죄 없는 과장님이 여기서 나오시려면 고난의 왕이신 예수님의 도움이 꼭 필요합니다. 그러니까 아무 말 마시고 제가 시키는 대로 하세요. 제가 오늘 성경을 한 권 넣어주고 갈 것이니까 아무 말씀 마시고 거기서 처음부터 끝까지 한번만 읽어보세요. 그러면 거기서 나오는 무슨 좋은 결과가 나타날 것입니다. 양 과장님, 아시겠죠?"

"알았네. 그렇게 하겠네."

양 과장이 고개를 끄덕였습니다. 그래서 나는 얼른 기도하자고 했습니다. 그리고 기도를 시작했습니다. 양 과장이 죄 없이 감옥에 있다는 생각을 하자 가슴이 아파 나도 모르게 목이매이고 눈물이 났습니다. 기도를 끝낸 후, 눈을 뜨고 보니까 양 과장의 두 뺨에도 두 줄기 굵은 눈물이 뻗어 내리고 있었습니다.

"과장님, 꼭 내가 시키는 대로 하세요. 그러면 반드시 여기서 나오는 기적이 일어날 것입니다."

"알겠네, 꼭 그렇게 하겠네. 고맙네."

양 과장은 진심으로 고마워했습니다.

―주님, 양 과장님이 내가 시킨 대로 성경을 처음부터 끝까지 한 번 읽으면 꼭 여기서 나오는 기적을 보여주세요.―

나는 면회를 끝내고 나오며 성경과 영치금을 넣어주고 주님께 간절히 기도하고 돌아왔습니다. 어쩐지 주님이 매우 좋아하는 것 같아 말할 수 없이 기분이 좋았습니다.

―양 과장님 부인을 전도할까?―

나는 양 과장을 면회하고 온 다음 날, 양 과장을 구원해 달라는 기도를 하는 중에 불현 듯 양 과장 부인을 전도해야 되겠다는 생각이 들었습니다. 그래서 양 과장 부인에게 전화로 여리고

성 작전을 펼쳐야 되겠다는 결심을 하고 전화를 했습니다.
 "형수씨, 접니다. 하 정태입니다."
 "아, 정태씨 어제는 면회를 가주셔서 너무 고맙고 감사해요. 제가 먼저 전화 드리고 싶었는데 전화번호를 몰라서 안 했어요. 근데 무슨 일로 전화하셨어요?"
 "형수씨, 저기요, 실은 제가 예수님을 구주로 믿고 있어요. 형수씨도 예수 믿으세요. 그러면 형님이 거기서 빨리 나올 수 있는 무슨 길이 열릴 것입니다."
 "정태씨, 저희 가정을 생각해주셔서 고마워요. 근데요. 저는 어릴 적부터 불교를 믿어왔어요. 그러니까 그런 권유는 안 하시는 게 좋겠어요. 그럼 전화 끊어요."
 양 과장 부인이 그러고는 일방적으로 전화를 끊었습니다. 기분이 좀 상했지만 꾹 참고 다음 날 또 전화했습니다.
 "형수씨, 제 말을 한번만 들어보세요. 제 말을 믿고 예수님을 한번 믿어보세요. 반드시 형님이 감옥에서 나오는 좋은 일이 일어날 것입니다."
 "정태씨, 예수를 믿는다고 죄가 없어지는 것도 아닌데 어떻게 감옥에서 나오겠어요?"
 "형님은 죄 없는 죄인이잖아요. 죄 없이 억울한 옥살이를 하고 있잖아요."
 "어쨌든 제가 지금 바쁘니까 전화 끊겠어요."
 양 과장 부인이 또 일방적으로 전화를 끊었습니다. 하지만 나는 기분이 나쁘지 않았습니다. 다음 날 다시 전화를 했습니다.
 "정태씨, 내가 지금 많이 복잡하니까 예수 믿으라는 전화는 하지 마세요. 전화 끊겠어요."
 양 과장 부인은 내 말은 아예 들을 생각도 하지 않고 아주 쌀

쌀 맞게 전화를 끊었습니다. 그래도 나는 누가 이기나 해보자 하고 다음 날 다시 전화를 했습니다. 그러자 양 과장 부인이 전화기를 들었다가 탁 끊었습니다. 전화 여리고성 작전은 그렇게 실패로 끝이 났습니다. 그래도 나는 결코 단념하거나 포기하지 않고 양 과장과 그 가족을 구원해 달라고 하나님께 간절히 기도하고 또 기도했습니다.

"야, 하 정태!"

내가 그렇게 간절히 두 달쯤 기도한 어느 날이었습니다. 박만암이한테서 기쁜 전화가 왔습니다.

"양 과장님이 어제 출소했네. 아마도 복직도 될 것 같네."

"할렐루야! 할렐루야!"

나는 그 전화를 받고 너무 기뻐서 할렐루야를 외쳤습니다. 그리고 박 만암이 전화를 끊기 바쁘게 곧바로 양 과장한테 전화를 했습니다. 성경을 처음부터 끝까지 한번 읽었는지 안 읽었는지 그것을 확인하기 위해서였습니다.

"야, 하 정태 보고 싶었어."

양 과장은 내 전화를 받고 반가워 죽었습니다. 하지만 나는 먼저 내가 묻고 싶은 것을 물었습니다.

"양 과장님, 그때 제가 넣어주고 온 성경을 한번 읽어봤습니까?"

"말 말게, 그 안이 너무 심심해서 두 번이나 읽었네."

"그럼 하나님이 누군지 예수님이 누군지 잘 아시겠네요."

"잘 아는 정도가 아니야. 내 마음은 이미 교회에 가 있다네."

"마음만 교회에 가서는 안 됩니다. 몸까지 교회에 가야 됩니다. 교회에 나가세요."

"야, 교회는 교회고 너 보고 싶으니까 빨리 오게. 술 한 잔 해야지. 빨리 뛰어와."

그렇게 금방 교회에 갈 것처럼 말하던 양 과장이 그러고는 교회에 나가지 않았습니다. 나는 답답하고 안타까웠습니다. 그래도 방법이 없어서 백만불한테 전화를 해서 전후 사정을 모두 자세하게 말했습니다.

"내가 양 과장한테 할 말 안할 말 다 해서 이제 할 말도 없고 어떻게 해야 될지 모르겠어. 어떻게 하면 양 과장을 전도할 수 있겠니? 방법을 좀 가르쳐주라."

부자를 바라보며 달리고 또 달려라.

뱀한테 지혜를 배워라

하 정태씨는 거기서 말을 중단하고 물 한 모금을 마셨습니다. 그리고 잠시 호흡을 가다듬어서 다시 얘기를 계속했습니다.

"하 정태, 너 전화 아주 잘했다."

백만불은 반갑게 내 전화를 받아주며 말했습니다.

"너 말야, 지금 네 옆에 성경 있지?"

"응, 성경 있어."

"그럼 말야, 마태복음 10장 16절을 한번 찾아봐."

"알았어."

나는 얼른 성경을 집어 펼치고 마태복음 10장 16절을 찾았습니다. 그러자 백만불이 지시했습니다.

"찾았으면 한번 읽어봐."

"알았어."
나는 시키는 대로 성경을 읽었습니다.
"보라, 내가 너희를 보냄이 양을 이리가운데로 보냄과 같도다. 그러므로 너희는 뱀 같이 지혜롭고 비둘기 같이 순결하라."
"잘 읽었어. 하 정태, 너는 뱀을 뭐라고 생각하고 있니?"
"사탄이나 마귀로 생각하고 있어. 틀렸니?"
"근데 예수님은 뭐라고 하셨니?"
"어? 예수님은 뱀을 지혜자로 표현하고 있네."
"맞았네, 예수님은 뱀을 지혜자로 표현하셨네. 왜 그랬을까? 창세기 3장을 찾아서 1절부터 5절까지 한번 읽어보게."
"알았어."
나는 창세기 3장을 얼른 찾아서 읽었습니다.

창 3:1 그런데 뱀은 여호와 하나님이 지으신 들짐승 중에 가장 간교하니라 뱀이 여자에게 물어 이르되 하나님이 참으로 너희에게 동산 모든 나무의 열매를 먹지 말라 하시더냐.
창 3:2 여자가 뱀에게 말하되 동산 나무의 열매를 우리가 먹을 수 있으나
창 3:3 동산 중앙에 있는 나무의 열매는 하나님의 말씀에 너희는 먹지도 말고 만지지도 말라 너희가 죽을까 하노라 하셨느니라.
창 3:4 뱀이 여자에게 이르되 너희가 결코 죽지 아니하리라
창 3:5 너희가 그것을 먹는 날에는 너희 눈이 밝아져 하나님과 같이 되어 선악을 알 줄 하나님이 아심이니라

"하 정태!"
내가 다 읽자 백만불이 말했습니다.

"뱀이 선악과를 따먹으면 하나님과 같아진다고 하자 하와는 하나님과 같아지고 싶은 욕심이 생겨서 마침내 하나님을 배반하고 그것을 따 먹게 돼. 6절을 읽어봐."

"알았네."

나는 6절을 읽었습니다.

창 3:6 여자가 그 나무를 본즉 먹음직도 하고 보암직도 하고 지혜롭게 할 만큼 탐스럽기도 한 나무인지라 여자가 그 열매를 따먹고 자기와 함께 있는 남편에게도 주매 그도 먹은지라

"잘 읽었네."

내가 성경을 다 읽자 백만불이 말했습니다.

"여기서 중요한 것은 뱀이 거짓말을 해서 하와를 한순간에 넘어 떨어뜨리고 있는 거네. 주님이 전도하러 나가는 제자들에게 뱀처럼 지혜롭게 하라고 한 것은 뱀과 반대로 죄에 빠져 있는 사람을 한 순간에 건져내라는 말이네. 차원 있게 말하면 뱀의 거짓말은 남을 죄에 빠뜨리는 것이니까 까만 거짓말이고, 죄에 빠져있는 사람을 어떻게든 구원하고자 애써서 한 말은 하얀 거짓말이라고 할 수 있네. 문제는 하얀 거짓말을 해서라도 죄에 빠져있는 사람을 건져내라는 말이네. 이해가 안 되니?"

"아냐! 백번 이해했네. 됐어. 답을 찾았네. 고맙네, 뒤에 또 연락하세."

나는 확실한 정답을 찾아서 정말 기뻤습니다. 가슴이 쿵쿵 뛰기도 했습니다. 그래서 전화를 끊고 진정하려고 애쓰며 잠시 양 과장과 부인을 생각해보았습니다. 그러자 문득 옛일이 생각났습니다. 언젠가 내가 양 과장 집에 갔을 때였습니다. 양 과장이 바람을 피우다가 들통이 나서 부인이 내가 보는 앞에서 양 과장의 머리끄덩이를 잡고 패악을 치며 공박하던 모습이 엊그제 일처럼

내 시야에 떠올랐습니다. 양 과장이 바람기가 많아서 그 뒤에도 여러 번 혼나던 일이 떠올랐습니다. 나는 주님께 기도한 뒤에 바로 양 과장 부인에게 전화했습니다.

"형수씨, 예수 믿으세요. 그러면 형님의 외도병을 단번에 고칠 수가 있습니다."

"뭐라고요?"

양 과장 부인이 내 말을 듣고 뜻밖이라는 듯 놀라며 정말 뜻밖의 말을 했습니다.

"고놈의 외도병만 고칠 수 있다면 예수 아니라 예수 할아버지라도 믿겠네요."

"믿으세요. 제 말은 진짭니다. 제가요, 예수님이 도박병을 고치는 것도 내 두 눈으로 똑똑히 봤고요. 예수님은 문둥병, 지랄병, 고창병, 암, 못 고치는 병이 없어요. 돈이 드는 일도 아니잖아요. 예수님을 믿기 만하면 되잖아요. 믿어보세요. 그러면 형님의 외도병도 단번에 고칠 수가 있어요."

"알겠어요. 외도병만 고칠 수 있다면 그까짓 거 돈 드는 일도 아닌데 요번 주일부터 바로 교회에 갈게요. 우리 집 앞에 교회도 있어요. 그 교회에 갈게요."

"형수님, 잘 결심했어요. 꼭 그렇게 하세요."

나는 그러고 전화를 끊었습니다. 그런데 양 과장 부인의 대답이 너무 쉬워서 도무지 사실 같지도 않고 믿어지지도 않았습니다. 그래서 주님께 간절히 기도했습니다.

―주님, 형수님의 저 마음이 한 주일 내내 변하지 말게 해주세요. 그래서 꼭 교회에 나가서 구원을 받게 해주세요.―

그렇게 내내 기도하다가 주일이 지나고 월요일이 되기 바쁘게 양 과장 부인에게 확인전화를 해보았습니다.

"형수씨, 어제 교회에 갔습니까?"
"예. 갔어요."
"할렐루야! 형님은요?"
"형님도 갔어요."
"형님이 어떻게 갔어요?"
"내가 교회에 간다면서 옷을 입고 나서니까 형님도 -나도 이제 인생정리를 할 때가 됐다- 그러면서 나를 따라 왔어요."
"할렐루야! 형수씨, 축하합니다. 형님의 외도병은 하나님을 만나는 순간 고쳐졌습니다. 그러니까 주일에는 무슨 일이 있더라도 형님의 손을 꼭 잡고 교회에 가세요."
"알았어요, 정태씨 정말 고마워요. 이 은혜는 두고두고 안 잊을게요."

양 과장과 양 과장 부인은 그렇게 예수님을 영접하였습니다. 그리고 교회에 잘 다녔습니다. 두 달이 지났을 때 사장 외삼촌 대신에 감옥에 가준 공로를 참작하여 사장이 양 과장을 부장으로 승진시켜주었습니다. 양 과장은 고난 중에 예수님을 영접하고 구원받고 큰 축복을 받아 잘 살게 되었습니다.

—지혜(뱀) 전도법은 정말 기똥차다. 기똥차!—

양 과장 부부가 지혜로 전도가 되는 것을 보니까 지혜로 하면 세상 사람들을 모두 전도할 수 있을 것 같은 용기가 샘솟았습니다. 그래서 나는 기도하다가 뛰어나가서 평소에 알고 지냈던 구멍가게로 갔습니다. 그리고 구멍가게 사장을 보자마자 돈이 잘 벌리는 것이 목적이겠지 싶어서 인사한 뒤에 자신 있게 말했습니다.

"사장님, 예수 믿으세요. 그러면 앞으로 눈 코 뜰 새 없이 굉장히 바빠질 것입니다."

그랬더니 구멍가게 사장이 아무 말 없이 나를 바라보고 있었는데 그 눈빛이 - 내가 지금 예수를 안 믿어도 눈 코 뜰 새 없이 바빠 죽겠는데 예수 믿고 이것보다 더 바빠지면 진짜 바빠서 죽는 꼴 난다.- 이렇게 대답하고 있는 모습이었습니다. 그래서 실패를 했습니다.

그 후, 당구장, 세탁소, 부동산, 인쇄소 등등 다니며 모두 실패했습니다.

"야, 백만불!"

오후 늦게 맥이 빠져 돌아온 나는 곧바로 백만불에게 전화를 해서 지혜로 양 부장부부를 전도한 일을 보고한 뒤, 의기충천하여 세상사람 모두를 전도하러 나갔다가 개망신만 당하고 온 일도 보고했습니다.

"실패만 했어. 개망신만 당했어. 지혜로 해봤는데 잘 안됐어."

"이봐, 하 정태…"

백만불이 내 말을 듣고 껄껄 웃으면서 말했습니다.

"하 정태, 네가 진짜 지혜 전도자가 되려면 먼저 의사가 되어야 하네."

"뭐야? 내가 지금 이 나이에 다시 의학 공부를 해서 의사가 되라는 말이야??"

"그런 의사 말고 영혼을 치료하는 의사가 되라는 말이네."

"영혼을 치료하는 의사라니? 그건 또 무슨 뚱딴지같은 말이야?"

"내 말 잘 들어. 의사가 환자를 치료할 때는 세 가지 방법을 써. 첫째, 자기가 진단해서 치료하는 방법이 있고, 둘째 환자의 얘기를 듣고 치료하는 방법이 있고, 셋째, 두 가지를 종합해서 치료하는 방법이 있어. 마지막 세 번째 방법이 제일 효과적인 좋은 방법이야, 자네가 실패한 것은 자네가 일방적으로 전도자를 진단해서 전도하려 했던 것이야. 그래서 실패했던 거야, 그래서 전도대상자들이 네 말을 개 무시했던 거야. 내 말이 이해가 안 되니?"

"아냐, 이해가 돼!"

나는 불현 듯 깨닫고 고개를 크게 끄덕였습니다.

"바로 그게 문제였네! 내 판단 즉 내 진단으로만 말했기 때문에 실패했던 거야, 그 사람, 즉 전도대상자들의 문제를 전혀 모르고 말한 것이 문제였네."

"그 정답이 성경에도 하나 나와 있네, 열왕기하 5장을 찾아서 1절부터 3절까지 한번 읽어보게."

"알았네."

나는 얼른 성경을 펴고 열왕기하 5장을 찾아서 읽었습니다.

왕하 5:1 아람 왕의 군대 장관 나아만은 그의 주인 앞에서 크고 존귀한 자니 이는 여호와께서 전에 그에게 아람을 구원하게 하셨음이라 그는 큰 용사이나 나병환자더라

왕하 5:2 전에 아람 사람이 떼를 지어 나가서 이스라엘 땅에서 어린 소녀 하나를 사로잡으매 그가 나아만의 아내에게 수종들더니

왕하 5:3 그의 여주인에게 이르되 우리 주인이 사마리아에 계신 선지자 앞에 계셨으면 좋겠나이다. 그가 그 나병을 고치리이다. 하는지라

"잘 읽었네, 14절을 읽어보게."

내가 3절까지 다 읽자 백만불이 14절을 읽으라고 했습니다. 그래서 14절을 읽었습니다.

왕하 5:14 나아만이 이에 내려가서 하나님의 사람의 말대로

요단강에 일곱 번 몸을 잠그니 그의 살이 어린 아이의 살 같이 회복되어 깨끗하게 되었더라.

"잘 읽었네."

백만불이 나를 이해시키려고 말했습니다.

"너도 성경을 읽어봐서 잘 알고 있겠지만 나아만이 나병에 걸렸잖아. 그 당시는 그게 불치의 병이라서 쉬쉬하며 걱정하고 있었네. 그런데 이스라엘에서 볼모로 잡혀온 소녀가 그 얘기를 듣고 - 우리나라에 가면 선지자가 있다. 선지자를 만나면 나병도 고친다고 했네. 그래서 나아만은 이스라엘로 갔네. 이게 무슨 말인가? 나아만 만한 대장군도 병을 고친다니까 그 하찮은 소녀가 한 말에 목숨을 걸고 이스라엘에 가서 엘리사를 통해 나병을 고쳤다는 내용이 아닌가. 이 내용은 누구든지 정확하게 진단만 하게 되면 한방에 예수를 믿게 할 수 있다는 내용이 아닌가? 뱀이 한방에 하와를 죄에 빠뜨린 것처럼 그 지혜를 사용하면 누구든지 한방에 죄에 빠진 사람을 건져낼 수 있다는 것이지, 더 알기 쉽게 말하면 물에 빠져 죽어가는 사람은 지푸라기라도 잡고 살고자 하네. 그러니까 진단을 할 때 이 사람이 도랑물에 빠졌나, 강물에 빠졌나, 바다에 빠졌나, 어디에 빠져서 아우성을 치고 있는가만 정확히 알아내면 된다는 것이지. 세상에는 그런 사람 투성이라네, 병든 자, 출세하고 싶은 자, 가난한 자, 앉은뱅이, 장님 등, 수없는 사람들이 삶 속에서 헤매고 산다네."

"이해하기 쉽게 예를 하나 들어보게."

하 정태씨는 거기서 잠시 말을 중단하고 또 물을 한 모금 마셨습니다.

불붙은 노총각노처녀의 사랑

하 정태씨는 물을 마신 뒤에 잠시 한강을 바라보며 숨고르기를 하다가 말했습니다.

"좋아, 내가 예를 하나 들어주지."

백만불이 그러면서 말했습니다.

"예를 들어 30세 된 여자에게 - 예수 믿으세요. 그러면 죽어서 천국에 갑니다.- 그러면 그 여자는 깔깔 웃는다네, 왜 그럴까? 그 여자는 자기가 최소한 80세 이상 살 생각을 하고 있기 때문에 천국에 가는 문제는 앞으로 50년 더 살고 생각해도 된다 이거지. 그렇잖아. 믿기만 하면 천국에 가는데 30세에 믿으나 80세가 되어 믿으나 천국 가는 것은 일반이잖아. 반대로 80세 된 노인을 찾아가서 - 할아버지 예수 믿으세요. 그러면 장차 재벌그룹 회장이 되실 겁니다.- 그러면 그 할아버지가 뭐라 그러겠니? 이런 미친놈을 봤나 내가 내일 모레면 천국 가는데 무슨 개거지 같은 소리를 하고 있어. 이런 사기꾼 같은 녀석 당장 내 앞에서 썩 꺼져라 할 것 아닌가? 예수님께서 뱀처럼 지혜롭게 하라고 한 말씀이 아직도 이해가 안 되니?"

"아니야. 이제 충분히 이해했어. 그러고 보니까 내가 실패한 것은 확실하게 진단이 잘못되었던 것이야. 진단이!"

"그렇지! 그러면 말이야. 진단을 잘해서 다시 한 번 시도해 보게나."

"알았어. 고맙네, 백만불, 넌 역시 내 신앙의 대선배답네, 뒤에 또 연락하세."

나는 그렇게 전화를 끊었습니다. 그리고 다시 한 번 지혜로 전도할 대상자를 찾아보았습니다. 그러자 문득 회사에 함께 다니다가 나처럼 여러 잡일을 하며 살고 있는 민 성수가 생각났습니다. 그는 무슨 사정이 있었는지는 몰라도 50이 가깝도록 결혼도 못하고 혼자서 지내고 있었습니다. 가끔씩 전화로 연락도 하고 일 년에 한 두 번은 만나는 사이었습니다. 그래서 기도한 뒤에 민 성수에게 전화했습니다.

"야, 오랜만이야. 우리 또 한 번 만나야지!"

성수가 먼저 아주 반갑게 전화를 받아주었습니다. 그래서 나는 먼저 그가 싫어하는 질문부터 했습니다.

"야, 성수, 결혼은 언제 할 거야?"

"결혼은 하고 싶은데 여자가 없네. 노처녀 있으면 소개하게."

"그럼 말야. 요번 주일부터 우리 교회로 나와라. 우리 교회는 노처녀가 수두룩해. 내가 제일 예쁜 노처녀를 하나 소개할게."

"그래? 진짜야?"

"진짜지, 내가 언제 너한테 거짓말한 적 있니?"

"알았어. 그럼 말야. 내 요번 주일부터 바로 네가 다니는 교회로 나갈게."

그 말을 듣는 순간 나는 다시 한 번 깜짝 놀랐습니다. 그냥 예수 믿으라고 할 때는 -그깟 예수를 왜 믿냐, 내 주먹을 믿는 게 났지. 나보고 예수 믿으란 말을 자꾸 하면 앞으로 너한테 전화도 안 할 거야- 그러던 녀석이 노처녀를 소개해 준다니까 한 번 망설이지도 고민하지도 않고 바로 교회에 나오겠다는 것입니다. 지혜로 전도하는 방법은 정말 신통한 방법이라고 생각되었습니다.

"하 정태, 나 왔어!"

주일에 나보다 일찍 와서 교회 앞에서 기다리고 서 있다가 내가 나타나자 민 성수는 구세주를 만난 것보다 더 반갑게 내 손을 잡고는 좋아죽었습니다. 노처녀 신부를 얻을 생각을 하자 좋아죽겠는 모양이었습니다. 어쨌든 성수는 그렇게 우리 교회로 나와서 등록을 하고는 교회에 잘 다녔습니다. 그래서 나는 하나님께 몇 번인지 모르게 감사기도를 하고 성수의 짝을 꼭 좀 찾아달라고 간절히 기도했습니다. 그랬는데 한 달 교회에 나오더니 전화로 목적을 채근했습니다.

"야, 노처녀 소개 해 준다더니 어떻게 된 거야? 잊어 먹은 거야? 언제 소개할 거니?"

"응, 그게..."

나는 갑자기 말이 딱 막혔습니다. 그냥 지혜로 무턱대고 한 말이었기 때문이었습니다. 그래서 대답을 못하고 끙끙대고 있는데 성령님이 번개같이 지혜를 내려주었습니다.

"응 그게 말야. 우리 교회 노처녀들은 대게가 세례를 받고 10년이 넘은 사람들이야. 그래서 세례를 안 받은 사람을 소개하기가 좀 그러네."

"그래서 소개를 못하겠다는 거야?"

"그런 게 아냐. 네가 조금 힘들더라도 세례 받을 때까지 꾹 참고 다녀라. 그러면 네가 세례를 받으면 내가 책임지고 소개해 줄 게."

"진짜지? 나 세례 받으면 너 반드시 책임지고 소개해 주는 거지?"

"물론이지! 걱정 마, 그리고 너 주일 빼먹고 그러지 마라. 그러다가 우리 목사님 기분 나빠지면 세례를 안 주는 수도 있어."

"알았어. 걱정 마. 주일 절대로 안 빼먹고 꼭 다닐 게."

민 성수는 그러고 나서 절대로 주일을 빼먹지 않고 교회에 와서 예배드리고 교회에서 주는 점심도 맛있게 먹고 갔습니다. 가끔씩 수요예배 때도 나왔는데, 어떤 날은 술을 마시고 얼굴이 시뻘겋게 되어서도 용감하게 교회에 와서 예배를 드리고는 가곤 했습니다.

"선생님?"

하 정태씨는 거기까지 얘기한 뒤에 갑자기 나를 딱 바라보며 질문했습니다.

"내 친구가 노처녀를 만나 결혼했을까요? 못했을까요?"

"글쎄요, 저는..."

"제 친구가요. 하나님이 많이 사랑하셨나 봐요, 원래는 6개월을 다녀야만 학습이라는 걸 주는데 학습세례 받는 기간을 맞아서 이 친구는 운 좋게도 4개월 만에 학습을 받았습니다. 그런데 학습을 받고 나자마자 바로 전화로 채근했습니다."

"야, 어떻게 되는 거야? 노처녀 소개는 언제 해주는 거야?"

"응, 그게 말야..."

나는 성령이 주시는 지혜로 대답했습니다.

"요번에 자네가 받은 건 세례가 아니고 학습이야. 진짜 세례는 앞으로 6개월을 더 다녀야 받게 돼. 세례 받을 때까지만 참아. 주일에 본당으로 갈 때 다리 미끈미끈한 처녀들 많지. 그게 다 노처녀야. 우리 교회는 노처녀가 우글우글 이야. 그래서 총각은 오기 바쁘게 임자를 만나 결혼해. 그러니까 아무걱정 말고 6개월만 꾹 참고 다녀. 그러면 내가 책임지고 소개해 줄게."

"알았어, 근데 6개월이 왜 이렇게 길게 느껴지니?"

"새끼, 늦바람났어? 50이 다 되도록 결혼도 안하더니 6개월이 길게 느껴지다니, 헛소리 하지 마."

"알았어, 50년도 기다렸는데 까짓 거 6개월을 못 기다리겠니. 기다릴 게."

민 성수는 그러면서 그 후에도 한 번도 주일을 빼먹지 않고 열심히 교회에 잘 다녔습니다. 그러다가 마침내 6개월이 되어 세례를 받았습니다. 그리고 세례를 받자마자 나한테 닦달하기 시작했습니다.

"야, 어떻게 되는 거야?"

"알았어. 조금만 더 기다려. 내가 금방 소개해줄게. 지금 고르고 있는 중이야."

나는 대답은 좋게 했지만 발등에 불이 떨어진 기분이었습니다. 그래서 새벽에 교회에 가서 주님께 간절히 기도했습니다.

―주님, 큰일 났습니다. 백만불을 통해서 가르쳐준 대로 지혜로 전도를 하기는 했는데 큰일 났어요. 제가 이 나이 되도록 중매라고는 한 번도 해본 적이 없어요. 그냥 무턱대고 지혜로 전도해 본 겁니다. 주님, 큰일 났어요. 이 많은 사람가운데 제가 어떻게 성수 짝을 찾겠어요. 주님이 좀 찾아주세요. 안 찾아주면 그 친구가 나 거짓말쟁이라며 따귀를 때려도 꼼짝없이 맞아야 됩니다. 주님, 제발 그 친구 짝을 좀 찾아주세요―

나는 그렇게 죽기 살기로 주님한테 매달려서 기도했습니다. 성수는 낮 12시만 되면 꼭 나한테 채근 전화를 했습니다.

"야, 하 정태, 어떻게 되는 거야?"

"응, 며칠만 더 기다려, 내가 소개할 게."

나는 그렇게 대답은 좋게 해줬습니다. 그리고 새벽마다 교회에 가서 주님께 매달렸습니다.

―주님, 큰일 났습니다. 제발 그 친구 짝을 좀 찾아주세요.―

그런 어느 날 새벽이었습니다. 그 무렵 우리 교회에 48세 된 노처녀 전도사님이 한 분 있었는데 갑자기 그 분 얼굴이 불쑥 떠오르는 거예요. 그래서 나는 정말 깜짝 놀라서 주님께 기도했습니다.

―주님, 제가 지금 바로 응답을 받은 것입니까? 아니면 착각을 한 것입니까? 착각을 했으면 큰일 나는 게 그 전도사님 성질도 아주 깐깐한데 일이 잘 되는 날엔 모르지만 잘못되는 날엔 교회 못 다니는 수도 있어요. 진짜에요. 그러니까 확실하게 응답해주세요.―

그렇게 기도했는데도 자꾸만 그 전도사님의 얼굴이 떠오르는 것입니다. 그 바람에 정말 걱정되고 고민도 되었습니다. 그러다가 주일에 교회에 갔는데 하필이면 그 전도사님이 교회 앞에 서서 주보를 나눠주고 있는 겁니다. 순간 그 전도사님에게 무슨 큰 죄라도 지은 느낌이었습니다. 그래서 주보를 받아 얼른 인사하고 지나가는데 전도사님 몸에서 물소리 같기도 하고 새소리 같기도 한 소리가 들려왔습니다.

―이상하다?―

나는 고개를 갸웃하며 안으로 갔습니다. 가다가 전도사님 어머니를 만났습니다. 그래서 인사하는데 전도사님 어머니의 몸에서도 물소리 같기도 하고 새소리 같기도 한 소리가 흘러나왔습니다. 그제야 나는 그것이 주님의 응답임을 깨닫게 되었습니다. 그래서 다음날 용기를 내어 전도사님께 전화해서 긴히 할 얘기가 있으니 한번 만나자고 했습니다.

"집사님, 무슨 일로 나를 만나자고 했어요?"

다방에서 만났는데, 전도사님은 평생 전화도 않던 내가 만나자고 해서 무슨 일인가 싶었는지 만나자 마자 대뜸 용건을 물었습니다.

"저어... 전도사님... 실은 좋은 남자가 있어서... 전도사님 결혼을 안 하실 건 아니죠?"

"결혼요?"

부자를 바라보며 달리고 또 달려라

내가 용기를 내어 말하자 전도사님이 처음에는 사뭇 놀라는 모습이었으나 나중에는 솔직하게 말했습니다.
"하나님께 결혼 안한다는 말은 안했어요. 좋은 배필이 나타나면 결혼한다 했어요."
전도사님은 그러면서 그래도 함부로 결혼하기는 그러니까 6개월 정도 사귀어보고 판단해서 결정하겠다고 했습니다.
"그럼, 일단 한번 만나보세요."
"그러죠. 그건 어려운 일도 아니니까."
그 다음날 나는 민 성수와 전도사님을 다방으로 나오게 하여 소개를 해주었습니다. 그랬더니 노처녀와 노총각이 만나 눈이 딱 마주치더니 금방 서로 마음이 통해서 데이트가 아주 순조롭게 진행되었습니다. 그리고 놀라운 일이 일어났습니다.
"청첩장 찍었네, 보게."
민 성수가 두 달도 안 되어 어느 날, 내 앞에 불쑥 청첩장을 내밀었습니다. 6개월을 사귀어 보고 어쩌고 하더니 두 달도 안 되어 결혼에 끌인 한 것이었습니다. 노처녀노총각이 불이 붙으니까 아주 겁나게 붙어서 그렇게 급히 결혼식을 올렸습니다. 담임목사님이 주례를 하시면서 내가 주례를 많이 했지만 이렇게 나이가 많은 신랑 신부 주례를 해보기는 오늘이 처음이다 해서 하객들이 모두 폭소를 터뜨렸습니다.
―하나님, 감사합니다. 정말 정말 감사합니다.―
나는 무턱대고 한 지혜전도가 결실을 맺는 것을 보며 그동안 노심초사했던 마음을 모두 털어 버리고 하나님께 진심으로 감사 기도를 했습니다. 그 해 추석 때 전도사님이 나한테 제일 맛좋은 포도 한 상자를 선물로 보내 주었습니다. 그 후, 정말 놀라운 일이 또 일어났습니다.

하나님의 내려주신 큰 선물

하 정태씨는 거기서 말을 중단하고 또 물을 한 모금 마신 뒤에 잠시 생각하다가 말했습니다.

"선생님, 저는 그때까지도 반 지하 빌라에서 살았습니다. 하루는 어머니 방을 청소하다가 보니까 방 한 쪽에 습기가 많이 차 있었습니다. 반 지하라서 습기가 자주 기습했습니다. 그날따라 습기를 보자 짜증이 많이 나고 속이 상했습니다. 그래서 그 동안 전도도 많이 했고 해서 나도 모르게 주님께 약간 따지는 기도를 했습니다."

―주님, 제가 그동안 전도를 많이 했잖아요. 그런데 제 전도사 례비로는 아직 지상에 있는 아파트에 갈 정도가 안 됩니까? 앞으로도 계속 열심히 전도하겠습니다. 그러니까 부족하면 소급해서라도 지상에 있는 아파트를 하나 주시면 안 될까요? 주님께서 살펴보시고 계산해 보시고 큰 은혜를 한번 내려주세요. 저를 불쌍히 여기시고 은혜를 꼭 내려주세요.―

나는 며칠 동안 그렇게 주님께 강권적으로 기도했습니다. 어머니가 돌아가시기 전에 좋은 집에서 한번 모셔보고 싶은 간절한 마음도 있었습니다. 그래서 그렇게 기도했던 것 같습니다. 그랬는데 정말 놀라운 일이 일어났습니다.

"야, 하 정태, 잘 있었는가?"

그 다음 월요일이었습니다. 낮 12시쯤 되어 손님도 없고 해서 성경을 읽고 있는데 느닷없이 슈퍼 문이 열리더니 백만불이 소리치며 들어왔습니다.

"야, 백만불, 어서와!"

나는 너무 반가워서 벌떡 일어나서 인사했습니다.

"연락도 없이 어떻게 온 거야?"

"오늘은 지나가던 길에 온 것이 아니라 할 일이 있어서 왔네."

"할일이라니, 뭔가?"

"하 정태, 너 지금 나하고 어디 좀 급히 가봐야 할 때가 있으니까 슈퍼 문 닫고 나 따라오게."

"어디 가는데?"

"따라와 보면 알아. 어서 나와."

"알았어."

나는 거부할 수 없음을 느끼고 황급히 슈퍼 문을 잠그고 나갔습니다. 슈퍼 앞에는 백만불의 승용차가 세워져 있었습니다. 백만불이 먼저 운전석에 오르며 나보고 타라고 해서 차에 탔습니다. 그러자 백만불이 곧바로 차를 운전했습니다.

"야, 백만불 도대체 어디 가는 거야?"

"가보면 안다니까."

백만불은 잠시 후, 슈퍼 맞은편에 있는 대홍아파트 앞에 도착하여 차를 세웠습니다. 그리고 차에서 내리며 나한테도 내리라고 했습니다. 그래서 차에서 내렸습니다.

"나, 따라오게."

백만불은 대홍아파트 101동 쪽으로 향하며 나한테 따라오라고 했습니다. 나는 몹시 궁금했지만 묻지 않고 따라갔습니다. 백만불이 엘리베이터 앞에 서며 엘리베이터 문을 열었습니다. 그리고 엘리베이터를 타며 나보고도 타라고 했습니다. 나는 시키는 대로 했습니다. 그러자 3층을 눌렀고, 잠시 후 엘리베이터가 3층에 멈췄습니다. 곧 문이 열렸습니다. 나는 말없이 백만불을 따라 엘리베이터에서 내렸습니다.

"백만불, 도대체 여기는 왜 온 거야?"

나는 더 참고 있을 수가 없어서 다시 물었습니다.

"내가 여기를 왜 왔을까?"

백만불은 야릇한 반문을 하면서 아파트 301호실 앞으로 성큼 다가가서 아파트 문을 열었습니다. 그리고 나를 흘끔 보며 말했습니다.

"들어오게나."

나는 백만불의 뒤를 따라 아파트 안으로 들어갔습니다. 새롭게 잘 꾸며진 32평 아파트 실내가 내 눈에 차례로 담겨 왔습니다. 그런데 가구가 하나도 없는 빈 아파트였습니다.

"빈 아파트잖아, 여긴 왜 온 거야?"

나는 거실에 멈추고 서서 말했습니다. 그러자 백만불이 나를 딱 바라보며 말했습니다.

"하 정태, 놀라지 마라. 오늘부터 이 아파트는 하 정태 아파트야. 그러니까 오늘 당장이라도 이 집으로 이사를 해서 살게."

"뭐라구?"

나는 깜짝 놀라며 되물었습니다.

"이 아파트가 내 아파트라니, 도대체 무슨 소리야?"

"주님이 너한테 선물한 아파트야."

"뭐? 주님이 나한테 선물을 했다고?"

"그래! 너 주님한테 이런 아파트 하나 달라고 기도했었잖아."

"야, 내가 기도한 걸 네가 어떻게 알아?"

"임마, 재벌회장쯤 된 내가 그런 기도를 모를 줄 아니? 다 알아. 주님이 나한테 알려줬어"

"뭐? 너 그럼 주님하고 대화도 하니?"

"당연하지! 주님 은혜로 재벌회장쯤 되면 주님하고 아주 잘 통해. 그러니까 너도 빨리빨리 나 따라와 봐."

"부자를 바라보며 달리고 또 달려라. 그럼 너도 반드시 부자가 된다. 뭐 그런 뜻이니?"

"대가리가 좋아서 이해는 완전 빠르네. 자, 이 집 열쇠야. 열쇠 받아."

백만불이 301호 아파트 열쇠를 나한테 내밀었습니다. 순간 나는 당황을 감추지 못하며 백만불을 바라보며 떨리는 목소리로 물었습니다.

"진짜... 이 열쇠 받아도 되는 거니?"

"돼! 주님이 일단 내 돈으로 사주라고 해서 사준 거야. 네가 지금 살고 있는 빌라는 팔아서 빚 갚고 나머지는 모두 내가 가져갈 거야. 그리고 이 아파트 공짜로 주는 게 아니고 10년 무이자로 빌려주는 거야. 그러니까 너는 십년동안 하나님 은혜로 재물을 많이 받아서 다달이 갚아나가면 돼."

"진짜? 진짜 그렇게 해도 돼?"

"그래 진짜야! 재벌 회장이 빈말을 하겠니?"

"이게 도대체 어떻게 된 거야?"

나는 갑자기 정말 너무 꿈만 같아서 백만불을 바라보며 물었습니다.

"이거 꿈 아니지? 진짜 꿈 아니지?"

"그래 임마! 꿈 아냐, 현실이야."

"백만불, 나 한번만 꼬집어봐, 꿈인지 생시인지 알고 싶어."

"알았어. 꼬집어주지."

백만불이 내 허벅지를 사정없이 꼬집었습니다.

"아얏!"

나는 크게 비명을 질렀습니다. 그러자 백만불이 배를 잡고 한바탕 깔깔 웃었습니다.

"엄마, 우리 새집 하나 샀다."

그날 밤, 나는 어머니 앞에 앉아 어린애 같은 심정으로 말했습니다. 그러자 어머니가 의아해하며 물었습니다.

"새집을 사다니 무슨 소리야? 돈도 모아둔 게 없는데 어떻게 새집을 샀다는 거냐?"

"예수님이 좋아서 열심히 예수님이 하라는 일을 했더니 하나님이 집을 선물로 줬어요."

"하나님이 선물로 주다니, 무슨 도깨비 콩 까먹는 소리냐?"

"진짜에요. 우리 내일은 32평 아파트로 이사를 가요. 번쩍번쩍 빛나는 천국 같은 아파트로 이사를 가요."

"여보, 무슨 말이에요?"

"아빠, 새집으로 이사 가다니, 어떻게 된 거예요?"

아내와 아이들이 내 말을 듣고 어머니 방으로 뛰어와서 캐물었습니다.

"하나님이 주셨어, 우리가 예수를 잘 믿고 열심히 주님 일을 하며 사니까 하나님이 기뻐하셔서 은혜로 32평 아파트를 선물로 주셨어."

"뭐라구요?"

모두 놀란 얼굴로 나를 바라보았습니다.

하 정태씨는 거기서 말을 중단하고 또 물을 한 모금 마시며 뭔가 뜨겁게 솟구치는 감정을 누르려고 애쓰는 모습이었습니다. 그렇게 잠시 진정한 뒤에 다시 말했습니다.

"선생님, 나는 그렇게 정말 거짓말같이 졸지에 32평 아파트로 이사를 갔습니다. 습기 찬 반 지하 빌라를 떠나 천국 같은 32평 아파트로 이사를 갔습니다. 빚은 더 많아졌지만 10년 동안 일하면 하나님이 반드시 갚아줄 것이란 믿음이 생겨서 두렵거나 겁나지도 않았습니다.

"여보, 32평 아파트 너무 좋다 그치!"

아내가 어린애처럼 좋아했습니다. 아이들도 뛸 듯이 좋아했습니다.

"하나님, 감사합니다. 정말 정말 감사합니다."

나는 이사를 가서 가족을 모아놓고 30분 가까이 길게 하나님께 감사기도를 했습니다.

"하나님, 으흐흑..."

어머니가 울음을 터뜨렸습니다. 아내도 울음을 터뜨렸습니다. 아이들도 울음을 터뜨렸습니다. 나도 울었습니다. 꿈을 꾸는 것만 같이 너무 좋아서 울고 또 울었습니다.

"야, 하 정태!"

이사한 날 밤, 백만불이 전화를 했습니다.

"야, 백만불, 이 밤에 어쩐 일이야?"

"아파트에서는 살만하니?"

"말마라. 딱 천국에 온 기분이야."

"그렇지! 습기 찬 지하실 방이 지옥이라면 아파트는 천국이지! 천국이 뭐 별거겠어. 너도 이제 천국에 들어간 거야."

"맞아! 나 지금 천국에서 사는 기분이야, 백만불 정말 고마워. 진짜 고마워."

"나한테 고마워할 일 아니야. 주님한테 고마워해야지. 난 청지기야. 내가 가지고 있는 돈 이거 다 내 돈 아니야. 하나님의 돈을 받아서 잠시 관리하고 있을 뿐이야. 그러니까 나한테 고마워하지 말고 하나님께 감사하게."

"어쨌거나 나를 위해 애써준 자네도 고맙네. 근데 이 밤에 무슨 일로 전화했는가?"

"그게 말야, 다른 일이 아니고 말야..."

백만불은 잠시 뜸을 드린 뒤에 말했습니다.

"내가 말야. 하 정태도 빨리 나처럼 부자 되게 하여 청지기를 시켜주라고 기도하는데 말야. 주님이 너한테 남자구역장을 시켜보라고 하시네."

"남자구역장이라니?"

나는 의아해하며 반문했습니다. 그랬더니 백만불이 침묵하다가 말했습니다.

"너 여자들이 구역예배 한다는 말은 들어봤지?"

"응, 그건 말만 들은 게 아니고 우리 집사람이 한 주일에 한 번씩 구역예배에 참석해. 근데 남자구역예배는 못 들어봤는데?"

"아마 못 들어봤을 거야. 남자구역은 잘 안 돼. 그런데 말야. 하나님이 너보고 잘 안 되는 그 남자구역장을 한번 해보라고 하시네."

"야, 우리 교회는 남자구역도 없는데 무슨 남자구역장을 한다는 거니?"

나는 백만불에게 따졌습니다. 그러자 백만불이 뜻밖의 말을 했습니다.

"없으니까 자네한테 해보라는 거잖아. 일단 기도해보게. 하나님께 남자구역을 만들어주고 구역장을 시켜주신다면 부족하지만 한번 잘해보겠다고 기도를 하게."

"그러면 하나님이 남자구역을 만들고 구역장도 시켜주니?"

"그건 나도 몰라, 하여간 하나님께 기도하면 만들어주실 거야. 왜냐하면 하나님의 명령이니까."

"그래? 그렇게 해서 구역장을 해서 구역이 잘되면 부자가 되는 거니?"

"너, 성경에서 노아보다 땅을 더 많이 받은 사람은 찾아냈니?"

"아니, 아직 못 찾았어."

"다시 찾아봐. 분명히 있어."

"그걸 찾아야 부자가 되니?"

"아마도! 그리고 넌 내가 볼 땐 절반의 고개는 넘은 것 같아. 남자구역장을 하면서 성경을 열심히 읽어봐. 그러면 어느 날 산삼이 눈에 보이듯 노아보다 땅을 더 많이 받은 그 모물 같은 사람도 반드시 네 눈에 보이게 될 걸세."

보물을 찾아서 앞으로

하 정태씨는 거기서 말을 중단하고 또 물을 한 모금 마신 뒤에 잠시 생각을 정리해서 다시 얘기를 계속했습니다.

"야, 백만불, 너무 고맙다. 고마워."

나는 나한테 진심으로 애쓰고 있는 백만불이 정말 고마워서 인사했습니다.

"학교 다닐 때, 네가 수학을 잘 모를 때 조금 가르쳐 준 그것 가지고 나를 부자 만들려고 애쓰고 있는 네가 너무 고마워, 그때 왜 내가 늘 너한테 꿀밤을 먹이며, 이것도 이해를 못하니 이 바보야!, 이 돌대가리야! 하고 왜 구박 구박했는지 몰라, 그때 그 일은 제발 잊어주게."

"얀마, 무슨 소리 하는 거야. 그때 네가 그렇게 구박 구박했기 때문에 내가 오늘 날 재벌회장이 된 거야. 너한테 꿀밤을 많이 얻어먹어서 된 거라고!"

"새끼, 고맙다. 내 친구 백만불!"

"야, 말은 똑바로 해! 넌 내 짝꿍이야, 짝꿍!"

"새끼, 눈물 나게 만드네."

"하 정태, 하여간 말야, 남자구역을 만들어주고 남자구역장을 시켜주면 열심히 하겠다고 간절히 기도해봐, 그러면 하나님이 반드시 남자구역도 만들어주고 남자구역장도 시켜줄 거야."

"알았어, 짝꿍이 시키는 대로 열심히 기도 해 볼게, 고맙다, 내 짝꿍, 백만불."

"알았다. 내 짝꿍 하 정태, 전화 끊는다."

백만불은 그렇게 나한테 느닷없는 큰 숙제를 남기고 전화를 끊었습니다.

―하나님, 남자구역을 만드시고 남자구역장을 시켜주신다면 열심히 하겠습니다.―

나는 그날 밤부터 하 정태가 시킨 대로 열심히 하나님께 간절히 기도했습니다.,

"하 집사님, 오늘 3남전도회 모임이 있습니다. 꼭 와주세요."

어느 주일이었습니다. 예배가 끝난 뒤 늦게 3남전도회모임이 있으니 꼭 참석하라는 연락이 왔습니다. 나는 그동안 3남전도회 모임에는 전혀 참석하지 않고 있었습니다. 그랬는데 그날따라 한번 가봐야겠다는 감동이 왔습니다. 그래서 참석했습니다. 장소는 초등부실이었습니다.

"하 집사님, 어서 오세요. 하 집사가 남전도회에 참석하는 거 보니까 오늘 뭔가 큰 은혜가 있을 것 같네요. 아주 잘 참석하셨어요."

3남전도회 회원들이 누구라고 할 것 없이 모두 나를 아주 반갑게 맞아주었습니다. 그런데 정신없이 인사를 받고 자리에 앉아서 살펴보니까 30명 정도 모인 것 같았습니다. 그런데 회장부터 시작해서 거의 대부분이 안수집사들이고 서리집사는 나를 포함해서 다섯 명도 안 돼 보였습니다. 그날이 월례회 날이라고 했습니다. 그래서 간단히 예배를 드린 뒤에 3남전도회 부흥과

부자를 바라보며 달리고 또 달려라 215

발전을 위해 여러 좋은 의견을 내놓고 토의하는 시간이 되었습니다. 그때 김 성민 안수집사가 뜻밖의 발언을 했습니다.

"우리 3남전도회는 나부터 모든 회원이 주님 앞에 크게 회개해야 됩니다."

김 성민 집사가 뜻밖의 발언을 하자 회중 분위기가 갑자기 숙연해졌습니다. 그러자 김 성민 안수집사는 더욱 열을 내어 목소리를 높였습니다.

"남전도회 하면 모여서 전도를 의논하고 전도를 해야 정상인데 요즘 우리는 어떻습니까? 모여서 회의하고 회의가 끝나면 회비 받아서 회식하고 헤어지잖아요. 그럴 바에는 남전도회라 할 것이 아니라 차라리 회식회라고 이름을 바꾸어야 마땅하지 않겠습니까?"

"맞습니다! 그건 김 집사의 말씀이 백 번 천 번 옳은 말씀입니다."

회장이 나서서 맞장구를 치며 김 안수집사를 힘껏 추켜세우고는 말했습니다.

"우리 모두 주님 앞에서 단단히 회개해야 마땅합니다. 어떻게 하면 우리 남전도회가 부흥과 발전을 하겠는지 좋은 아이디어가 있으면 김 집사님이 한번 말씀해 보세요."

"이건 순전히 저 혼자서 생각해 본 것입니다만..."

김 집사는 잠시 뜸을 드린 뒤에 자신의 계획을 말했습니다.

"제가 회원명단을 점검해보니까 80명이 조금 넘더라고요. 그 회원을 모두 활성화 시키려면 4명 내지 5명씩 조를 짜서 조장을 세우고 주중에도 한 번씩 만나 예배도 드리고 나가서 전도도 하면 3남전도회가 크게 부흥하고 발전하지 않을까 하는 생각이 들었습니다."

"그거 아주 좋은 생각입니다!"

회장이 또 크게 맞장구를 치며 말했습니다.

"조를 짜고 조장과 부조장을 세워서 관리도 하고 전도도 하면 주님이 아주 기뻐하시겠습니다. 회원 여러분들은 어떻게 생각하십니까?"

"아주 좋은 생각입니다."

박 안수집사가 박수를 치며 말했습니다.

"김 집사님은 역시 번쩍번쩍 빛나는 아이디어를 줄줄 쏟아놓습니다. 무조건 그렇게 합시다."

"그럽시다. 지금 이 자리에서 바로 조 편성을 합시다."

3남전도회 회원들이 김 집사의 계획에 모두 기쁘게 동의하며 박수를 보냈습니다. 그래서 바로 그 자리에서 조 편성을 했는데 나한테 느닷없이 5조 조장을 맡겼습니다. 난 조장 자격이 없다고 적극 사양했지만 3남전도회 월례회에 참석한 그 자체로도 조장이 될 자격이 충분하다며 반 강제로 맡겼습니다. 그래서 졸지에 내가 5조 조장이 되었습니다.

"조장 되시는 분과 부조장이 되신 분은…"

회장이 사뭇 상기된 기분 좋은 태도로 계속 조장은 이렇게, 부조장은 이렇게 하고 하면서 계속 조장, 조장 하니까 한 병태 집사님이 번쩍 손을 들고 이의를 제기했습니다.

"회장님, 다 좋은데요. 우리는 그래도 명색이 교회 집사들인데 조장, 조장하니까 공사장 인부 같아서 듣기가 상당히 거북합니다. 그냥 교회 용어로 구역장이라고 하는 것이 어떻겠습니까?"

"구역장요?"

회장이 그 의견을 듣고 잠시 생각하더니 금세 태도를 확 바꾸어서 말했습니다.

"그건 한 집사님 말이 맞네요. 여기가 공사장도 아닌데 조장, 조장은 좀 안 어울려, 완전 낯설어, 그냥 구역장, 권찰로 하는 게 좋겠어요. 여러분들은 어떻게 생각하십니까?"

"회장님, 말씀에 전적으로 동의합니다."

"재청합니다!"

그렇게 일사천리로 그냥 쫙쫙 회장님 뜻대로 조장을 구역장으로 부조장을 권찰로 부르기로 만장일치 가결이 되었습니다. 그래서 나는 졸지에 구역장이 되었습니다. 그런데 그때까지도 나는 하나님이 내 기도에 응답했다는 것을 전혀 느끼지도 깨닫지도 못했습니다.

―어? 하나님―

그랬는데 회의를 끝내고 회식을 끝내고 회원들과 헤어져서 나 혼자 걸어가다가 불현 듯 하나님이 생각났습니다. 하나님께 구역을 만들어주고 구역장을 시켜주면 열심히 해보겠다고 했는데 하나님이 정말 거짓말같이 구역을 만들고 나를 구역장까지 시켜준 것이었습니다. 그래서 속으로 주님께 여쭈었습니다.

"주님, 주님이 제 기도를 듣고 구역을 만들고 저를 구역장으로 시켜준 것입니까?"

그때 내 뇌리로 주님 목소리 같은 응답이 왔습니다.

"그래, 네가 기도해서 내가 들어준 거 아니냐."

"주님, 지금 저한테 응답하신 것이죠?"

"그래, 지금 응답했잖아."

"주님, 감사합니다. 감사합니다."

나는 그렇게 처음으로 주님과 대화 채널이 개통되었습니다. 그래서 한없이 기쁘고 감동되었습니다.

―주님과 대화를 한다더니...―

나는 그때서야 백만불이 하나님과 대화를 한다고 한 것이 비로소 이해가 되고 공감도 되었습니다.

"하 정태, 어쩐 일이야?"

나는 가다가 공원 벤치에 앉아서 백만불한테 전화를 했습니다. 너무 감동되어서 집에 가서 전화할 수가 없었습니다. 내 전화를 받고 백만불이 의아해하며 물었습니다.

"무슨 일인데 이 밤에 갑자기 전화했니?'

"백만불, 나, 주님한테 사랑받았다."

나는 자랑스레 말했습니다. 그러자 백만불이 진지한 태도로 물었습니다.

"주님한테 사랑을 받다니, 무슨 소리야?'

"있잖아. 네가 시키는 대로 기도했더니 오늘 주님이 구역도 만들어 주시고 나한테 구역장도 시켜주셨다."

"뭐라구? 그게 정말이야?"

백만불이 깜짝 놀라며 반문했습니다. 그래서 나는 주님이 구역을 만들고 구역장을 시켜준 과정을 자세하게 하나하나 모두 말했습니다.

"만일 남자구역도 없는 우리 교회에서 서리집사인 내가 구역을 만들자고 했다면 말을 꺼내기 바쁘게 반대에 부딪쳤을 거야. 그런데 주님은 그렇게 정말 거짓말같이 쉽게 구역도 만들고 구역장도 시켜주셨어, 정말 신기하지 않니?"

"거봐, 내가 뭐랬니? 기도하면 하나님이 다 해주신다고 했잖아. 내 말이 딱 맞았지?"

"근데, 다 좋은데, 그 다음이 문제야."

"문제라니, 뭐가 문제야?'

"구역장을 하자면 구역예배 드리는 것을 어깨너머로라도 한번

부자를 바라보며 달리고 또 달려라   219

봤어야 되는데 난 한 번도 본 적이 없어, 근데 내가 무슨 재주로 구역장을 하니? 안 그래?"

"걱정할 것 없어. 한 번도 안 봐도 하면 돼. 하라면 무조건 순종만 하면 돼, 내가 하나하나 가르쳐 줄 테니까 내가 하라는 데로만 해봐."

"알았어. 어떻게 하는지 말해줘 봐?"

"구역원이 몇 명이었니?"

"권찰까지 4명 줬어 근데 모두 일면식도 없는 사람들이야."

"상관없어, 일단 앞으로 한 달간 그 4명의 이름을 적어놓고 하루 세 번씩 기도를 해. 네 기도 줄로 꽁꽁 묶어야 그들이 네 말을 잘 듣게 돼. 알겠지?'

"한 달간은 기도만 하라는 말이지?"

"그래, 기도만 해."

"알았어. 기도만 할게, 근데 한 달이 지나면 그땐 어떻게 해?"

"기도 끝나면 바로 나한테 전화해. 그럼 다음 진행과정은 내가 말해 줄게."

"알았다. 야, 부자 되기 정말 힘드네."

"짜사, 부자 되기 쉬우면 다 부자 되지, 어려우니까, 힘드니까, 끈기 있고 믿음 있고 순종 잘하는 사람만 부자가 되는 것이야."

"알았다. 한 달 지나서 다시 전화할 게."

세탁소와 가스가게에서

하 정태씨는 거기서 또 말을 중단하고 주스를 한 모금 마신 뒤에 잠시 생각하다가 말했습니다.

"백만불과 전화를 끊은 뒤, 나는 그날부터 한 달간 내 구역원을 위해 하루 여섯 번씩 기도했습니다. 백만불이 하루 세 번씩 기도하라 했지만 나는 곱빼기로 기도했습니다. 정말 열심히 한 달 동안 기도한 뒤에 다시 백만불에게 전화했습니다. 그러자 백만불이 전화를 반갑게 받으며 질문했습니다."

"기도 다 했니?"

"응 곱빼기로 기도했어."

"잘 했네, 그럼 말야. 내일부터 차례로 전화해. 그리고 교회에서 공식적으로 만든 구역예배니까, 구역예배에 꼭 참석해야 된다고 해봐."

"참석 못하겠다고 하면?"

"참석 못하겠다는 사람도 나올 거야. 그때는 가만히 있지 말고 구역원을 직접 찾아가 설득을 해."

"나보고 설득을 하라고?"

"갈 때 주님께-주님 꼭 함께 가셔서 도와주세요.- 그렇게 기도를 하고 가, 주님이 이 세상 끝날 때까지 항상 너희와 함께 있겠다고 약속했기 때문에 주님이 보내신 보혜사 성령님이 항상 우리 옆에 계셔, 근데 성령님은 함께 가자고 해야 좋아하시며 따라가 주셔. 안 그러면 안 따라오는 수도 있어."

"그럼 성령님이 모두 해결하신단 말이니?"

"그렇지! 성령님이 따라가야 만사형통이야. 그렇기 때문에 어디를 가든 무엇을 하든 항상 주님(성령)을 모시고 다니는 것을 습관화해야 돼, 그래야만 만사형통한 삶을 살 수가 있어."

"그리고 또 내가 해야 될 일은?"

"또 하나 있어. 구역장은 누구 집을 가든지 천방지축으로 해도 좋으니까 축복기도를 무조건 좀 길게 잘해줘야 돼. 아주 빡세게 축복기도를 해 줘. 그러면 주님이 그 기도를 들어주셔. 알았지?"

"알았어, 축복기도 세게 할게."
"그럼 일단 구역원들을 다 만나 본 뒤에 나한테 다시 전화해."
"알았다. 고맙다 백만불."

나는 그렇게 전화를 끊었습니다. 그리고 주님께 도와달라고 간절히 기도했습니다. 그렇게 하루를 기도한 뒤에 3남전도회 회원명부를 꺼내어 전화번호를 확인했습니다. 그런 다음에 용기를 내어 제일 먼저 권찰로 임명된 임 준식 서리집사에게 전화를 했습니다.

"예, 바쁘다 세탁소입니다."

임 집사가 상냥하게 전화를 받았습니다. 그래서 먼저 내 존재를 알렸습니다.

"안녕하세요. 하 정태 집사입니다."
"아, 하 집사님, 어쩐 일로 전화를 하셨어요?"
"3남전도회에서 구역을 만든 것 통보 받으셨죠?"
"예, 받았습니다. 그런데요?"
"보셨으면 아시겠지만 제가 구역장이고 집사님은 권찰입니다."
"그런데요?"
"그래서 다음 주일부터 모여서 구역예배를 하자고 전화를 올렸습니다."
"집사님, 정말 죄송한데요."

임 준식 집사가 갑자기 목소리를 싸늘하게 바꾸어 쌀쌀맞게 말했습니다.

"저는 세탁소를 하고 있어서 너무 바빠서 구역예배는 못 나갑니다. 그러니까 저는 빼주세요."

순간 나는 임 집사가 거절하고 있다는 걸 느끼고 얼른 그의 세탁소 위치를 물었습니다.

"집사님, 집사님 세탁소는 어디쯤 있어요?"

"세탁소요? 왕림초등학교 아시죠. 그 초등학교로 오면…"

임 준식 집사가 세탁소 위치를 자세하게 알려주고는 전화를 끊었습니다. 그래서 나는 얼른 옆에 계시는 주님(성령)께 말했습니다.

"주님, 임 집사는 한번 찾아가서 설득해야겠습니다. 조금 있으면 집사람이 슈퍼에 나오니까 오늘 바로 가요. 쇠뿔도 단번에 빼라고 했으니까 오늘 당장 끝장 봐요. 주님, 근데요. 주님도 아시겠지만 난 임 집사를 설득할 능력이 없어요. 그러니까 주님이 나와 함께 가셔서 내 입을 사용해서 설득하세요. 아셨죠?"

나는 그렇게 주님께 단단히 부탁을 드리고는 집사람이 나오기 바쁘게 슈퍼에서 나와 임 준식 집사님 세탁소를 찾아갔습니다.

―음, 저기 있구나.―

임 집사가 말해준 대로 초등학교 앞 쪽에 바쁘다 세탁소가 있었습니다. 가까이 가서 보니까 10평 남짓 될까 말까한 작은 세탁소였습니다.

"안녕하세요."

이윽고 나는 세탁소로 들어가며 인사했습니다. 그러자 의자에 앉아있던 임 집사가 일어서며 나를 손님처럼 맞이했습니다.

"옷 맡긴 것 있습니까?"

"아뇨. 저는 아까 전화했던 하 정태 집사입니다."

"하 집사님?"

임 집사의 얼굴이 금세 짜증스레 굳어지더니 나를 나무라듯 말했습니다.

"아까 제가 전화로 저는 세탁 일이 바빠서 못 간다고 말했잖아요."

"우리 기도합시다!"

나는 임 집사의 말을 무시하고 백만불이 시킨 대로 먼저 축복기도를 시작했습니다. 임 집사의 세탁소가 하나님 은혜로 크게 잘 될 것과 임 집사와 자녀들의 건강과 하는 일이 잘 되기를 기도했습니다. 그렇게 축복기도를 하는 중에 주님이 하 집사를 설득할 수 있는 생각을 나에게 폭포수처럼 부어주었습니다. 그래서 기도를 끝낸 뒤에 자신 있는 태도로 말했습니다.

"임 집사님, 우리가 예수를 왜 믿습니까? 구원도 받고 복도 받자고 믿는 것 아닙니까? 그렇다면 복 받을 일이 있다면 기를 쓰고 나가야 복을 받을 것 아닙니까. 복 받기 싫으시면서 교회를 왜 다닙니까? 그냥 세탁소나 하시고 사시지 안 그래요? 내가 이렇게 다니며 구역예배 하자는 것도 다 복을 받자고 하는 일이에요. 복 받기 싫으세요? 싫으시다면 구역예배에 빼 줄게요."

"아, 아닙니다!"

임 집사가 갑자기 화들짝 놀라며 말했습니다.

"갈게요. 구역예배에 갈게요. 내가 너무 바빠서 그렇게 말한 겁니다. 복 받아야죠. 암요. 복을 받아야죠."

입 집사는 쉽게 항복했습니다. 주님이 그의 심령을 꽤 뚫고 말한 것 같았습니다. 그래서 임 집사는 그렇게 싱겁도록 가볍게 간단히 낚았습니다. 두 번째는 김 영배 집사였습니다. 자신감을 가지고 전화했더니 다행이도 김 집사가 전화를 받았습니다.

"열린 가스입니다."

순간 나는 김 영배집사가 가스가게를 하고 있다는 것을 알고 용기를 내어 말했습니다.

"집사님, 안녕하세요. 하 정태 집사입니다.'

"하 집사님이요?"

"저를 잘 모르시죠? 요번에 3남전도회에서 보낸 구역예배하게 되었다는 통보는 받았습니까?"
"아, 5구역 구역장님이군요."
"아시고 계시군요, 감사합니다."
"근데 무슨 일로 전화하셨어요?"
"구역예배를 함께 하자고 전화했습니다."
"집사님, 근데요..."
김 영배 집사는 금세 목소리를 냉정하게 바꾸어 말했습니다.
"저는 바빠서 구역예배엔 참석을 못해요. 그러니까 빼주세요."
"교회적으로 만든 구역예배에요, 제가 빼주고 할 일이 아닙니다."
"어쨌든 저는 바빠서 안 되니까 빼주세요. 그렇게 아시고..."
"저어 집사님!"
나는 김 집사가 전화를 끊을 것 같아서 얼른 태도를 바꾸어 말했습니다.
"저기요. 집사님 가스가게는 어디쯤 있어요?"
"여기요? 여기가... 하늘공원 아시나 몰라..."
"예, 하늘공원은 잘 알아요."
"하늘공원 맞은편에 있어요. 하 집사님 제가 구역예배는 못 가니까 그렇게 알고 계세요. 그럼 바빠서 이만 전화 끊겠습니다."
김 집사가 서둘러서 일방적으로 전화를 뚝 끊었습니다. 그래서 나는 옆에 계시는 주님께 말했습니다.
"주님, 다 들으셨죠. 김 집사님도 찾아가봐야 될 것 같아요. 쇠뿔은 단번에! 오늘 바로 가도록 해요. 주님, 주님 믿고 가니까 임 집사처럼 간단히 항복 받게 해주세요."

나는 그렇게 주님께 단단히 부탁을 하고는 주님을 모시고 의기양양하게 김 영배 집사의 열린 가스가게로 찾아갔습니다. 단독주택 한 옆에 가스사무실이 있었습니다. 150평정도 되어 보이는 단독주택은 뒤에 가서 알게 됐지만 바로 김 집사의 자택이었습니다.

"안녕하세요."

나는 용기를 내어 열린 가스가게로 들어가며 큰소리로 인사했습니다. 그러자 김 집사가 부인 유 순자 집사와 마주보며 앉아 무슨 애긴가를 하고 있다가 나를 바라보며 물었습니다."

"무슨 일로 오셨습니까?"

"집사님, 얼마 전에 전화를 드렸던 하 정태 집사입니다."

"집사님, 제가 아까 바빠서 못 간다고 했잖아요."

김 집사가 인상을 쓰며 나무라듯 말했습니다. 그러나 나는 김 집사의 그런 태도를 완전히 무시하고 내 방식대로 나갔습니다.

"우리 기도합시다."

그러자 그 부부가 얼른 기도자세를 취했습니다. 나는 됐다 생각하고 거기서도 가게와 가정의 축복을 위해 길게 기도했습니다. 그렇게 기도한 뒤에 임 준식 집사를 항복 시킨 말이 생각이 나서 그대로 말했습니다.

"집사님, 우리가 예수를 왜 믿습니까? 복을 받자고 믿는 거잖아요. 그렇다면 복을 받을 일이 있으면 기를 쓰고 복을 받아야 될 것 아닙니까? 복을 받을 일에 참여하지 않으면서 왜 예수를 믿습니까? 안 그래요?"

"하 집사님..."

순간 김 영배 집사가 정색을 하고 나를 딱 바라보며 내가 정말 상상도 못 했던 말을 했습니다.

"저는요, 저는 복을 안 받아도 되니까 집사님이나 복을 많이 받으세요."

"?!..."

순간 나는 망치로 뒤통수라도 한방 빡 강하게 얻어맞은 느낌이어서 입만 떡 벌리고 있었습니다. 그랬더니 김 집사의 부인인 유 집사가 깜짝 놀란 표정으로 나한테 얼른 따져 물었습니다.

"집사님, 지금 무슨 말씀을 하시는 거예요?"

"저어 그 게요..."

나는 가까스로 정신을 가다듬어서 대답했습니다.

"사실은 요번에 교회 3남전도회에서 구역을 만들었어요. 그리고 많이 부족한 제가 졸지에 5구역 구역장을 맡았어요. 김 영배 집사는 5구역 구역원입니다. 그래서 구역예배를 함께 하자고 이렇게 찾아온 것입니다."

"그래요?"

유 집사는 뜻밖이라는 표정으로 남편인 김 영배 집사를 바라보며 뜻밖의 말을 했습니다.

"여보, 잘 됐네. 내가 안 그래도 요즘 당신 신앙을 좀 성장시켜 달라고 주님께 간절히 기도했는데 하나님이 내 기도에 응답하신 거네. 당신 아무 말 하지 말고 구역예배에 나가요."

"내가 바쁜데 구역예배를 어떻게 가!"

김 집사가 버럭 소리쳤습니다.

빨간 코 주태백이

하 정태씨는 거기서 또 잠시 말을 중단하고 물을 한 모금 마신 뒤 잠시 생각하다가 말했습니다.

"바빠요?"

남편이 바쁘다며 신경질적으로 대답하자 유 집사는 순식간에 성난 독수리로 변하여 비둘기 같은 김 집사를 금세 콱 물어버릴 듯한 기세로 무섭게 공박했습니다.

"당신이 바쁘기는 뭐가 바빠! 매일 빈들빈들 놀면서 고스톱이나 치면서 바빠! 그게 바쁜 일이에요! 그게 바쁜 거냐고요!"

"아, 알았어..."

유 집사가 금방이라도 깨물어버릴 듯한 태도로 대들자 김 집사는 금세 겁먹은 비둘기처럼 얼른 꼬리를 내렸습니다.

"구역예배 가게, 구역예배에 나가면 될 거 아냐."

"하 집사님, 김 집사가 구역예배에 간데요. 잘 부탁해요."

"예, 집사님..."

나는 믿음이 있어 보이는 유 집사가 얼마나 고맙던지 김 집사가 없었다면 그 자리에서 큰절이라도 하며 고맙다는 인사를 하고 싶은 심정이었습니다.

―주님, 감사합니다. 정말정말 감사합니다.―

나는 열린 가스가게를 나와 걸어가면서 속으로 주님께 몇 번인지 모르게 감사기도를 했습니다. 어쨌든 그렇게 유 집사의 뜻밖의 도움으로 김 영배 집사도 쉽게 낚았습니다. 그런 뒤, 하루를 지난 후 세 번째 윤 창범 성도에게 전화했습니다.

"예, 한일철강입니다."

윤 성도가 바로 전화를 받았습니다. 그래서 다행이다 생각하고 말했습니다.

"안녕하세요. 하 정태 집삽니다."

"하 정태 집사요? 아, 5구역 구역장님이시죠?"

"그렇습니다. 어떻게 저를 아세요?"

"남전도회에서 보낸 통지문을 받았습니다."

228

"그러셨군요. 사실은 그래서 성도님께 구역예배를 하자고 전화했습니다."

"구역장님, 근데요. 저는 바빠서 아직 그런데 나갈 형편이 못됩니다. 저는 좀 빼주세요."

"아, 그래요? 실례지반 성도님 회사가 어디쯤 있습니까?"

"예, 저희 회사는요..."

윤 창범 성도가 한일철강이 있는 위치를 자세하게 말해주었습니다. 그래서 나는 또 주님을 모시고 한일철강을 찾아갔습니다. 가보니까 고만고만한 철강회사들이 쭉 모여 있는 곳이었습니다. 철강을 쌓아 놓고 팔기도 하고 필요한 만큼 제단해서 팔기도 하는 가게 같은 그런 회사였습니다. 윤 성도 혼자서 하고 있었습니다.

"구역장님이 여기까지 오셨어요?"

윤 성도는 나를 보고는 미안함과 감사한 마음을 겸한 그런 태도로 나를 맞이했습니다. 이층에 사무실이 있었습니다. 그가 얼른 커피를 한잔 준비해서 대접했습니다. 그래서 또 먼저 가게와 가정을 위해 크게 축복기도를 했습니다. 윤 성도가 몹시 흐뭇해하는 모습이었습니다. 기도를 끝낸 뒤 커피를 마셨습니다. 그리고 구역예배는 크게 복을 받는 일이므로 반드시 참석해야 된다고 했습니다. 그랬더니 윤 성도는 내 말에 크게 공감된 모습으로 말했습니다.

"구역장님, 제가 실은 회사에 다니다가 나와서 이 사업을 하게 됐어요. 그래서 걱정이 이만저만이 아닙니다. 한일철강이 잘 되라고 기도 좀 세게 해주세요. 그러면 구역예배는 잘 나가겠습니다."

"알겠습니다. 기도를 아주 매우 세게 해드리겠으니 구역예배에 잘 참석하세요."

그렇게 세 번째 윤 창범 성도는 아주 가볍게 낚았습니다. 하나님의 은혜를 사모하며 기도를 세게 해달라고 해서 구역예배에 잘 참석하리라 믿고 돌아왔습니다. 마지막으로 네 번째 주 철경 성도가 남아있었습니다. 그래서 또 지금까지 해온 대로 주 철경 성도에게 전화했습니다,

"예, 행복가구점입니다."

주 철경 성도가 전화를 받았습니다. 그래서 나는 다행이다 생각하고 말했습니다.

"안녕하세요. 저는 5구역 구역장 하 정태 집사입니다."

"무슨 일로 전화하셨어요?"

"남전도회 통지문 보셨으면 잘 아시겠지만 구역예배를 하자고 전화했습니다."

"구역장님, 저는 바빠서 구역예배에 못 가니까 빼주세요."

"남전도회 전체가 하는 일입니다. 빼 줄 수 있는 그런 일이 아닙니다."

"알았어요."

주 철경 성도가 갑자기 전화를 딱 끊어버렸습니다. 순간 나는 또 뒤통수를 무엇에 한방 크게 얻어맞은 느낌이었습니다. 그래서 잠시 멍한 상태로 있는데 주님이 번개같이 지혜를 주셨습니다. 그래서 다시 전화를 했습니다. 주 성도가 또 전화를 받았습니다.

"예, 행복가구점입니다."

"저기요..."

나는 목소리를 바꾸어서 말했습니다.

"제가 지금 행복가구점으로 갈까하는데 위치가 어떻게 됩니

까?"

"위치요? 여기가 어디냐 하면요. 중앙재래시장 아시죠?"

"예, 압니다."

"시장 입구로 들어와서 좌편 길로 쭉 오면 행복가구점이 있습니다."

"예, 잘 알겠습니다."

나는 그렇게 위치를 알아낸 뒤 전화를 끊었습니다. 그리고 주님한테 또 함께 가자고 채근해서 찾아갔습니다.

"선생님..."

하 정태씨는 거기까지 얘기한 뒤에 갑자기 나를 딱 바라보며 질문했습니다.

"전화를 했는데 상대가 얘기하다가 도중에 전화를 일방적으로 딱 끊는 것을 경험한 적이 있습니까?"

"고약한 사람을 만나면 그런 경우를 당하기도 하죠."

"그런 일을 당하면 기분이 아주 더럽죠. 한 마디로 재수 없죠. 그래서 사실 나도 그렇게 나를 무시한 사람이 어떤 모습으로 생겼을까 매우 궁금했습니다. 얼굴이 길쭉할까, 짧을까? 키는 클까? 작을까? 순할까? 고집스러울까? 여러 생각을 하며 문제의 행복가구점을 찾아갔어요.

―어, 저 사람은?―

행복가구점 이만큼에 멈추어선 나는 잠시 의아해했습니다. 열 평 남짓 되어 보이는 가구점 앞에 주 철경 성도가 의자를 내어놓고 앉아 있었습니다. 키는 작아 보이고 얼굴은 보름달 형이었습니다. 그런데 그 코가 빨간 코였습니다. 한 눈으로도 그가 주 태백이라는 것을 금방 알 수 있었습니다. 내가 알코올중독자를 두어 명 만난 적이 있었는데, 그들은 대개가 심성은 착한 편이었고, 술이 취했을 땐 대통령도 이길 수 없을 정도로 난폭하지만 술이 깨고 나면 갓 시집 온 새색시처럼 얌전하고 수줍어하기까지 하는 정말 순한 사람이 되었습니다.

"안녕하세요."

나는 주 철경 성도 앞으로 다가가며 인사했습니다. 그러자 그가 나를 손님으로 알고는 벌떡 일어나서 아주 반갑게 맞아주었습니다.

"어서 오세요. 어떤 가구를 사시려고 그러십니까?"

"저어... 저는요... 아까 전화했던 하 정태 집사입니다."

"옛?"

내 신분을 밝히자 그는 화들짝 놀라며 금세 얼굴이 새빨갛게 변했습니다. 술이 완전 깨어 있는 상태라는 것을 그대로 알 수 있었습니다.

—이런 녀석한테는 기도를 세게 해줘라.—

순간 주님이 그렇게 명령하는 응답이 왔습니다. 그래서 가구를 좀 구경하자고 했더니 나를 가구가 있는 안으로 데리고 들어갔습니다. 가구점 안은 가구로 가득 차 있었습니다. 앉을 자리도 없었습니다. 주 성도가 왜 가구점 밖에 앉아 있었는지 이해가 되었습니다. 그는 좁은 통로를 따라 나를 안쪽으로 데리고 가며 가구를 구경시켰습니다. 통로를 두 바퀴 쯤 돌아가자 막다른 마지막이 나왔습니다. 순간 나는 그 장소가 기도를 세게 하기에 딱 좋은 장소라고 생각되었습니다. 그 때 얼른 목적의 칼을 뽑았습니다.

"주 성도님, 우리 기도합시다."

그리고 나서 나는 주 성도의 어깨를 두 손으로 꽉 움켜잡고 술 귀신이 떠나가기를 간절히 바라는 마음으로 주여, 주여! 를 부르짖으며 아주 큰소리로 가게가 떠나갈 듯한 센 기도를 했습니다. 그가 공포를 느끼도록 세게 기도했습니다. 그랬더니 기도가 끝나고 보니까 주 성도의 얼굴이 새파랗게 겁에 질려서 부들부들 떨고 있었습니다. 그리고 내가 말하기 전에 먼저 항복했습니다.

"구역장님, 제가요. 화요일이 쉬는 날이거든요. 그래서 화요일에 구역예배를 하면 갈게요."

"그럼 구역예배를 화요일에 하면 되겠네요."

나는 그렇게 해서 네 번째 주 철경 성도에게까지 구역예배에 나오겠다는 확실한 사인을 받고 돌아왔습니다. 물론 나는 몸만 갔고 그와 같은 일을 한 것은 모두 성령님이셨습니다. 나에겐 그런 엄청난 능력이 없다는 것을 나 자신이 너무 잘 알고 있었습니다. 어쨌든 나는 나에게 맡긴 4명의 구역원을 모두 일일이 찾아다니며 낚았습니다.

"야, 백만불!"

그날 밤, 나는 백만불에게 전화했습니다. 그리고 내게 맡긴 4명의 구역원을 모두 낚았다고 자랑스레 말했습니다. 그랬더니 백만불이 사뭇 놀라며 감탄사로 말했습니다.

"야, 하 정태, 축하한다, 축하해. 넌 역시 열정이 있어, 열정적이야. 너 같은 녀석을 예수에 미쳤다고들 해. 넌 나보다 더 미친 것 같아! 두고 봐! 넌 반드시 꼭 나 같은 부자가 될 거야!"

"당연히 부자가 되어야지. 부자 되자고 미친 거야. 그건 그렇고 이젠 어떻게 해야 되는 거야?"

"어떻게는 뭐가 어떻게야. 구역원들을 다 낚았으면 돌아가면서 차례대로 구역예배를 드리면 되는 거지. 요번 주일부터 구역예배를 드려."

"야, 백만불, 내가 저번에도 말했었잖아. 난 구역예배 드리는 것을 한번 본 적도 없다고."

"참 그랬었지?"

백만불은 잠시 생각하다가 말했습니다.

"너 남전도회 예배드리는 것은 봤지?"

"응, 그건 봤어."

"그럼 말야. 그런 식으로 예배를 드려. 말씀은 네가 성경을 읽어보고 이 말씀이 좋겠다, 감동이 오면 그 말씀을 전하되 될 수 있는 대로 간단하게 전하게. 그리고 마지막엔 구역원들에게 각자 기도제목을 다 내놓으라 한 뒤 차례대로 길게 합심기도를 하게. 그러면 그 기도를 하나님이 들어주네. 그런 뒤에 구역장이 마무리 축복기도를 해. 그런 뒤에 주기도문으로 예배를 마치면 돼. 그런 다음에 대접을 해야 복 받는다고 말하고 예배드리는 집에서 저녁대접을 하도록 하게. 그러면 구역원들이 구역예배를 드려가며 복을 받는 모습을 보게 되네."

"그렇게만 하면 되는 거야?"

"그리고 또 하나 있어. 지금 네 옆에 성경 있니?"

"응, 성경 있어."

구역장 10계명

하 정태씨는 거기서 또 말을 중단하고 물을 한 모금 마셨습니다. 그리고 잠시 한강을 바라보다가 다시 얘기를 시작했습니다.

"이봐 하 정태!"

백만불이 말했습니다.

"신약 요한복음 13장을 찾아서 3절에서 7절까지의 말씀을 한번 읽어봐."

"알았어."

나는 황급히 성경을 펼치고 요한복음 13장을 찾아서 읽었습니다.

요13: 3 저녁 먹는 중 예수는 아버지께서 모든 것을 자기 손에 맡기신 것과 또 자기가 하나님께로 돌아가실 것을 아시고

요13: 4 저녁 잡수시던 자리에서 일어나 겉옷을 벗고 수건을 가져다가 허리에 두르시고

요13: 5 이에 대야에 물을 떠서 제자들의 발을 씻으시고 그 두르신 수건으로 닦기를 시작하여

요13: 6 시몬 베드로에게 이르시니 베드로가 이르되 주여 주께서 내 발을 씻으시나이까?

요13: 7 예수께서 대답하여 이르시되 내가 하는 것을 네가 지금은 알지 못하나 이후에는 알리라.

"잘 읽었어."

백만불이 나를 칭찬하며 말했습니다.

"지금 읽은 그 장면은 예수님이 제자들에게 섬기는 본을 보인 모습이야. 그러니까 앞으로 네가 구역원을 대할 때 구역장이라고 대장처럼 행동하지 말고 발을 씻겨주는 섬기는 자세로 하라는 것이야. 이해가 안 되니?"

"아니야! 이해했어, 이해가 됐어."

"부자가 되려면 내 말을 잘 듣고 새겨둬야 돼. 너도 알겠지만 마태복음에 보면 예수님이 세례 요한에게 세례 받는 모습이 나오잖아. 그건 알고 있는지 몰라?"

"그 정도는 나도 알고 있어. 명색이 성경을 15독 했는데 그걸 모르겠니?"

"좋았어. 그건 말야, 예수님이 겸손의 본을 보인 것이야. 예수

님처럼 온유한 자가 되자면 예수님을 잘 닮아가야 돼. 교회에서 사람을 다스리는 일을 맡을 때는 겸손과 섬김이 기본이야. 그것은 가슴에 꼭 새겨놓고 해야 돼. 그래야 성공하고 청지기 부자가 될 수 있어. 알겠니?"

"알았어, 그건 무슨 뜻인지 알아. 그것 말고 내가 또 알아야 될 일은 없니?"

"그거 말고 있긴 또 하나 있는데... 이건 내가 기도를 많이 하고 주님께 선물로 받은 건데..."

"그게 뭐야?"

"구역장 10계명이야."

"구역장 10계명? 그런 것도 있니?"

"있지. 이건 내가 어렵게 선물로 받은 건데... 아깝지만 하 정태니까 준다. 내가 말할 테니까 잘 받아 적어."

"알았어, 말해봐."

나는 그러면서 필기준비를 했습니다. 그러자 백만불이 곧바로 구역장 10계명을 말하기 시작했습니다.

구역장 10계명
1) 구역장은 구역원들의 눈높이와 잘 맞추되 잘난 체하거나 많이 아는 체하지 말고 겸손하게 항상 구역원들을 섬기는 자세로 하라.
2) 구역장은 구역원들을 항상 내 친형제처럼 사랑하고 구역원을 위해 많이 기도하고 여러모로 잘 도와주며 영적으로 잘 성장하게 하라.
3) 구역장은 항상 구역원들을 공평하게 대우하고 위화감을 조성하는 일이나 구역원이 상처 받을 말이나 행위는 삼가라

4) 성경 말씀은 성경에 있는 은혜로운 말씀을 뽑아 한 장씩 교독하도록 하되 좀 지난 뒤에는 성경 말씀을 세상에서 잘 적응할 수 있도록 전하고 할 수 있는 대로 네가 깨달은 말씀을 전하여 성경 말씀을 살려라.
5) 십일조나 감사헌금을 비롯한 각종 헌금을 기쁘고 즐거운 마음으로 잘 내게 하여 재물의 복을 잘 받을 수 있게 하라. 성경 말씀으로 가르치기가 딱딱하면 간증으로 교육하라.
6) 구역원의 몸이 아프거나 하면 합심기도해서 하나님의 은혜를 받아 고치게 하라.
7) 말씀으로 설교를 할 때나 저녁을 먹으며 환담할 때 덕담을 많이 하라. 교회의 목사님은 물론이려니와 장로님, 권사님, 안수집사를 비롯한 중직들의 칭찬을 많이 하여 그들을 존경하게 하고 좋은 것을 많이 본받게 하라.
8) 구역예배 때 은혜를 받은 간증도 하게하고 각자의 소원을 기도제목으로 내놓게 하여 구역원들이 합심해서 기도하게 하라. 그러면 그 소원을 이루어지게 하여 구역과 구역장의 권위를 세워주겠다.
9) 예배가 끝나면 예배를 드리는 집에서 저녁을 대접하게 하라. 대접을 잘 해야 복을 받고 복을 받아야 구역예배를 드리고 싶기 때문이다. 그리고 예배를 잘 드리고 저녁을 먹을 때 쓸데없이 세상 얘기를 끌어들여서 구역원들 간에 분쟁이 생기지 않게 하라. 특히 교회의 누구를 인신공격하거나 비난하거나 욕하는 일은 절대로 삼가라.
10) 구역원들이 하나로 뭉쳐지게 하라. 그리고 구역이 언제나 봄날처럼 따뜻하게 하라. 따뜻해야 꽃이 피고 열매가 맺느니라.

나는 백만불이 불러준 구역장 10계명을 하나하나 또박또박 잘 적었습니다. 그러자 백만불이 말했습니다.

"난 그 10 계명을 몇 달을 기도해서 주님께 선물로 받은 거야. 너는 내가 공짜로 준다고 가볍게 생각하지 말고 머리에 잘 새겨라. 너 하나님 앞에서 청지기 부자가 되어 살려면 보통해서는 안 된다는 것 절대로 잊지 마."

"알았다, 백만불, 고맙다, 백만불, 내가 만일 너처럼 청지기 부자가 된다면 제일 먼저 너한테 고맙다는 선물부터 할게."

"새끼, 알았다. 그럼 잘해봐. 내 짝꿍아."

백만불이 그러고는 전화를 끊었습니다. 백만불은 주님보다 더 소상하게 나를 가르쳐 주고 보살펴주고 도와주며 기도까지 해주었습니다. 나는 중학교 다닐 때 저한테 꿀밤 먹이며 구박하며 수학 좀 가르쳐준 것뿐인데...

―하나님, 감사합니다. 백만불 같은 좋은 친구를 내게 주신 것을 정말로 감사합니다.―

나는 그렇게 백만불이 가르쳐 준 구역장 10계명을 가슴에 깊이 새기고 제일 먼저 땅슈퍼에서 구역예배를 드리고 대접을 하며 본을 보였습니다. 그런 뒤에 구역원들의 가게나 집을 돌아가며 한 번씩 서툴게나마 구역예배를 드렸습니다.

―다른 구역장들도 다 잘하고들 있겠지?―

나는 그렇게 생각했습니다. 그러다가 3남전도회 월례회 때 참석했습니다. 거기서 모두 구역예배를 잘 드리고 있느냐고 물어보았습니다. 그랬더니 모두 고개를 세차게 가로저었습니다.

"말도 마세요. 구역원이 전화도 안 받더라니까!"

"나한텐 욕을 퍼부었어요."

"나한텐 또 구역예배하자고 찾아오면 교회에 안 다니겠다고 협박까지 했어요."

"나한텐 바빠서 죽겠는데 무슨 구역예배냐. 헛소리 하지마라고 하더라니까요."

"남자구역 예배는 못해요. 못해!"

핑계 없는 무덤이 없다더니 구역장들은 온갖 핑계와 온갖 변명을 늘어놓으며 남자구역예배는 하는 게 아니라는 막말 결론을 내려놓고 있었습니다.

―어이가 없네. 어이가 없어.―

잘 안 되는 것을 잘 되게 할 궁리는 하지 않고 안 된다고들 아우성이었습니다.

―음, 어쩐다?―

나는 거기서 잠시 고민했습니다. 다들 안 된다고 못하겠다고 아우성인데 거기서 나는 구역예배를 성공적으로 잘하고 있다고 말하면 영락없이 잘난 체하는 꼴불견이 되고 말 것 같아서 입을 꾹 다물고 있다가 회의하고 회식하고 돌아왔습니다. 그리고 백만불한테 전화해서 그와 같은 사실을 모두 소상하게 보고했습니다. 그런 후 내 걱정을 말했습니다.

"야, 백만불, 모두 안하고 있는 남자구역을 나 혼자 하는 게 이게 맞는 거니?"

"야, 무슨 얼빠진 소리를 하는 거야!"

백만불이 나를 책망하듯 말했습니다.

"야, 하 정태, 넌 다른 사람이 밥 먹으면 밥 먹고 다른 사람이 잠자면 잠자니? 남이야 어쩌든지 말든지 무슨 상관이야, 남이 복을 안 받겠다고 하면 너도 복을 안 받을 거야! 남이야 복을 받든지 말든지 너 혼자 열심히 해서 복을 받으면 되는 거야. 네가 누구를 위해 사는 것이 아니라, 너는 너 자신을 위해 산다는 거 잊지 마! 알았어, 내 똑똑한 짝꿍아!"

"알았다, 알았다! 뭔 말인지 알겠다. 싸대기 그만 때려라, 그만 때려, 아파."

"또 그딴 영양가 없는 말을 해 봐라. 그땐 진짜 싸대기 때릴 테니까."

"알았다, 알았어. 나 혼자서 미친 듯이 열심히 부자인 너를 바라보며 달리고 또 달려볼게."

나는 그렇게 백만불과 전화를 하고 난 뒤 3남전도회에는 아무 말도 하지 않고 나 혼자 열심히 구역예배를 드렸습니다. 구역원들도 은혜를 받으며 나를 잘 따라주었습니다.

"저어... 구역장님..."

그런 어느 날이었습니다. 세탁 임 집사님이 뜻밖의 말을 했습니다.

"구역원들도 적은데다가 한두 명씩 빠지니까 보기가 좀 그래요. 그러니까 내가 알아보니까 4구역장이 아직 구역예배를 안 드리고 있더라고요. 한번 찾아가서 함께 예배를 드리자고 해보세요."

"함께 예배를 드려요?"

"구역 연합예배죠. 여자들은 자주 그렇게 예배를 들이드라고요. 구역원이 많아야 힘이 나잖아요."

"알았어요. 제가 기도를 한 번 해보고 그렇게 하도록 할게요."

"저어... 4구역장은요..."

임 집사는 4구역장은 황 규동 집사인데 재래시장 길목에 중앙 양품점을 하고 있다며 자세하게 가르쳐 주었습니다.

―주님, 어떻게 할까요? 연합예배를 하는 게 좋을까요?―

나는 그 문제를 놓고 먼저 주님께 기도했습니다. 그랬더니 구역에 사람이 많이 모이게 하는 것이 바람직한 것이 아니냐 하는 응답이 왔습니다. 그래도 좀 더 기도하다가 날을 잡아서 주님을 모시고 중앙양품점으로 쳐들어갔습니다.

삭개오와 짝퉁 황집사

하 정태씨는 거기서 또 말을 중단하고 물을 한 모금 마셨습니다. 그리고 잠시 생각을 정리하여 얘기했습니다.

"안녕하세요."

나는 황 집사의 양품점으로 들어가서 인사했습니다. 그러자 자리에 앉아있던 황 집사 부부가 얼른 일어나서 손님을 맞이하듯 깍듯이 나를 맞이했습니다. 그래서 나는 약간 어색한 미소를 짓고 말했습니다.

"저는 손님이 아니고요. 하 정태 집사입니다."

"하 집사님이요?"

"5구역 구역장입니다. 집사님은 4구역장이더군요."

"아, 예... 앉으세요."

황 집사가 그제야 이해한 듯 자리를 권했습니다. 그래서 자리에 앉았습니다. 양품점은 10평 남짓했습니다. 각종 옷들로 잘 진열되어 있었습니다. 황 집사 부인인 정 영숙 집사가 커피 한 잔을 준비하여 내 앞에 놓았습니다.

"황 집사님..."

황 집사가 묻기 전에 내가 먼저 용건을 꺼냈습니다.

"듣고 계셔서 아시겠지만 5구역은 요즘 구역예배를 드리고 있습니다. 그런데 구역원이 4명이다 보니까 한두 명만 빠져도 그 자리가 너무 크게 보여요, 그래서 걱정했는데 세탁소 임 집사님이 황 집사와 연합예배를 하면 어떻겠느냐고 해서... 그 의논을 해보려고 이렇게 찾아뵙게 되었습니다."

"말이 나왔으니까 말입니다만…"

황 집사가 솔직하게 말했습니다.

"저는 아직 담배도 피우고 술도 마시고 한 마디로 날라리집삽니다. 날라리집사가 무슨 구역장을 합니까? 그런데 나보고 구역장을 하라고 통보를 보낸 것입니다."

"부족한 것은 저도 마찬가지입니다. 그래도 복을 받아보자고 시작했습니다. 황 집사님이 합류해 주시면 큰 힘이 되겠습니다."

"근데요… 제가요…"

황 집사는 뭔가 자신이 없는지 한참 망설이다가 말했습니다.

"제가 아직 기도를 잘 못합니다. 대표기도를 안 시키면 참석하겠습니다."

"대표기도는 안 시키겠습니다. 참석만 해주세요."

"그리고 가도 저 혼자밖에 못 가요. 난 우리 구역원들과 일면식도 없고 연락도 안했어요."

"그렇게 하세요. 집사님 혼자만 오세요."

나는 그렇게 또 황 집사를 낚았습니다. 낚아놓고 보니까 황 집사 부부는 키가 좀 작은 편이었습니다. 어쨌거나 그렇게 되어 구역원이 한명 더 불어나게 되었습니다. 그리고 기도하니까 그 다음 주일엔 황 집사 댁에서 구역예배를 드리라는 응답이 왔습니다. 그래서 전화했습니다.

"황 집사님, 다음 주일엔 집사님 댁에서 예배하기로 했으니까 준비해주세요."

"예, 준비하고 기다리겠습니다."

황 집사는 두말하지 않고 바로 순종했습니다. 그리고 예배드리는 날 황 집사 댁으로 갔더니 황 집사 부부는 가게 문도 내려

놓고 단단히 은혜 받을 준비를 하고 우리를 기다리고 있었습니다. 정말 뜻밖의 일이었습니다.

―주님, 오늘은 어떤 말씀을 전할까요?―

주님께 기도했더니 누가복음 19장 1-5절 말씀을 전하라고 했습니다. 그래서 말씀을 읽은 뒤에 성령이 감동을 주는 대로 말했습니다.

"오늘 이 말씀은 여러분들도 너무나 잘 알고 있는 말씀입니다. 말씀에 기록된 것처럼 삭개오는 세리장이고 부자입니다. 그런데 이 삭개오가 당시 그 유명한 예수님이 왔다는 소식을 듣게 됩니다. 그래서 예수님은 도대체 어떻게 생겼을까 하는 궁금함 때문에 예수님의 모습을 보려고 찾아갔습니다. 그런데 수많은 군중들이 예수님을 에워싸고 있어서 예수님을 볼 수가 없었습니다. 삭개오는 황 집사처럼 키가 작았던 것 같습니다. 키가 컸으면 볼 수 있었을 텐데 키가 작아서 도무지 예수님을 볼 수 없었습니다. 삭개오는 답답했습니다. 그래서 주변을 살펴보니까 뽕나무가 있었습니다. 그래서 옳다. 됐다 하고는 얼른 뽕나무로 올라갔습니다. 그리고 아래를 내려다보았습니다. 그 순간 예수님이 고개를 들고 삭개오를 딱 바라보았습니다. 두 사람의 눈이 딱 마주쳤습니다. 그러자 예수님이 일면식도 없었던 삭개오의 이름을 부르며 말했습니다."

"삭개오야. 속히 내려오라. 오늘 내가 너희 집에 유하여야겠다!'

"삭개오는 그렇게 정말 극적으로 예수님을 만나 구원을 받게 됩니다. 여러분, 여러분들도 삭개오처럼 어떻게든지 예수님을 만나야겠다는 간절한 마음으로 나아가면 현재도 예수님을 얼마든지 만날 수가 있습니다. 삭개오가 황 집사처럼 키가 약간 작았지만 어떻게든지 예수님을 만나야겠다는 간절한 마음으로 뽕나무에 올라갔기 때문에 예수님을 만난 것입니다. 여러분들도 삭개오처럼 예수님을 만나기를 간절히 축원합니다."

뭐 이런 식으로 설교를 했습니다. 그리고 다 잊어버렸습니다. 그랬는데 그날 황 집사가 그 설교에 큰 은혜를 받았던 것 같았습니다.

"구역장님, 삭개오 설교는 정말 큰 은혜가 되었습니다. 나는 큰 은혜를 받았어요."

황 집사는 그렇게 그날 삭개오처럼 예수님을 만난 것이었습니다. 삭개오가 황 집사처럼 키가 약간 작다고 말했는데 키가 작다는 그 말에 은혜를 받은 것이었습니다. 그 순간 황 집사는 자기가 삭개오가 된 기분이었던 것 같았습니다. 그래서 황 집사는 그 뒤에 술도 끊고 담배도 끊고 교회에 열심히 충성 봉사해서 뒷날 장로가 되었습니다.

"여러분, 지금은 합심 기도시간입니다."

어쨌든 그날 그렇게 말씀을 전하고 마지막에 합심 소원 기도를 하는 시간이 되었습니다. 그래서 새로운 기도제목이 있으면 내어놓으라고 했더니 세탁소 임 집사가 뜻밖의 기도제목을 내놓았습니다.

"제가 실은 하나님의 은혜로 신도시에 32평 아파트가 당첨되어 중도금을 다 치르고 이제 잔금만 치르면 됩니다. 그런데 잔금을 치르려면 세탁소를 팔아야 되는데 지금이 6월 달이라 세탁소가 잘 안 팔리고 있습니다. 세탁소가 빨리 팔릴 수 있도록 기도 좀 해주세요."

순간 나는 깜짝 놀랐습니다. 세탁소가 팔리면 임 집사가 그쪽으로 이사를 가야 되는데 신도시까지는 버스로 40분이 넘게

가야 하는 먼 거리에 있었습니다. 잘못하면 대표기도도 잘 하는 권찰을 졸지에 잃게 되는 상황이었습니다. 그런데 기도가 잘 되겠습니까? 그래서 기도합시다, 하고는 팔리거나 말거나 하는 마음이 되어 건성으로 기도했습니다.

"이제 식사들 하세요."

그렇게 예배를 끝내고 저녁 식사를 하게 되었습니다. 그런데 정 집사가 얼마나 정성껏 음식을 많이 차렸는지 임금님 수랏상이 부럽지 않을 정도였습니다. 그래서 식사기도시간에 황 집사 댁을 크게 축복해주라고 정말로 간절히 기도했습니다.

―황 집사 댁은 반드시 축복을 받겠다.―

이런 느낌이 올 정도로 황 집사는 구역원들을 진정으로 주님 대접하듯이 정성껏 푸짐하게 대접을 했습니다.

―주님, 용서해 주세요.―

나는 그렇게 대접을 받고 집에 오자마자 주님께 회개기도를 했습니다. 세탁소 임 집사 기도를 건성으로 한 것이 못내 마음에 딱 걸렸습니다. 찜찜해서 견딜 수가 없었습니다. 그래서 다음날 임 집사를 회유하려고 세탁소로 갔습니다.

"집사님, 꼭 이사를 가야 됩니까?"

나는 단도직입적으로 물었습니다. 그러자 임 집사가 고개를 끄덕이며 말했습니다.

"예, 꼭 이사를 가야 됩니다."

"다른 방법도 한 번 생각 해 볼 수 있잖아요."

나는 작정하고 간대로 회유작전을 시작했습니다.

"새 아파트를 전세 놓으시고 여기서 좀 더 사시다가 아파트값이 오르면 그때 팔아서 이 부근에 있는 아파트를 사서 사시면 되잖아요."

"구역장님, 제가 있잖아요..."

그 순간 임 집사가 갑자기 닭똥 같은 눈물을 뚝뚝 떨어뜨리며 목 메인 소리로 말했습니다.

"제가 있잖아요. 두 아이 데리고 이 콧구멍만한 방에서 십년이 넘도록 살았어요. 그렇지만 우리 형편에 어떻게 32평 아파트를 바라나 보겠어요. 순전히 하나님이 크신 은혜로 주신 아파트입니다. 그래서 거기 가서 살고 싶어요. 막일을 하더라도 새 아파트에 가서 한번 살아보고 싶어요..."

"집사님, 울지 마세요. 울지 마세요."

임 집사의 눈물을 보는 순간 내 마음은 금세 약해지고 코끝이 시큰해졌습니다. 그래서 얼른 임 집사를 달래며 위로했습니다.

"제가 잘못했어요. 임 집사를 보내기 싫어서 그랬던 것입니다. 저도 기도할게요. 하나님이 이 세탁소를 반드시 팔아줄 것입니다. 제가 기도를 세게 할게요. 울지 마세요. 걱정 마세요."

나는 임 집사를 회유하러 갔다가 세탁소를 꼭 잔금에 맞추어 팔아주라는 기도를 세게 해 주고 돌아왔습니다. 그리고 진심으로 주님께 간절히 기도했습니다.

─주님, 임 집사 눈물을 보셨지요? 아무래도 임 집사 세탁소는 빨리 팔아주셔야겠습니다.─

나는 그렇게 임 집사의 세탁소를 빨리 팔아주라고 하루 두 번씩 강권적으로 기도했습니다. 그러다가 한 주일이 지나서 윤 창범 성도 댁에서 구역예배를 하게 되었습니다. 그런데 예배에 갔더니 구역예배에 꼭 오겠다고 했던 임 집사가 구역예배에 오지 않았습니다.

─무슨 일이 생겼나?─

전화를 해도 받지를 않았습니다. 나는 걱정이 되었지만 입을 꾹 다물었습니다.

꺼병한 남자와 디스크

하 정태씨는 거기서 또 말을 중단하고 주스를 부어 한 모금 마셨습니다. 그리고 잠시 생각을 정리해서 다시 얘기를 계속했습니다.

"나는 몹시 걱정이 되었습니다. 그래도 꾹 참고 예배를 드렸습니다. 그런 후 저녁 대접까지 잘 받은 뒤에 구역원들과 헤어졌습니다. 그런 뒤에 임 집사에게 전화를 했습니다."

"구역장님, 할렐루야!"

임 집사가 뜻밖에도 기분 좋게 전화를 받았습니다. 그래서 나는 반가운 마음에 핀잔주듯 말했습니다.

"구역예배도 안 오시고 할렐루야는 무슨 할렐루야입니까?"

"감사합니다. 구역장님이 기도를 아주 세게 해주는 바람에 세탁소를 팔게 되었습니다. 할렐루야!"

"세탁소를 팔게 되다니요?"

"제가 있잖아요. 구역장님의 전화를 받고 성경을 챙겨들고 구역예배에 가려고 세탁소를 나갔어요. 그때 어떤 꺼병한 중년 남자가 내 앞을 가로막고 서더라고요. 무슨 일이냐 했더니 세탁소를 내가 생각했던 것보다 권리금을 이백만원이나 더 주겠다면서 당장 계약을 하자는 겁니다. 그래서 구역예배 드리는 그 시간에 부동산에 가서 계약서를 썼습니다."

"할렐루야! 하나님의 크신 은혜입니다."

나는 진심으로 하나님께 감사했습니다. 내 기도를 들으시고 꺼병한 중년남자를 성령님이 데리고 온 것이 분명했습니다.

"선생님, 신기하지 않으십니까?"

하 정태씨는 나를 딱 바라보며 사뭇 흥분된 모습으로 말했습니다.

"모세 앞에서 홍해가 갈라진 것 같은 큰 기적은 아니지만 기적이잖아요. 권리금을 이백만원이나 더 주고 그것을 산 것입니다. 그뿐 만이 아닙니다. 그 후부터 마치 초대교회에서 일어났던 성령의 역사가 나타나기 시작했습니다."

"또 무슨 일이 일어났습니까?"

"일어났죠. 대단한 일이 일어났습니다. 그 다음 구역예배 장소는 김 영배 집사의 가스 가게였어요. 그런데 그 날은 구역원이 한 명도 결석하지 않고 모두 참석 했습니다. 그래서 기쁘고 즐겁게 예배를 드렸습니다. 그리고 임 집사의 세탁소가 정말 거짓말같이 하나님의 도움으로 팔린 것을 간증했습니다. 그런 뒤에 모두 하나님께 감사기도를 했습니다. 그리고 이어서 합심기도를 했습니다. 그런 뒤에 예배를 끝내려는데 황 집사가 뜻밖의 말을 했습니다."

"구역장님, 실은 제가 허리디스크가 있습니다. 오늘 기도 한번 세게 해주세요."

그러는 것입니다. 그 순간 황 집사에게 내가 기도하면 자기 허리디스크가 고쳐지겠다는 큰 믿음이 생긴 것 같았습니다. 그래서 나는 구역원들에게 모두 황 집사의 몸을 각각 잡으라고 했습니다. 그런 뒤에 황 집사의 손을 꼭 잡고 성경에 기록된 것을 참고하여 허리디스크의 병마를 쫓았습니다."

"살아계신 하나님 아들 예수그리스도의 이름으로 명하노니 허리디스크 병마는 떠나갈지어다! 떠나갈지어다! 떠나갈지어다!"

그렇게 세 번을 외친 뒤에 큰 소리로 황 집사의 허리디스크를 고쳐주라고 기도했습니다. 그런 뒤에 저녁식사를 대접 받고는 헤어졌습니다.

―하나님, 황 집사의 디스크를 꼭 고쳐주세요. 주님이 살아계심을 꼭 입증해주세요.―

나는 혼자 걸어가면서 속으로 계속 기도했습니다. 그랬는데 그날 밤, 황 집사가 자기 집에 도착하여 대문을 열고 들어가는 순간 등짝에서 무엇이 쑥 빠져나가는 것 같은 희한한 느낌이 오더라는 것입니다. 그러고 난 후 등짝이 아주 가볍더라는 것입니다. 그래서 허리를 이리 저리 굽히며 운동을 해 보니까 아프지가 않더라는 것입니다. 황 집사는 그렇게 허리디스크를 정말 거짓말같이 하나님의 은혜로 깨끗이 고친 것이었습니다.

"여러분, 난 사실을 사실대로 말하고 있는 것입니다."

그 다음 구역예배 때, 황 집사가 직접 구역원들 앞에서 신명난 태도로 간증을 하였습니다. 그러자 모두의 눈빛에 생기가 돌고 구역예배에 오는 것을 아주 즐거워하였습니다. 그 후부터 무슨 문제든지 내놓고 기도하면 세탁소가 팔리듯 그렇게 보이지 않는 성령의 손이 도와줌을 볼 수 있었습니다. 그리고 누가 아프다고 하면 구역원이 몸을 잡고 합심해서 기도하면 정말 거짓말같이 병이 고쳐졌습니다. 그렇게 되자 하 정태 집사에게 초대교회에 임했던 성령 충만함이 임했다는 소문이 교회 전체로 퍼져나갔습니다. 어떤 권사님이 그 소문을 듣고 나한테 정말 엉뚱한 말을 했습니다.

"하 집사님, 소문 다 들었어요. 기도원 하나 차리세요. 병자도 고쳐주고 돈도 버세요."

"옛?"

나는 정말 어이가 없었습니다. 그래서 속으로 사탄아 물러가라! 소리치고는 웃으며 좋게 대답했습니다.

"권사님, 감사합니다. 근데요. 병을 고치는 능력을 제가 개발했다면 모르겠는데 이건 내가 개발한 것이 아니고 하나님이 하신 것입니다. 나는 나를 너무 잘 알아요. 나는 아무 능력이 없어요. 그런 내가 기도원을 차렸을 때 하나님이 떠나면 나는 아무것도 아닌 우스운 존재가 됩니다. 그래서 그런 일은 못해요."

나는 그러고는 기도원 같은 것은 꿈에도 생각하지 않고 교회 봉사와 구역장 일만 기도하며 열심히 했습니다.

"구역장님, 다음 주일에 이사 갑니다."

그러는 사이에 시간들이 많이 지나서 임 집사는 세탁소를 팔아 잔금을 치르고 마침내 신도시 새 아파트로 이사를 갔습니다. 나는 구역원들을 이끌고 이사를 간 임 집사 댁을 찾아가서 구역예배를 드렸습니다.

"먼데까지 와 주셔서 감사합니다."

임 집사는 나와 구역원들에게 진심으로 인사했습니다. 임 집사 아내와 자녀들은 모두 기쁨이 가득 넘쳐 있었습니다. 콧구멍만한 세탁소 방에서 살다가 32평 새 아파트로 왔으니 궁궐이 부럽지 않았을 것입니다. 임 집사는 너무 좋다고 하나님이 너무너무 감사하다는 말을 몇 번인지 모르게 거듭 말했습니다. 자기는 마치 천국에 온 기분이라고 말했습니다.

―이 아파트가 교회 옆에 있었다면...―

내 마음 한 구석은 찜찜했습니다. 아무리 좋게만 생각해봐도 임 집사가 버스로 40분도 더 걸리는 먼 길을 와서 구역예배를 못 드릴 것 같은 느낌이 들었기 때문이었습니다.

"구역장님. 정말 죄송합니다."

임 집사는 내가 예감한 대로 그 먼 길을 그래도 은혜를 잊지 못해 두 번이나 오다가 거리가 너무 멀어 안 되겠다며 교회도 옮기고 구역예배도 나오지 않았습니다.

─이제 어떻게 하면 좋지?─

나는 참 답답했습니다. 그동안 임 집사가 권찰로서 대표기도를 늘 담당해 왔습니다. 그랬는데 임 집사가 가고 나자 당장 대표기도 할 사람이 없었습니다. 황 집사는 처음부터 대표기도는 시키지 말라고 했기 때문에 기도하라고 할 수가 없었습니다. 그래서 고민하다가 주님께 푸념하듯 기도했습니다.

─주님, 구역원도 얼마 안 되는데 이렇게 빼 가면 제가 어떻게 구역예배를 합니까? 황 집사는 처음부터 대표기도는 시키지 말라고 했는데, 누구한테 대표기도를 시킬까요? 제가 대표기도도 하고 말씀도 전할 수는 없잖아요. 혼자서 굿치고 장구치고 할 수는 없잖아요? 어떻게 하죠, 주님?─

그런데, 그 순간 주님한테서 뜻밖의 응답이 왔습니다.

─황 집사에게 기도를 가르치면 될 거 아니냐.─

"진짜! 그러면 되겠습니다!'

나는 그 쉬운 것을 고지식해서 얼른 생각해내지 못했던 것입니다.

"황 집사님, 제 말을 오해하지 말고 들으세요."

나는 며칠 후, 황 집사를 내 슈퍼로 불러서 단도직입적으로 말했습니다.

"집사님은 처음부터 대표기도는 시키지 말라고 했지만 임 집사가 가고 나니까 대표기도 할 사람이 없어요. 그리고 집사님도 서리집사로 인생 끝내려면 모르지만 앞으로 성장하여 안수집사, 장로가 되자면 대표기도는 배워서라도 반드시 잘해야 됩니다. 그러니까, 제가 대표기도를 가르쳐 줄 테니까 한번 해보세요. 그렇게 어렵지 않습니다."

"나는 어렵기만 하더라고요."

"집사님, 어렵지 않아요. 기도는 주기도문을 교본으로 해서 하면 됩니다. 맨 처음에 하나님께 감사, 찬양을 하고, 두 번째 회개를 하고, 세 번째 여러 가지 간구를 쭉 합니다. 그리고 마지막 마무리는 말씀 전하는 구역장이나 목사님에게 말씀을 잘 전하여 은혜 받게 해달라고 하고 끝으로 성령님이 처음부터 끝까지 온전히 함께 해달라고 한 뒤 예수님의 이름으로 간절히 기도했습니다. 아멘 하면 됩니다. 어렵지 않죠?"

"아뇨. 어렵기는 어렵죠…"

황 집사는 난감한 빛을 감추지 못하며 한참 생각하다가 말했습니다.

"조금만 더 자세하게 가르쳐주세요. 그럼 용기를 내어 한번 해 보겠습니다."

"잘 결심하셨습니다."

나는 황 집사에게 계속 용기를 불어넣었습니다.

"안 보고 할 생각하지 말고 기도문을 잘 써와서 읽으면 됩니다. 장로님들도 대게 기도문을 써서 읽습니다. 그러면 실수가 안 나요. 그리고 성경을 많이 읽어보시고 좋은 말씀을 찾아서 기도문 중간 중간에 넣으면 기도문이 아주 힘이 있고 반짝반짝 빛이 납니다. 아셨죠?"

"알겠습니다. 해 보겠습니다."

황 집사가 마침내 자신 있게 끄덕였습니다. 나는 어떻게 하면 황 집사의 이 마음이 변하지 않도록 할 수 있을까 고민하며 황 집사를 가만히 바라보고 있었습니다.

기도 중에 날아간 술 담배

하 정태씨는 여기서 또 잠시 말을 중단하고 물을 한 모금 마셨습니다. 그리고 한강을 잠시 바라보다가 이윽고 다시 얘기를 계속했습니다.

"나는 황 집사에게 더욱 자신감과 용기를 불어넣기 위해 내 간증을 하나 했습니다."

"집사님, 내가 실은 개척교회를 좀 다니다가 하늘중앙교회로 왔어요. 개척교회는 서리집사만 되면 무조건 대표기도를 시켜요. 그래서 나도 처음엔 기도문을 써서 읽었습니다. 그러다가 6개월쯤 지난 어느 수요일이었어요. 그 무렵 수요예배를 잘 안다니다가 그날 갑자기 은혜를 받고 싶은 마음이 생겨서 교회에 갔어요. 그랬는데 수요예배 대표기도는 통상적으로 여자집사가 했어요. 그런데 그날 대표기도 하기로 되어 있던 여자집사님이 무슨 사정으로 안 나온 거예요. 그러자 목사님이 강단에서 성도들을 쭉 훑어보다가 돌연 손가락으로 나를 딱 찍었어요."

"하 집사님이 대표기도를 하세요."

"예?"

순간 나는 눈앞이 캄캄했어요. 정말 아찔했어요. 지금까지 기도문을 써와서 읽었다는 말도 못하고 정말 안절부절못하고 있었어요.

"그래서 어떻게 했어요?"

황 집사가 궁금해 죽겠다는 태도로 물었어요.

"못한다고 했어요?"

"아뇨."

나는 황 집사를 딱 바라보며 말했습니다.

"그 순간 확 오기가 생기더라고요. 그래서 에라 모르겠다, 죽으면 죽고 살면 살자. 주님 도와주세요. 속으로 얼른 기도하고는 벌떡 일어나서 기도를 했어요. 그런데 정말 거짓말같이 기도문이 확 열렸어요. 은혜를 받은 거죠. 그때부터 제가 기도문 없이 대표기도를 합니다. 황 집사님도 6개월만 기도문을 서서 기도를 해 봐요. 반드시 기도문이 확 열릴 겁니다."

"아이 아닙니다. 저는 어려울 겁니다. 하지만 열심히 노력하며 준비해서 기도하겠습니다."

황 집사가 아주 자신에 찬 모습으로 크게 고개를 끄덕이며 말했습니다.

—주님, 감사합니다. 감사합니다.—

나는 속으로 주님께 감사기도를 했습니다. 그런 곡절 끝에 대표기도 문제는 해결을 했습니다. 그런데 황 집사가 대표기도를 시작하고부터 이상하게도 내 슈퍼에서 예배를 할 때와 황 집사 댁에서 예배를 할 때엔 구역원들이 한 사람도 안 오는 겁니다. 그럴 때마다 둘이서 이마를 맞대고 예배를 했습니다. 나는 말씀을 전하고, 황 집사는 대표기도를 했습니다. 그런데 황 집사가 둘이서 예배를 하는데 대표기도를 30분씩 길게 하는 것입니다. 다윗, 솔로몬, 엘리야, 엘리사 등등 여러 성경의 인물들의 말씀을 중간 중간에 넣어서 기도를 하는데 듣는 내가 큰 은혜가 되었습니다.

"구역장님, 저도 술을 끊을 랍니다."

두 달쯤 지난 어느 날이었습니다. 황 집사가 성경에 포도주를 마시면 독사처럼 쏘고 뭣이 어쩌고 하면서 술을 끊었어요. 그러다가 어느 날은 우리 몸에는 성령 하나님이 계시니까 깨끗해야 된다면서 담배도 끊었습니다. 성경 말씀이 칼이 되어 황 집사의 술과 담배를 끊게 했습니다. 성경 말씀은 정말 살아계신 하나님의 말씀이라는 것을 새삼 깨달을 수 있었습니다.

"구역장님, 너무너무 고마워요."

황 집사가 술과 담배를 끊으며 신앙이 잘 성장해가자 황 집사의 부인 정 집사가 좋아 죽으며 나를 만날 때마다 고맙다는 인사를 아끼지 않았습니다. 세월이 많이 지나서 돌아보니까 그때 나에게는 말씀을 전하는 교육을, 황 집사에게는 기도하는 교육을 시켰던 것 같았습니다.

"집사님, 내일 구역예배입니다."

구정 전날이면 양품점은 큰 대목입니다. 그런데 고지식한 나는 그날에도 황 집사에게 구역예배를 나오라고 했습니다. 그러면 황 집사는 정 집사에게 양품점을 맡겨놓고 나올 정도로 주님의 은혜에 푹 빠져 있었습니다. 황 집사와 나는 죽이 잘 맞았습니다. 그래서 둘이서 마치 사냥개처럼 구역원들의 집과 가게를 차례로 찾아다니며 열심히 구역예배를 드렸습니다.

"구역장님, 오늘은 구역예배를 못 드리겠습니다."

그런 어느 날, 큰 문제가 발생했습니다. 가스가게 김 영배 집사님 댁에 구역예배를 하러 갔는데 김 집사님이 구역예배를 못 드리겠다고 했습니다.

"왜 구역예배를 못 드리겠다는 겁니까?"

"저희 집을 팔았습니다.

김 영배 집사가 뜻밖의 말을 했습니다.

"집을 팔아서 전셋집을 하나 얻고 가스가게 하나 얻고 나머지로 장례예식장 차렸습니다. 이틀 뒤에 장례예식장 개업식을 합니다. 그래서 오늘은 예배를 못 드리겠습니다. 죄송합니다."

"저어, 김 집사님, 이틀 뒤에 장례예식장 개업하는데 왜 오늘 예배를 못 드린다는 겁니까?"

"하여간 오늘은 안 되니까 다른데 가서 예배드리세요."

김 영배 집사가 냉정하게 딱 거절했습니다. 그래서 황 집사와 나는 섭섭한 마음으로 돌아섰습니다. 그리고 내 슈퍼에 가서 예배를 드리고 헤어졌습니다. 그랬는데 큰 문제가 발생했습니다.

"구역장님, 김 집사가 낭패를 당했대요."

며칠 후, 황 집사가 전화로 연락했습니다. 무슨 일이 있었느냐고 물었더니 장례식장 옆에 있는 초등학교 교장이 갑자기 초등학교 옆에 장례예식장이 들어오면 안 된다고 진정서를 넣어버린 것이었습니다. 그 바람에 김 집사는 장례예식장 개업식도 못하고 발만 동동 구르고 있다는 것입니다. 그런데다가 집을 팔면서 절반은 현금을 받고 절반은 어음을 받았는데 그 어음이 부도가 나버렸다는 것입니다. 그래서 김 영배 집사는 졸지에 말할 수 없는 큰 낭패를 당해 버린 것이었습니다.

"우리한테 집을 판다는 말도 한번 안하고 장례예식장 한다는 말도 한 마디 안하더니 정말 큰일이 나버렸네요."

황 집사가 섭섭한 마음을 못내 지우지 못하며 말했습니다. 나도 사람이라 기도 한번 하지 않고 그런 일을 한 김 집사가 약간은 섭섭했습니다. 그래도 내색은 하지 않았습니다. 내 느낌에 하나님의 진노가 임하지 않았나 싶었습니다. 그래도 내 구역원인지라 하나님께 김 집사를 용서해주라고 기도했습니다. 그런데 아무 응답이 없었습니다.

"구역장님. 장례예식장에 와서 구역예배를 좀 해주세요."

김 집사 부부는 하나님이 진노해서 그런 것이 아닌가하는 느낌이 들었는지 제발 장례예식장에 와서 예배해달라고 했습니다. 그래서 장례예식장에 구역원들을 데리고 가서 구역예배를 드렸습니다. 그때 김 집사 부부가 새 기도제목을 내놓았습니다.

―장례예식장 개업하게 해 줄 것, 부도난 어음 잘 해결해줄 것―

나는 그 기도제목으로 기도하면서 사람들은 어쩌면 자기가 잘못해서 문제를 만들어 놓고 그것을 해결해 달라고 울며불며 기도하는 것이 아닐까 하는 생각을 해보기도 했습니다.

"야, 하 정태!"

그런 어느 날 백만불이 전화를 했습니다.

"구역예배는 잘 하고 있니?"

"응 그럭저럭… 근데 말야…"

나는 김 영배 집사의 얘기를 해주었습니다. 그랬더니 백만불이 거침없이 말했습니다.

"그건 하나님이 진노하셔서 그래. 너 성경에서 하나님이 진노하여 라는 말씀 봤지. 하나님이 진노하시면 무서워, 빌딩도 하나님이 후 불면 순식간에 날아가 버려. 하나님이 사랑이 많으셔서 오래 참으시는 편이지만 진노하시면 정말 무서워. 너도 각별히 조심해라. 하나님에게 잘 보이는 게 상책이야."

"알았어. 하나님이 진노하시지 않으시도록 열심히 할게."

"좋았어. 어려운 일이나 힘든 일이 있으면 바로 연락해."

"알았다. 백만불, 고마워."

인사하고 전화를 끊었습니다. 백만불은 가끔씩 전화해서 내 상태를 살폈습니다. 정말로 나를 부자 만들려고 열심히 애쓰는 모습이 그대로 느껴지기도 했습니다. 그래서 나는 주일학교교사, 성가대찬양, 전도, 남자구역장 등을 있는 힘껏 열심히 하며 시간이 나면 성경 말씀도 부지런히 읽었습니다. 그런데 눈을 씻고 또 씻으며 읽어도 노아보다 땅을 더 많이 받은 사람은 내 눈에 도무지 보이지 않았습니다.

―도대체 그 말씀은 어디에 있지?―

나는 길옆에 있는 산삼을 찾듯 열심히 그 말씀을 찾으려고 성경을 읽고 또 읽었습니다.

예수를 믿었으면 반드시 부자가 되라.

믿음의 선불십일조

하 경태 씨는 여기서 말을 중단하고 물을 한 모금 마신 뒤에 잠시 생각하다가 얘기를 계속했습니다.

"구역장님, 제가 한 분 전도했습니다."

어느 구역예배를 드리는 날이었습니다. 황 집사가 부인 정 집사 친구의 남편인 권 성규 집사를 전도해서 구역으로 데리고 왔습니다.

"저는 작은 주물공장을 하고 있습니다."

권 성규 집사도 황 집사처럼 키가 작았습니다. 나보다는 몇 살 아래 동생이었습니다. 큰 주물공장에서 주물을 조금씩 받아 일하는 붙음살이 사장이라고 했습니다. 그런데 권 성규 집사 댁에 가서 구역예배를 드릴 때면 저녁은 꼭 빵으로 대접을 했습니다. 그래서 나는 이 집은 양식을 좋아하나보다 생각했습니다. 그런데 뒤에 가서 알고 보니까 형편이 너무 어려워서 빵으로 대접한 것이었습니다. 그래도 살아보려고 발버둥을 치며 애쓰는 권 집사가 대견해 보이기도 하고 한없이 안쓰럽기도 했습니다. 직원이 자주 사고를 치기도 하고 어렵사리 일을 해 주면 부도를 내고는 내빼는 사기꾼을 만나기도 해서 점점 더 형편이 어려워지기만 했습니다.

―주님, 권 집사를 좀 잘 보살펴주세요. 착하고 성실하고 정직하고 하나님도 잘 섬기고 있잖아요. 불쌍히 여기시고 긍휼을 베풀어 주세요.―

나는 동생 같은 권 집사가 안쓰러워서 주님께 강권적으로 기도했습니다. 그러다가 어느 날은 권 집사를 따로 불러서 궁금한 것을 가만히 물어보았습니다.

"집사님, 한 달에 십일조를 얼마씩 내고 있습니까?"

"십일조요? 요즘 먹고 살 것도 없는데 무슨 십일조를 냅니까? 한 푼도 못 내고 있습니다."

권 집사는 아무렇지도 않게 당연하다는 태도로 대답했습니다. 그래서 나는 잠시 망설이다가 말했습니다.

"집사님, 그렇게 사시면 평생 가난하게 삽니다. 제가 잘 살 수 있는 확실한 길을 하나 가르쳐주고 싶은데 가르쳐주면 순종하겠습니까?"

"뭔데요? 말씀이나 한 번 해보세요."

"한 달에 필요비용이 얼마나 됩니까?"

"저희 집 생활비하고 공장을 돌리려면 한 달에 최하 500만원은 있어야 됩니다."

"그렇다면요. 빚을 내서라도 월 첫 주일에 선불로 50만원씩 십일조를 드리세요."

"옛? 50만원을요?"

권 집사가 눈을 크게 뜨며 반문했습니다. 그래서 나는 웃으며 설득했습니다.

"이래도 가난하고 저래도 가난할 때, 이판사판공사판일 때는 하나님을 굳세게 믿어보는 게 상책입니다. 선불로 50만원의 십일조를 드리는 것은 - 하나님 우리 집은 한 달에 최소한 5백만원은 있어야 살아갈 수 있어요. 그러니까 어떻게든지 책임을 져주세요.- 딱 못을 박는 것과 같습니다. 굳센 믿음은 승리합니다. 큰 부자가 되겠다고 투기하는 건 하나님이 싫어하시지만 이것만은 꼭 있어야 살아갈 수 있다는 절박한 기도는 하나님이 반드시 들어주십니다. 선불십일조는 절박한 기도와 꼭 같습니다. 제가 해 봤는데 됐어요. 며칠 기도해보시고 하나님이 감동과 믿음을 주시면 내가 시키는 대로 한번 해보세요. 과부 땡 빚을 내서라도 선불로 50만원을 십일조로 한번 내보세요. 그러면 집사님은 반드시 하나님의 크신 은혜를 보게 될 것입니다."

"아, 네, 알겠습니다. 생각해보죠."

권 집사는 내 말을 들으며 반신반의하는 태도였습니다. 그랬지만 나는 권 집사와 헤어진 뒤에 하나님께 권 집사에게 큰 믿음을 주라고 간절히 기도했습니다. 그랬더니 하나님이 권 집사에게 믿음을 주셔서 선불십일조를 하기 시작했습니다. 그리고 나서부터 권 집사의 얼굴이 점점 밝아지기 시작했습니다. 서너 달이 지난 뒤에 나는 궁금해서 한 번 물어보았습니다.

"집사님, 요즘은 좀 어떠세요?"

"구역장님 말이 진짜 맞았어요."

권 집사가 활짝 개인 얼굴로 말했습니다.

"믿음으로 선불십일조를 드렸더니 부도를 내고 도망을 갔던 사람들이 하나둘씩 돈을 들고 죄송했다며 나을 찾아오더라고요. 요즘은 정말 신나요. 행복해요. 구역장님 정말 고맙습니다."

"아닙니다. 집사님이 내 말을 믿고 순종한 것이 더 값진 일입니다. 믿음은 반드시 승리합니다. 집사님은 앞으로 큰 복을 받으실 것입니다. 우리 기도합시다."

나는 그러고는 권 집사 사업이 불꽃같이 잘 되라고 진심으로 간절히 기도해주었습니다. 그 후 점점 사업이 번창하여 십 수 년 후에는 30억 재산가가 되고 장로가 되었습니다.

"선생님, 제 말이 거짓말 같죠?"

하 정태씨가 나를 딱 바라보며 말했습니다.

"거짓말 아닙니다. 사실입니다. 저는 구역장을 하면서 하나님이 하시는 일을 눈으로 많이 봤어요. 병을 고침 받고, 가난한 자가 잘 살아지고, 교만한 자가 꺾이고, 선한 자에게는 큰 복을 주는 것을 구역예배를 하며 내 눈으로 많이 봤어요. 어쨌든 저는 기쁘고 즐겁게 구역예배를 계속했어요. 권 집사가 오고 6개월이 지난 뒤에 연말이 됐어요. 그런 어느 날이었어요."

"구역장님, 권 집사가 교통사고로 입원을 했답니다. 윤 창범 성도는 병이 나서 병원에 입원했답니다."

황 집사가 전화하여 소식을 알려줬습니다. 구역 식구가 뻔한데 두 사람이 병원에 입원했다고 해서 순간적으로 큰 걱정이 되었습니다. 그래서 걱정하며 기도하고 있는데 황 집사가 슈퍼로 나를 찾아와서 심각한 빛으로 물었습니다.

"구역장님, 구역식구도 얼마 안 되는데 이렇게 사고 병이 많아서 구역예배가 제대로 되겠습니까?"

"집사님, 아무 걱정하지 마세요."

나는 자신 있게 담대하게 대답했습니다.

"구역예배 이거 우리가 하고 있는 것이 아닙니다. 하나님이 하고 있어요. 우리는 도우미입니다. 그러니까 아무 걱정 마시고 지켜보기만 하세요."
"글쎄요. 전 믿음이 작아서 당최 이해가 잘 안됩니다."
 황 집사는 잔뜩 어두운 표정을 짓고 발길을 돌렸습니다. 그런 황 집사를 보내고 나도 진짜 걱정이 되어 하나님께 간절히 기도했습니다.
 ―하나님, 도대체 이게 어떻게 되는 겁니까? 제가 뭘 잘못했습니까? 응답을 주세요.―
 나는 그렇게 기도하고 하나님의 응답을 기다리고 있었습니다. 그때 갑자기 백만불한테서 전화가 왔습니다.
 "야, 백만불, 너 마침 전화 잘했다."
 나는 잘 됐다 생각하고 구역에서 일어난 우환을 얘기했습니다. 그런 뒤에 어떻게 하면 좋겠느냐고 물었습니다. 그러자 백만불이 핀잔주듯 말했습니다.
 "어떻게 하기는 뭘 어떻게 해. 음료수라도 하나씩 사서 병문안을 가!"
 "병문안을 가면 문제가 해결되기라도 하니?"
 "가봐. 그러면 너는 거기서 분명히 하나님을 보게 될 것이다."
 "하나님을 본다고?"
 "그래! 어? 전화 왔네. 뒤에 또 연락하세."
 백만불이 그러며 전화를 끊었습니다. 그제야 내 기도를 듣고 하나님이 백만불을 통해 응답했다는 것을 깨달을 수 있었습니다. 그래서 하나님께 감사기도를 한 뒤에 음료수를 한 박스 사들고 먼저 권 집사에게 갔습니다.
 "할렐루야! 구역장님, 어서 오세요!"
 내가 병실로 들어가자 멀쩡한 모습으로 병상에 앉아있던 권 집사가 아주 반갑게 나를 맞이하며 할렐루야를 외쳤습니다. 나는 그 모습을 보자 너무 어이가 없어서 핀잔주듯 말했습니다.
"병원 병실에 앉아서 할렐루야가 나옵니까?"
"구역장님, 나는 하나님 은혜로 살았어요."
"하나님 은혜로 살다니 그건 또 무슨 말씀 입니까?"
"제가 있잖아요."
권 집사가 아주 진지한 태도로 자초지종을 말했습니다.
"제가 오토바이를 잘 타고 다니잖아요. 근데 헬멧이 무거워서 안 쓰고 다닐 때가 많아요. 오늘 아침에도 헬멧을 안 쓰고 오토바이를 타고 가는데 어디선가 -헬멧을 써! - 하는 소리가 들리는 겁니다. 그래서 나는 의아해하며 사방을 둘러봤어요. 그런데 아무도 없었어요. 그래도 어쩐지 찜찜해서 헬멧을 쓰고 오토바이를 타고 갔어요. 그랬는데 사고처리 반 경찰이 말하는데요. 만일 내가 오늘 헬멧을 안 쓰고 나갔더라면 그 자리에서 즉사했을 거라고 했어요. 하나님이 나를 사랑해서 살려준 거예요. 보세요. 하나도 안 다쳤잖아요. 하나님이 너무 감사해서 감사기도하며 성경을 읽고 있습니다."
그러는 권 집사의 얼굴에는 기쁨이 가득 차 있었습니다. 얼굴이 약간 까진 것 외에는 다친 곳도 없다고 했습니다. 백만불이 하나님을 볼 것 이라고 예언하더니 진짜로 권 집사를 통해 하나님을 눈으로 본 것 같았습니다.
"집사님, 우리 기도합시다."
나는 권 집사의 손을 잡고 빨리 쾌차하도록 도와주라고 하나님께 간절히 기도했습니다. 그런 뒤에 병원을 나와서 다시 음료수 한 박스를 사들고 윤 창범 성도가 입원해 있는 병원으로 찾아갔습니다.
"할렐루야! 구역장님, 어서 오세요"

내가 병실로 들어가자 윤 창범 성도 역시 멀쩡한 모습으로 병상에 앉아 있다가 나를 아주 반갑게 맞아주었습니다. 그래서 나는 또 어이가 없어서 핀잔주듯 말했습니다.

"병원 병실에 앉아서 할렐루야가 나와요?"

"구역장님, 나는 여기서 하나님을 만났습니다."

"하나님을 만났다뇨?"

내가 의아해하며 묻자 윤 창범 성도는 잔뜩 신이 나서 말했습니다.

"어제 아침입니다. 제가 병상에 비스듬히 누워 있는데 비몽사몽간에 어떤 허연 노인이 나타나서 나를 꼬옥 안아주더라고요. 그분은 보나마나 하나님이 분명합니다. 그리고 어제밤에는요. 제가 과일을 한 광주리 선물을 받는 꿈도 꿨어요. 좋은 일이 많이 일어날 것 같아요."

윤 창범 성도는 좋은 꿈을 연거푸 꾸었다며 아주 좋아했습니다. 그러면서 하나님이 너무 감사해서 성경을 열심히 읽고 있다고 했습니다.

―하나님, 감사합니다. 정말 정말 감사합니다.―

나는 권 집사나 윤 성도가 시험이 들었으면 어쩌나 잔뜩 걱정을 하고 찾아갔었는데 하나님은 그들을 입원 시켜놓고 믿음을 주며 성경을 읽게 하며 신앙을 키우고 있었습니다. 그래서 너무 감사해서 감사기도를 몇 번인지 모르게 했습니다. 백만불이 하나님을 볼 것이라고 하더니 진짜 하나님을 본 기분이었습니다. 그 후에도 나는 계속해서 하나님을 볼 수 있었습니다.

세례도 안 받은 서리집사

하 정태씨는 여기서 또 말을 중단하고 물을 한 모금 마셨습니다. 그리고 한강을 잠시 바라보면서 생각하다가 말했습니다.

"선생님, 제가 하나님을 본다고 한 것은 하나님의 형상을 보는 것이 아니라 하나님이 일을 하시는 것을 본다는 뜻입니다. 홍해가 두 쪽으로 쫙 갈라지는 것, 그런 것이 하나님의 모습을 보는 것입니다. 하나님은 영이시라 형체는 볼 수 없었습니다."

"구역장님, 권 집사와 윤 성도가 모두 퇴원했답니다."

그 다음 주일 금요일에 황 집사가 나한테 전화를 해서 알려주었습니다. 그래서 그들로 인한 근심 걱정은 지울 수 있었습니다.

"구역장님, 김 영배 집사님은 아직도 개업식을 못하고 있답니다. 어쩌죠?"

황 집사가 전화로 걱정했습니다. 그래서 나는 기도하자고 했습니다.

"벌써 6개월이 다돼 갑니다."

김 영배 집사는 매우 답답해했습니다. 장례예식장 모든 시설을 갖춰놓고 직원들까지 다 들여놓고 6개월이 다 되도록 열중쉬어 하고 매달 돈만 써야 되니 그 심정이 오죽하겠습니까. 답답해 미칠 지경일 것은 너무 뻔한 일이었습니다.

"유 집사님, 안녕하세요."

나는 믿음이 있는 유 집사에게 전화하여 이런저런 위로의 말을 했습니다. 김 영배 집사를 닦달하여 구역예배에 내보내준 그 고마움 때문에 늘 각별하게 인사하곤 했습니다.

"장례예식장이 개업을 못해 심려가 크겠습니다. 기도를 세게 하고 있습니다. 김 영배 집사님도 잘 달래주세요."

"구역장님!..."

유 집사가 갑자기 목소리를 높였습니다.

"그 게요, 실은 우리 집사님이 아직 진짜 서리집사가 아니에요. 실은 아직 세례도 안 받았어요."
"옛?"
나는 깜짝 놀랐습니다. 그리고 얼른 되물었습니다.
"세례도 안 받았는데 왜 집사라고 불렀어요?"
"그 게요. 그냥 몇 년 없이 나 따라서 교회에 왔다 갔다 하니까 사람들이 집사님, 집사님 해서 집사 아닌 집사가 된 거예요."
"그런 일이 있었군요..."
나는 너무 어이가 없어서 할 말을 잃어버렸습니다. 큰 교회 안에는 세례를 안 받은 서리집사도 있을 수가 있구나 하고 씁쓸레 웃었습니다.

"사랑하는 성도 여러분..."
그런 일이 있은 바로 그 주일에 담임 목사님이 설교 끝날 무렵에 뜬금없이 세례는 3, 4월에 줬지만 그동안 바빠서 세례 못 받은 사람들을 위해 특별히 연말에 세례를 주고자 하니 그 동안 세례를 못 받고 교회에 다닌 분들은 요번 기회에 꼭 세례를 받으라고 했습니다.

―주님, 김 영배 집사님이 준비한 장례예식장은 언제 문을 열어 주시는 겁니까? 김 집사 댁이 큰 곤란을 겪고 있으니, 그 부부가 회개했으니 이제 그만 문을 열어주세요.―

그날 밤, 나는 김 영배 집사님의 장례예식장의 문을 열어주라고 간절히 기도했습니다. 그랬더니 한순간 내 뇌리로 -세례를 받으라고 해라, 그러면 장례예식장 문을 열어주마- 이런 응답이 왔습니다. 순간 나는 너무 기뻤습니다.

"유 집사님, 안녕하세요."
나는 기도를 끝내고 바로 유 집사에게 전화해서 요번 세례식 때 김 집사가 세례를 받으면 장례예식장의 문을 열어준다는 응답이 왔으니 꼭 세례를 받게 하라고 신신당부를 했습니다. 그랬더니 유 집사가 얼마나 닦달을 했는지 김 집사가 세례를 받으러 갔습니다.

"집사님이나 복을 많이 받으세요."

했을 정도로 교만했던 김 영배 집사가 6개월간 힘들게 하니까 고개를 팍 숙이고 나 죽었네 하는 모습으로 묵묵히 세례를 받았습니다. 그러자 세례 받은 바로 그 주일 수요일에 정말 거짓말 같이 초등학교 교장이 민원을 취하했습니다. 그래서 장례예식장 문이 활짝 열려서 영업을 하게 되었습니다. 그 후부터 김 집사 부부는 나를 마치 주님 대하듯 깍듯이 대해주며 잘 따라주었습니다. 나는 거기서도 또 한 번 하나님을 보았습니다.

"권 집사님, 새해 첫 주 예배는 집사님 댁에서 드립니다."

해가 저물고 새해가 되었습니다. 새해 첫 번째 구역예배는 권성규 집사 댁에서 드리기로 했습니다. 그런데 그날 놀라운 일이 일어났습니다. 구역예배에 가보니까 교회 서리집사들이 15명이나 와서 구역예배를 드리겠다고 앉아서 기다리고 있었습니다. 저는 그들을 보고 정말 깜짝 놀랐습니다. 뒤에 가서 알게 된 일이지만 황 집사 양품점이 우리 교회 소식통이었습니다. 거기에 여자집사들이 많이 모였습니다. 그래서 임 집사가 은혜를 받아 신도시 새 아파트로 이사를 간 일, 황 집사가 허리디스크를 고친 일, 김 영배 집사가 교만했다가 혼이 난 일, 권 집사가 교통사고 중에도 하나님의 도우심으로 살아난 일, 이런 일, 저런 일이 모두 교회로 흘러간 것이었습니다. 그래서 하 집사 구역에 하나님의 크신 은혜가 임했다는 소문이 돌았고, 그러자 여자집사들이 너도 나도 남편 등을 떠밀어 보낸 것이었습니다.

─하나님, 황 집사의 기도문을 활짝 열어주셔서 정말 감사합

니다.─

그 무렵 어느 날, 황 집사는 내가 예언한 대로 정말 거짓말같이 기도문이 활짝 열렸습니다. 기도문 없이도 얼마나 기도를 술술 잘 하는지 다시 한 번 하나님을 본 듯 했습니다. 그 무렵에는 나도 말씀을 제법 잘 전했습니다. 주님이 황 집사와 나를 만나게 한 뒤 황 집사에게는 기도의 능력을 내려주시고 나한테는 말씀을 전하는 능력을 부어주셨습니다. 그리하여 구역은 점점 크게 부흥했습니다.

"구역장님, 구역원이 40명이 넘었습니다."

어느 날, 황 집사가 사뭇 흥분해서 말했습니다. 정말 거짓말 같은 일이 우리 눈앞에 펼쳐졌습니다. 모두 하나님이 하셨습니다. 40명이 넘다 보니까 단칸방에서 모일 때는 걱정이었습니다. 그러면 하나님은 그 날은 구역원들이 바빠서 못 나오는 사람이 많게 하여 10여 명으로 줄여주었습니다. 그런 것까지 하나님이 하나하나 다 간섭하시며 일하셨습니다. 그런데 생각지도 못했던 큰 문제가 하나 발생했습니다. 구역식구가 많아지니까 길흉사 건수가 많아졌습니다. 그 바람에 구역장 유지비가 장난이 아니게 많이 들어갔습니다.

"야, 백만불. 큰일 났네."

어느 날, 백만불한테 전화해서 내 사정을 모두 말했습니다. 그랬더니 백만불이 뜻밖의 말을 해주었습니다.

"야, 하 정태. 돈이 없을 땐 돈이 없다고 하나님께 기도를 하게. 돈이 없는데도 가만히 있으면 돈이 있는 줄 알아. 그러니까 없다고 해. 불행할 땐 불행하다고 해야 행복하게 만들어 주는 거야. 가만히 있으면 행복한 줄 알아."

"알았다. 그렇게 할게."

나는 전화를 끊고 그날부터 백만불이 시킨 대로 구역장 품위비를 공급해 달라고 간절히 기도했습니다. 그랬더니 사방에서 돈이 들어왔습니다. 그래서 하나님께 감사기도를 했습니다.

"여러분, 제 얘기를 좀 들어주세요."

그런 어느 주일이었습니다. 주일학교 초등부실에서 선생님들과 모여 앉아 환담을 하다가 구역예배에 하나님이 함께 하고 있다는 자랑을 좀 했습니다. 그랬더니 박 순복 선생님이 자기도 구역장을 하고 있는데 대부분이 애기 엄마들이라는 것입니다. 그래서 구역장 품위비가 장난이 아니라는 것입니다. 백일잔치 지나면 돌잔치, 돌잔치 지나면 결혼식, 초상 등등 돈도 없는데 돈이 들어갈 일만 자꾸 터져서 고민이 많다고 했습니다. 그래서 나는 백만불이 말한 것을 그대로 자신 있게 전했습니다.

"집사님, 돈이 없으면 하나님께 돈이 없다고 말하세요. 가만히 있으면 돈이 있는 줄 알아요. 하나님 저 구역장 품위비가 없어요. 그래야 하나님이 돈을 줍니다."

"알았어요. 그렇게 해볼게요."

박 집사는 내 말을 듣고 고개를 크게 끄덕이며 결심하는 빛으로 말했습니다. 그런 후, 얼마쯤 지난 어느 주일이었어요.

"하 집사님, 고마워요."

박 집사가 가만히 내게로 다가와서 손으로 내 옆구리를 툭 치며 아주 진지한 빛으로 인사를 했습니다. 그래서 내가 의아한 빛으로 물었습니다.

"뭐가 고맙다는 겁니까?"

"저기... 있잖아요."

박 집사는 내가 시키는 대로 그렇게 기도를 했대요. 그랬더니 어느 날 아침 남편이 출근을 하다가 현관 앞에서 멈추어 서더래요. 그리고는 자기를 한없이 불쌍하게 바라보더니 뜬금없이 - 당신 요즘 돈 떨어졌지?- 그러면서 꼬불쳐놓은 돈 20만원을 주고 가더래요.

"선생님. 제 얘기가 이해가 잘 안 되죠?"

하 정태씨가 갑자기 나를 딱 바라보며 말했습니다.

"당연히 안 될 것입니다. 예수를 구주로 믿기 전에는, 예수를 믿고 하나님의 일을 해 보기 전에는, 하나님이 일하시는 것을 볼 수가 없습니다. 하나님이 일하시는 것을 역사라고 합니다. 거꾸로 뒤집으면 사역이죠. 군대에 가면 가끔씩 사역병을 모집해서 일을 시키곤 하잖아요. 한 마디로 하나님이 일하시는 것을 역사라고 합니다."

"알겠습니다. 계속하시죠."

"한번은 이런 일도 있었습니다. 구역원 가운데 송 광호 집사라는 분이 있었는데 이 분이 구역예배를 잘 안 나오는 거예요. 그래서 내가 하나님께 송 집사를 구역예배에 보내달라고 간절히 기도했어요. 그랬더니 어느 수요일에 황 집사한테서 전화가 왔어요."

"구역장님, 송 집사부인 천 영자 집사가 갑자기 쓰러져서 병원에 입원했답니다. 내가 바빠서 그러니 구역장님이 혼자서 먼저 병문안을 한번 가주세요."

"예, 알겠습니다."

순간 나는 뭔지는 몰라도 내 기도 응답이다 생각하고는 음료수 한 박스를 사 들고 황급히 천 영자 집사가 입원해 있다는 병원으로 갔습니다.

"안녕하세요."

나는 병실로 들어가며 인사했습니다. 1인실이었습니다. 자리에 앉아있던 송 집사와 송 집사 삼촌이 얼른 일어나서 나를 반갑게 맞아주었습니다.
"구역장님, 어서 오세요."
"어떻게 된 일입니까?"
"그게 있지 않습니까. 어제 밤에 거실에서 갑자기 픽 쓰러지더니 지금까지 의식불명입니다. 의사 선생님도 딱히 병명이 뭔지 모르겠대요. 구역장님, 집사람이 이렇게 죽기라도 하면 어쩌지요. 흐흐흑..."
송 집사는 아내를 사랑하는 마음이 극진해서 눈물을 줄줄 흘렸습니다. 순간 주님이 나에게 담대하라는 응답을 주었습니다. 그래서 하나님을 믿고 무턱대고 큰소리를 쳤습니다.
"집사님, 걱정 마세요. 이 병은 죽을병이 아닙니다."
나는 예수님처럼 큰 소리를 뻥 치고는 병상에 누워있는 천 영자 집사님 옆으로 다가갔습니다. 천 영자 집사는 의식불명인 채 눈을 감고 반듯하게 누워 있었습니다. 나는 그런 천 영자 집사의 이마에 손을 얹고 큰 소리로 병마를 쫓았습니다.
"살아계신 하나님 아들 나사렛 예수 그리스도의 이름으로 명하노니 병마는 떠나갈지어다. 병마는 떠나갈지어다. 병마는 떠나갈지어다!"
세 번 큰소리로 병마를 쫓은 뒤에 간절히 기도했습니다. 그런 뒤에 천 영자 집사의 등으로 손을 넣어 힘껏 만지며 속으로 하나님께 고쳐주라고 간절히 기도했습니다. 그러자 꼼짝하지 않던 천 영자 집사가 약간 꿈틀꿈틀 움직였습니다.
―음. 그래...―
나는 그때서야 송 집사가 구역예배에 안 나오자 하나님이 송 집사를 길들이기 위해 천 영자 집사를 쓰러뜨려 놓았다는 것을 어렴풋이 느낄 수 있었습니다. 그래서 다시 한 번 큰소리를 쳤습니다.

"집사님, 천집사님은 절대로 죽을병이 아니니까 울지 말고 기도하세요. 그리고 천집사님이 일어나면 다음 주일부터는 구역예배에 꼭 나오세요. 아셨죠."

"예, 예. 나가고말고요. 꼭 나갈게요. 기도 많이 해주세요."

송 집사는 잔뜩 겁을 먹고 납작 조아리며 몇 번인지 모르게 스스로 약속했습니다.

능력의 힘 하나님의 손

하 정태씨는 여기서 또 말을 중단하고 물을 한 모금 마셨습니다. 그런 뒤에 잠시 생각하다가 다시 얘기를 시작했습니다.

―주님, 제가 큰소리치며 병마를 쫓고 기도하고 왔으니 주님이 책임을 져주세요. 안 그러면 구역장 망신, 주님 망신이 될 수 있어요. 꼭 책임져 주세요. 하나님이 살아계심을 꼭 보여주세요.. 꼭 보여주세요.―

나는 병원을 나와서 속으로 그렇게 주님께 간절히 기도하면서 슈퍼로 갔습니다. 그리고 한 번 더 가봐야지 하면서도 그 다음 구역예배를 하는 날까지 가보지 못했습니다.

"구역장님, 어서 오세요."

구역예배 장소가 황 집사 댁이라서 갔더니 먼저 와 있던 송 집사와 송 집사 삼촌이 벌떡 일어나서 나한테 반갑게 인사했습니다.

"송 집사님!"

나는 반가움과 놀라움을 감추지 못하며 물었습니다.

"한 번 더 가본다는 게 바빠서 못 갔습니다. 천집사님은 좀 어떻습니까?"

"천집사는 지난 금요일에 퇴원했어요."

"퇴원을 하다니요?"

나는 의아해하며 물었습니다. 그랬더니 송 집사가 자초지종을 얘기했습니다. 내가 병문안을 가서 그렇게 큰 소리로 병마를 쫓고 기도하고 나간 잠시 뒤에 천집사가 의식을 회복해서 일어나더래요. 그러면서 아무데도 아픈 데가 없으니 당장 퇴원하자고 하더래요. 그런데다가 의사가 와서 진찰을 해보더니 모든 기관이 정상이라며 퇴원하라고 하더래요. 그러면서 송 집사가 내 손을 잡고 좋아죽었습니다.

"하 집사님 정말 고맙습니다. 하 집사님은 역시 하나님이 함께 하시는 분이셔요. 천집사님을 살려주셔서 정말 고맙습니다."

"송 집사님, 내가 살린 게 아니고 하나님이 살리셨어요. 하나님께 감사하면 됩니다."

나는 하나님이 내 기도를 들어준 것이 너무 감사해서 구역원들과 함께 감사기도를 했습니다. 송 집사는 그 날 이후로 단 한 번도 구역예배에 안 빠지고 잘 나왔습니다. 그리고 천집사와 함께 유년부에 가서 주일학교교사로 열심히 봉사했습니다.

"구역장님. 김 봉일 집사가 왔습니다."

얼마 후, 송 집사가 자기와 친하게 지냈던 이불가게를 하는 김 봉일 집사를 전도해서 구역예배에 데리고 나왔습니다. 그런데 김 봉일 집사가 구역예배에만 다니고 자기 가게에서는 예배를 안 드리는 겁니다. 그래서 내가 사정하듯 말했습니다.

"김 집사님, 집사님 가게에서 딱 한 번만 예배를 드립시다. 하나님이 반드시 큰 은혜를 내려주실 것입니다."

그랬더니 김 봉일 집사가 그러라고 했습니다. 그래서 김 봉일 집사의 이불가게에 가서 예배를 드렸습니다. 그리고 이불가게를 나오면서 내가 김 봉일 집사한테 큰 기대감을 주었습니다.

"김 집사님, 내 말에 순종해서 예배를 드렸기 때문에 요번 주일에 놀라운 큰 은혜가 임하게 될 것입니다. 하나님이 놀라운 큰 은혜를 주시면 그 뒤엔 계속 가게에서 예배를 드리세요."

나는 그렇게 큰 소리를 치고 나온 뒤에 또 주님께 간절히 기도했습니다.

―주님, 제가 주님 믿고 큰 소리를 쳤으니까 제 말이 거짓말이 안 되도록 김 봉일 집사 가게에 깜짝 놀랄 만한 큰 은혜를 꼭 내려주세요―

나는 몇 번인지 모르게 반복해서 그 기도를 계속했습니다. 그랬더니 그 다음 주일 구역예배 때 김 봉일 집사가 구역원들에게 선물하려고 수건을 한 뭉치 사들고 활짝 웃는 얼굴로 구역예배에 참석을 했습니다.

"김 집사님, 무슨 좋은 일이 있습니까?"

"좋은 일 정도가 아닙니다."

내가 묻자 김 봉일 집사가 자초지종을 말했습니다. 내가 가게에서 구역예배를 드리고 큰 소리를 치고 간 다음 날 오후 3시쯤 됐는데 어떤 꺼병하게 생긴 사내가 트럭을 운전해 와서 가게 앞에 세우더니 이불을 재고까지 몽땅 다 트럭에 실어라고 하더래요. 그래서 정말 전무후무하게 가게 안에 있던 이불이란 이불은 하나도 남김없이 몽땅 다 그 사내가 사서 트럭을 몰로 가더래요. 그러면서 김 봉일 집사는 흥분을 감추지 못하며 말했습니다.

"제가 이불가게를 10년 했지만 이런 일은 정말 처음 경험했어요. 이것은 분명히 구역장님이 가게에서 예배를 해준 까닭으로 하나님이 크신 은혜를 내려준 게 틀림없어요."

"맞습니다. 하나님이 크신 은혜를 내려 준 것이 틀림없습니다. 보이지 않는 하나님의 힘과 손이 도우신 것입니다. 우리 감사기도 합시다."

나는 그러면서 구역원들과 함께 하나님께 진심으로 뜨겁게 감사기도를 했습니다.

"구역장님, 또 큰 사고가 났습니다."

그 일 후에 또 이런 일도 있었습니다. 구역원 가운데 개인택시 운전을 하는 기 노택 집사가 있었습니다. 기 집사 부인이 윤은혜 집사인데 믿음생활도 잘하고 교회에 뜨겁게 봉사하며 하나님을 잘 섬기는 분이었어요. 정말 믿음이 좋았어요. 그래서 남편에게 하 집사한테 가서 은혜를 받으라고 등을 떠민 것입니다. 그 바람에 어쩔 수 없이 구역에 왔는데 제멋대로 왔다 갔다 했습니다. 그랬는데 어느 날 황 집사가 전화를 해서 기 집사가 교통사고가 나서 병원에 입원했다고 연락을 한 것이었습니다.

"많이 다쳤다고 하던가요?"

"차를 폐차시킬 정도랍니다."

"옛? 그럼 사람은..."

나는 황 집사와 허둥지둥 병원으로 갔습니다. 그런데 병실에 들어갔더니 기 집사가 멀쩡한 모습으로 병상에 앉아 있다가 우리가 들어오는 것을 보고는 반가워서 얼른 병상에서 뛰어내려 우리의 손을 잡았습니다.

"구역장님, 기도해 주셔서 정말 감사합니다. 두 분 기도 덕택에 제가 살았습니다."

"그건 또 무슨 말씀입니까?"

내가 의아해하며 묻자 기 집사가 사뭇 흥분된 모습으로 말했습니다.

"사거리에서 4중 충돌이 있었습니다. 그래서 제 차는 폐차해야 될 정도로도 망가졌는데 저는 이렇게 기적적으로 손가락 하나 안 다쳤습니다. 하나님이 저를 지켜주신 것입니다. 두 분이 나를 위해 열심히 기도해준 덕택입니다. 진심으로 고맙고 감사합니다."

기 집사는 우리가 고마워 죽겠다는 듯 몇 번 인지 모르게 고맙다는 인사를 했습니다. 그 사건을 통해 하나님의 은혜를 체험한 기 집사는 그 후부터 밖에서 운전하다가도 구역예배 시간이 되면 일을 그만두고 구역예배에 꼭 참석했습니다. 사람들은 하나님의 은혜를 받으면 그때서야 하나님이 살아계심을 알고 순종을 잘했습니다.

"선생님, 저는 말입니다."

하 정태씨가 또 나를 딱 바라보면서 아주 진지한 태도로 말했습니다.

"저는 주님의 일을 하는 동안이 진심으로 즐겁고 행복했습니다. 새벽예배에 참석하여 예배를 드리고 기도하고 주일학교 교사하면서 찬양대에서 찬양도 하고 화요일에 구역예배를 하고 그 외의 남는 시간마다 나가서 전도했습니다. 그렇게 하다가 보니까 일주일이 순식간에 휙휙 지나갔습니다. 정말로 세월이 잘 갔습니다. 엊그제 구역예배를 시작했는가 싶었는데 순식간에 2년이 지나가고 있었습니다. 그래서 어느 날은 나도 모르게 이만큼 열심히 했으니까 이제는 하나님이 나에게도 큰 은혜를 내려주시려나. 부자를 시켜주시려나, 이런 생각을 했습니다. 그런데 부자를 시켜주기는커녕 또 내가 상상도 못했던 큰 낭패의 먹구름이 내 앞으로 우르르 밀려왔습니다.

"여보, 어서 오세요."

화요일 밤이었습니다. 구역예배를 잘 드리고 기분이 좋아서 집에 갔는데 기다리고 있던 아내가 내 손목을 꽉 잡고는 안방으로 가더니 문을 잠그고는 다짜고짜 흐느껴 우는 것이었습니다. 예감이 안 좋았습니다. 무슨 일인가 또 터졌구나 싶은 느낌이 확 왔습니다. 그래서 잔뜩 긴장하며 달래듯 물었습니다.

"왜 그래? 또 무슨 일 때문에 그래?"
"여보, 미안해요... 정말 미안해..."
아내가 울먹이며 말했습니다.
"내가 또 사고 쳤어요. 큰 사고 쳤어요..."
"사고라니? 무슨 큰 사고를 쳤다는 거야?"

두 번째 친 큰 시험.

하 경태씨는 여기서 또 말을 중단하고 물을 한 모금 마셨습니다. 그런 뒤에 한강을 잠시 바라보다가 생각이 정리된 듯 다시 얘기하기 시작했습니다.

"선생님, 저는 정말 아찔했어요. 그랬지만 침착하려고 애쓰며 무슨 일이냐고 캐물었습니다."
"있잖아요. 그게... 있잖아요."
아내는 망설이고 망설이다가 마침내 입을 열었습니다.
"오빠가 사업자금이 급히 필요하다며 5천만 원만 빌려달라고 했어요. 일주일만 쓰고 줄 테니까 아무 걱정하지 말고 하 서방이 모르게 좀 빌려달라고 했어요. 그래서 옆집 양순 엄마한테 말해서 일주일 후에 주겠다는 각서까지 쓰고 5천만 원을 빌려다 줬어요. 그랬는데 세상에 오빠가 그 돈을 몽땅 사기를 당한 거예요. 오빠가 나한테 미안하다고 말하고는 도망을 가버렸어요. 양순 엄마는 일주일이 지나자 왜 돈을 안 주느냐, 약속이 틀리지 않느냐. 하며 빨리 돈을 돌려달라고 날마다 나를 콩 볶듯 볶았어요. 그래서 나는 오빠한테 무슨 사정이 생긴 것 같으니 좀 기다려 달라고 사정사정하며 6개월을 버텨왔어요. 그러다가 양순 아버지가 이 사실을 알고는 법적으로 하겠다며 내용증명을 보내왔어요. 여보, 어쩌지요. 제가 잘못했어요. 제발 좀 살려주세요. 여보, 으흑흑…"

"…"

아내는 흐느껴 울었습니다. 나는 아무 말도 하지 않았습니다. 또 무엇에 뒤통수를 아주 세게 맞은 느낌이었습니다. 하나님이 큰 은혜를 내려줄 줄을 은근히 기대하고 있었는데 은혜는 고사하고 또 말할 수 없는 큰 낭패 덩어리가 내 앞에 뚝 떨어진 것입니다. 치솟는 감정 같아서는 아내를 사정없이 실컷 때려주고도 싶었지만 그런다고 이미 엎질러진 물을 퍼 담을 수도 없는 일이었습니다. 울고 있는 아내를 바라보니까 때리고 싶은 마음은 싹 사라지고 또 저 사람이 절망하여 자살이라도 하면 어쩌나 하는 걱정이 먼저 앞서는 것이었습니다. 그래서 내가 알아서 다 처리할 테니까 마음을 편하게 가져라, 하늘이 무너져도 솟아날 구멍이 있다는데 무슨 좋은 수가 있을 것이다. 하나님께 기도해라. 하나님이 해결해 주실 것이다. 그렇게 아내를 위로하고 달랬습니다.

―주님, 이 일을 또 어떻게 하면 좋죠?―

나는 주님께 진심으로 고민하며 기도했습니다.

"야, 하 정태. 잘 있었냐?"

그런 다음날 정오 무렵에 느닷없이 백만불이 내 슈퍼에 나타났습니다. 지나가던 길에 들렸다고 했습니다. 그래서 나는 잘 됐다 생각하고 아내가 사고 친 일을 말했습니다.

"백만불, 이걸 도대체 어쩌면 좋겠니?"
"제수씨가 완전 잘못했네. 살림을 완전 말아먹었네. 이혼을 하게나."
"뭐? 이혼을 하라고?"
 나는 눈을 똥그랗게 떴습니다. 그러자 백만불이 웃으며 말했습니다.
"왜 놀래? 다른 방법이 없잖아."
"난 지금 심각해. 농담할 때가 아냐."
"야, 하 정태, 넌 역시 하나님이 무한히 사랑하고 있는구나."
"그건 또 무슨 말이야?"
"하나님은 항상 너한테는 재물로 시험하고 있잖아. 그게 제일 가벼운 시험이야."
"임마, 거금 5천만 원이야, 5천만 원, 그게 작은 돈이야?"
"어차피 네 돈도 아니잖아. 모두 하나님 돈이잖아."
"무슨 뚱딴지같은 소리야?"
"돈을 잃어버렸을 땐 하나님께 또 달라고 하면 되잖아. 아내가 죽은 것도 아니잖아. 죽었다면 살릴 수도 없고 낭패지만 안 죽었잖아. 중병에 걸린 것도 아니잖아. 돈이야 하나님께 또 받아서 채우면 되는 일이잖아."
"야. 백만불! 난 지금 모아놓은 돈이 하나도 없어. 집을 담보 잡지 않으면 돈을 빌릴 때도 없어."
"그렇다면 집을 은행에 담보 잡으면 되겠네."
"뭐야? 집을 담보 잡으라고?"
"너무 걱정 마, 너한테 지금 엄청난 큰 은혜가 다가오고 있다는 증거야."
"뭐, 엄청난 큰 은혜가 내게로 다가오고 있다고? 증거라고?"

"그래! 내가 언젠가 말해줬잖아. 항상 낭패 다음에 큰 축복이 온다고."

"백만불! 오늘은 왜 이렇게 네 말이 이해가 안 되고 짜증이 나냐?"

나는 짜증스런 태도로 말했습니다.

"백만불, 난 네가 하라는 대로 네 힘껏 열심히 다 했어. 난 도대체 언제쯤이나 너 같은 부자가 되니?"

"너 말 잘했다. 너 이년 동안에 성경은 몇 번이나 읽었니?"

"하는 일이 많아서 짬날 때마다 읽어서 많이는 못 읽었다. 12독정도 밖에…"

"12독 했으면 많이 읽은 거야. 12독하면서 노아보다 땅을 더 많이 받은 사람은 찾았니?"

"아냐. 그건 아직 못 찾았어. 내 눈에는 잘 안보이네. 도무지 안보여."

"그렇다면 아직도 나 같은 부자가 되기는 멀었네. 그것이 산삼처럼 네 눈에 확 보여야 돼. 그래야만 나 같은 부자가 돼. 열심히 찾아봐. 성경에 분명히 있어."

"알았어. 찾아볼게.'

나는 맥없이 대답했습니다. 그러자 백만불이 거듭 너한테 큰 은혜가 다가오고 있으니까 낙심하지 말고 봉사, 전도, 교사를 더욱 열심히 하고 성경을 부지런히 읽으라고 격려와 위로를 하고는 갔습니다.

─하나님. 감사합니다. 백만불을 보내어 모든 것을 가르쳐 주심을 진심으로 감사합니다.─

나는 백만불을 보내고 먼저 하나님께 감사기도를 했습니다. 그런 다음에 은행으로 갔습니다.

"사업 자금이 좀 부족해서 집을 담보로 대출을 좀 받으려고 합니다."

나는 적당히 둘러대고는 집을 담보로 잡고 5천만 원을 융자 받아서 아내의 손에 쥐어주면서 앞으로는 사고치지 말라고 신신당부를 했습니다.

"여보, 고마워. 당신은 진짜 내 남편이야. 진심으로 존경해요. 앞으로 다시는 사고 안 칠게. 맹세할게요. 여보, 정말 고마워요."

아내는 돈을 받아 쥐고는 크게 감동한 얼굴로 눈물을 질금거리며 나한테 몇 번인지 모르게 고맙다는 인사를 했습니다.

"됐어. 난 당신 맹세를 믿어. 가서 빨리 일처리나 잘해."

아내는 그렇게 오빠가 친 사고를 잘 처리했습니다. 그런데 나는 아내만 보면 늘 불안했습니다. 사탄이 또 아내를 통해 어떤 문제를 만들지는 않을까 하는 불안감이 늘 떠나지 않았습니다. 그래서 더욱 기도를 많이 했습니다. 그러나 하나 좋은 점도 있었습니다. 아내는 그 사고를 친 죄 때문에 기가 다 죽어서 전보다 갑절이나 겸손해졌습니다. 시어머니한테도 잘 하고 나한테도 연한 배처럼 서비스가 만점이었습니다. 그래서 어떤 때는 그런 아내가 안 돼 보여서 일부러 용기를 북돋아 주며 기를 살려주기도 했습니다.

"야, 하 정태! 낙심하지 말고 기다려봐. 반드시 너한테 큰 은혜가 올 거야."

백만불이 전화해서 나를 거듭 위로했습니다. 그러나 그러고 일 년이 지나도록 큰 은혜는 그림자도 내게로 다가오지 않았습니다. 그래도 나는 낙심하거나 실망하지 않고 전보다 더 열심히 주님의 일을 계속했습니다.

"여보, 어서 와 봐요 어머니가 좀 이상해요."

그런 어느 날, 아내가 전화해서 어머니의 상태가 안 좋다고 했습니다. 그래서 달려갔더니 어머니는 그 날 해를 넘기지 못하고 자는 듯이 소천 했습니다. 아내와 내가 찬송을 하는 동안에 어머니는 천수를 다하고 아무 고통도 없이 조용히 천국으로 가셨습니다.

"김 집사님. 저 구역장입니다."

나는 어머니가 소천한 뒤에 바로 장례예식장을 하는 김 영배 집사에게 알렸습니다. 그랬더니 김 집사가 번개같이 달려와서 어머니의 시신을 장례예식장으로 옮겨 안치하였습니다. 마치 하나님이 나를 위해 장례예식장을 준비해 놓은 것 같았습니다.

"여보, 연락을 다 했어요."

아내가 친척과 사방에 전화로 연락했습니다. 하지만 연락은 받은 형제와 친척들이 오지 않아서 장례예식장에 마련된 빈소는 썰렁했습니다. 밤이 되자 황 집사와 권 집사와 윤 창범 집사가 왔습니다. 그래서 그날 밤은 그들과 함께 밤을 보냈습니다. 멀리 있는 형제보다 가까이 있는 이웃이 낫다더니 멀리 있는 친척보다 가까이 있는 구역원이 더 큰 힘이 됐습니다. 형제들보다 더 든든했습니다. 그 다음날 아침이 되자 소식을 들은 구역원들과 구역원 부인들이 의논이나 한 듯이 모두 와서 빈소를 찾아오는 손님들을 맞아 대접했습니다. 목사님도 오셔서 시간 시간마다 예배를 드려주며 위로했습니다. 그때서야 사방에서 형제와 친척과 친구들이 찾아왔습니다.

"집사님, 많이 섭섭하시겠습니다…"

교인들이 많이 문상을 왔습니다. 그리고 나는 일면식도 없는데 구역장으로 소문이 나서 교인들이 줄을 서서 빈소를 찾아왔습니다. 구역원들과 구역원 부인들 덕택에 우리 가족은 가만히 앉아서 초상을 치렀습니다. 그렇게 초상을 치르고 부조금을 계산해보니까 아내가 저지른 빚을 절반이나 갚을 만큼의 돈이 들어와 있었습니다.

─아아, 사랑을 심으면 사랑으로 거두는구나.─

나는 속으로 감격했습니다. 부자가 되고 싶은 마음에 백만불이 시키는 대로 열심히 구역원들의 아픈 상처를 싸매주며 손발을 닦아주며 기도하며 정성스레 열심히 보살폈더니 그것이 나보다 더 뜨거운 사랑이 되어 나한테 갑절로 되돌아 온 것이었습니다. 심는 대로 거둔다는 말씀이 이해가 되었습니다.

─주님, 감사합니다. 정말 정말 감사합니다.─

모두가 주님이 은혜를 내려준 덕택이었습니다. 그래서 몇 번인지 모르게 진심으로 감사기도를 하고 또 했습니다.

"야, 하 정태, 너 아직도 울고 있니?"

어머니를 졸지에 보내고 너무 슬퍼서 일주일 내내 슈퍼에서 어머니를 생각하며 울었습니다. 만날 가게 일을 한다고 제대로 보살피지도 못했고 피곤하다고 짜증만 부렸던 일이 후회가 되고 후회가 되어 어머니를 생각하며 울고 또 울었습니다. 그때에 백만불이 나타났습니다. 초상 때 부조도 백만 원이나 한 백만불이었습니다.

"너 분명히 울고 있을 것 같아서 왔다."

"어머니가 돌아가셨는데 안 슬프면 사람이 아니지. 난 어머니한테 별로 효도 한 것도 없어. 그래서 더 눈물이 나."

"야, 눈물 뚝 하고 요한복음 19장을 찾아서 25절에서 27절까지 한 번 읽어봐."

그룹회장 백만불의 간증

하 정태씨는 여기서 또 말을 중단하고 물을 한 모금 마셨습니다. 그리고 잠시 생각을 정리하여 다시 얘기를 계속했습니다.

"나는 성경을 꺼내 요한복음 19장을 찾아서 25절부터 읽었습니다."

요19: 25 예수의 십자가 곁에는 그 어머니와 이모와 글로바의 아내 마리아와 막달라 마리아가 섰는지라

요19: 26 예수께서 자기의 어머니와 사랑하시는 제자가 곁에 서 있는 것을 보시고 자기 어머니께 말씀하시되 여자여 보소서 아들이니이다, 하시고

요19: 27 또 그 제자에게 이르시되 보라 네 어머니라 하신대 그 때부터 그 제자가 자기 집에 모시니라.

"야, 하 정태, 예수님을 좀 봐봐."

백만불이 힘을 주어 말했습니다.

"예수님은 어머니를 두고 십자가에 달려죽잖아. 어머니보다 먼저 죽었잖아. 근데 넌 어떠니? 넌 어머니가 호호백발 될 때까지 잘 모시다가 찬송가를 자장가처럼 불러드렸다며? 찬송가 소리를 들으면서 천국 가셨다며? 예수님에 비교하면 너는 아주 아주 행복한 녀석이야. 조금도 슬퍼할 이유가 없어. 가실 분이 가신 거야. 근데 뭐가 슬퍼서 우냐? 예수님 앞에서 부끄럽지도 않아? 예수님을 생각하면 황송해해야지. 안 그래?"

"그러고 보니까 정말 그러네. 나는 슬퍼하며 울 이유가 없네."

나는 무안하여 뒷머리를 긁적거렸습니다. 그리고 그 때부터 슬퍼하며 울지 않았습니다. 예수님에 비교하면 어머니와 나의 영별은 아주 아주 행복한 영별이라고 생각되어졌기 때문이었습니다.

"선생님, 백만불은 확실한 내 신앙의 선배이며 내 선생이었습니다."

하 정태씨는 새삼스레 나를 딱 바라보며 말했습니다. 중학교 때 나한테 꿀밤 얻어먹어가며 병신 바보라는 욕을 얻어 먹어가며 수학을 배운 백만불이 어느 순간 완전한 내 선생이 되어 있었습니다. 양지를 음지 만들고 음지를 양지로 만드는 하나님의 놀라운 능력이 백만불과 나한테 그대로 나타나 있었습니다."

"너 말야, 나처럼 부자가 되려면 주님한테 열심히 충성하고 봉사해야 돼,"

백만불은 내가 나태해질까 봐 가끔씩 나를 질타하듯 주의 주듯 말했습니다.

"걱정 마, 내가 누구냐? 하 정태야. 한번 한다면 반드시 끝을 보는 하 정태라고!"

나는 큰소리를 쳤습니다. 그런데 나도 모르게 나한테 큰 변화가 일어났습니다. 처음엔 부자가 되려고 시작한 주일학교교사하고, 구역장하고, 찬양하고 전도하는 일이 점점 내 즐거움이 되었습니다.

성경을 읽는 일도 너무 즐거웠습니다. 하나님의 일을 하며 하나님을 만나며 기쁨이 충만해졌습니다. 하나님은 늘 나와 함께 일했습니다. 전도할 때, 교사할 때, 구역장을 할 때 하나님은 늘 나와 함께 일했습니다. 하나님과 함께 일하는 재미는 정말 쏠쏠했습니다. 하나하나 성취되어 갈 때 그 성취감은 정말 세상의 그 어떤 즐거움보다 더 즐거웠습니다. 그러는 바람에 일 년이 하루같이 내 앞에서 휙휙 지나갔습니다. 내가 전도한 사람이, 내가 구역에서 가르치며 기도한 사람들이 하나둘씩 안수집사가 되고 장로가 되어가는 모습을 바라볼 땐 내가 된 것보다 더 기쁘고 즐겁고 뿌듯하기도 했습니다. 내가 교사를 하며 가르쳤던 아이들이 자라서 대학을 가고 혹은 대학을 졸업하고 와서 아이들을 가르치는 신실한 교사가 되어있는 모습을 바라보는 즐거움도 이루 말할 수 없는 즐거움이었습니다. 기쁨이었습니다. 내가 태어나서 가장 잘한 일을 말하라면 백만불의 말을 듣고 교사하며, 전도하며 구역장을 한 일이 아닌가 싶습니다. 그때 나는 주님과 함께 일하는 재미에 빠져서 부자가 되겠다는 생각도 까맣게 잊어먹고 있을 때도 많았습니다. 뒤돌아보고 또 돌아봐도 그때보다 더 즐겁고 행복했던 일은 없었던 것 같습니다. 그렇게 십 수 년이 하루인가 싶게 순식간에 내 앞으로 지나갔습니다. 그런데도 나는 아직 부자가 되어 있지 않았습니다.

"야, 하 정태, 오늘 그룹 본사 내 사무실에 좀 와."

그런 어느 날, 백만불이 느닷없이 전화해서 나를 그룹 본사 사무실에 오라고 했습니다. 그래서 나는 무슨 일인가 하고 찾아갔습니다.

"야, 내 짝꿍 하 정태, 어서 와,"

백만불은 내가 회장실로 들어가자 아주 반갑게 맞아주었습니다. 그리고 우리는 곧 탁자를 사이로 마주보며 앉았습니다.

"하 정태, 내가 오늘 너를 여기로 부른 것은 너하고 좀 길게 얘기하고 싶어서 그랬네."

커피를 마신 뒤에 백만불은 작심한 듯한 태도로 말했습니다. 한마디로 내 앞에서 신앙 간증을 시작했습니다.

"너도 알다시피 난 수학도 잘 못했고, 그래서 대학도 못 갔어, 고등학교를 졸업하고 군대 갔다 온 어느 날이었어. 동대문 시장에 뭘 사러갔다가 우연히 점원을 하고 있는 고등학교 친구를 만났어. 그리고 그 친구의 도움으로 옷 가게 점원으로 취직을 했어. 일을 배우며 재미있게 지냈어."

"백만불, 오늘 나 따라 교회 갈래."

그런 어느 일요일이었어. 쉬는 날이었는데 그 친구가 교회에 가자고 했어. 그래서 그 친구를 따라서 그냥 교회에 갔어. 별로 가고 싶은 마음은 없었지만 그 친구와의 의리가 상할까봐 따라 갔던 것 같아. 그런데 그 날 목사님이 뜻밖에도 십일조 설교를 하셨어."

"사랑하는 성도 여러분, 십일조는 여러분들에게 가지고 있는 돈을 내라는 것이 아닙니다."

목사님은 아주 편안하게 말씀하셨어.

"여러분들이 예수를 안 믿었을 땐 돈이 잘 안 들왔는데 예수를 믿고 교회에 다니니까 사방에서 돈이 들어오는 겁니다. 그 돈은 하나님이 주시는 돈입니다. 하나님이 주시는 그 돈에서 10프로를 하나님께 드리는 게 십일조입니다. 그러면 하나님이 자기가 만든 법을 지키는 것이 기특해서 또 돈을 주게 됩니다. 여러분들이 만 원을 내면 하나님은 10만 원을 주는 것과 같은 것이 십일조입니다. 세상에 그런 선한 분이 어디 있습니까? 만물의 주인이며 큰 부자인 하나님만이 할 수 있는 것입니다. 그래서 십일조에 재미를 붙이면 계속 십일조를 내게 되는 것입니다. 하나님이 그렇게 주시는지 안 주시는지 시험적으로 한번 드려봐요. 하나님이 내가 주는지 안 주는지 시험을 해 봐도 좋다고 말씀하셨기 때문에 시험을 해 보고 드려도 됩니다. 그러므로 여러분들이 십일조 법을 잘 지켜야 재물을 많이 받아서 부유해 집니다."

나는 그 설교 말씀을 들으면서 그렇게 하면 부자가 되겠다는 믿음이 왔어. 그래서 나도 그날 이후부터 열심히 교회에 다녔어.

나도 십일조를 많이 낼 수 있게 해달라는 기도를 열심히 하면서 말이야. 그랬는데 어느 날 갑자기 사장이 내가 맘에 안 든다면서 해고를 하는 거야. 그래서 점원을 그만뒀어. 그러자 내 친구가 나를 불러 놀지 말고 팔다가 남은 싼 옷을 사다가 노점에서 한번 팔아보라고 했어. 그래서 할 일도 없고 해서 그 친구가 시키는 대로 팔다 남은 물건을 헐값에 사가지고 와서 시장 입구 길 옆에 펼쳐 놓고 장사를 시작했어.

"아. 싸다 싸! 만 원짜리 옷이 하나에 2천 원 하나에 이천 원! 아, 싸다, 싸!"

나는 그렇게 목이 아프게 외쳤다. 그러자 그 옷이 아주 쏠쏠하게 잘 팔렸다. 그래서 목이 아픈 줄도 피곤한 줄도 몰랐다. 나는 날마다 십일조와 감사헌금 따로 챙겼다. 그러다가 주일이 되면 그것을 하나님께 가져다 드렸어. 그 때는 그렇게 기쁘고 즐거울 수가 없었어.

―하나님. 다음 주일에도 또 십일조를 많이 드릴 수 있게 도와주세요.―

그렇게 기도하며 월요일부터 또 노점장사를 했어. 그런데 좋은 물건을 아주 싸게 판다는 입소문이 나서 손님들이 줄을 서서 사갈만큼 많이 몰려왔어. 돈이 정말 잘 벌렸다. 주일마다 십일조와 감사헌금을 많이 많이 드릴 수 있었어. 나는 신나고 즐거웠어. 진짜야. 진짜 신나고 즐거웠어.

―주님, 감사합니다. 다음 주일에는 더 많은 십일조와 감사헌금을 드릴 수 있게 해주세요.―

그렇게 기도하면서 헌금을 하고 남는 돈은 매주 저축을 했어. 그렇게 하다가 보니까 일 년도 안 되어 가게를 하나 얻을 돈이 모아졌어. 그래서 가게를 얻어서 장사를 했다. 그런 어느 날, 하나님께 감사기도를 하는데 갑자기 뜻밖의 명령이 떨어졌어. 전도해라. 주일학교교사를 해라. 그래서 즉시 순종해서 주일학교교사를 하며 전도를 했어. 그랬더니 또 성경을 많이 읽으라고 했다. 그래서 집중해서 성경을 많이 읽었어. 그랬더니 어느 날 또 뜻밖의 응답이 왔어.

ㅡ네가 부자가 되고 싶으냐? 그러면 성경에서 땅을 제일 많이 받은 사람이 누군지 찾아봐라.ㅡ

그런 응답을 받고 새삼 성경을 다시 읽으니까 노아가 제일 땅을 많이 받았더라고. 그래서 주님, 노아가 제일 땅을 많이 받았는데요. 그랬더니 또 마태복음 5장 5절 말씀을 보여 주셨어.

마 5:5 온유한 자는 복이 있나니 그들이 땅을 기업으로 받을 것임이요

그 말씀을 찾아서 읽는데 성경에 누가 온유한 사람인지 찾아보라. 그런 응답이 오는 거야. 그래서 다시 성경을 꼼꼼히 읽어 내려가는데 마태복음 11장 29절 말씀이 눈에 딱 들어오는 거야.

마11: 29 나는 마음이 온유하고 겸손하니 나의 멍에를 메고 내게 배우라 그리하면 너희 마음이 쉼을 얻으리니

"예수님이 온유한 분이니 예수님을 보고 배우라는 느낌이 확 오더라고. 그래서 그날부터 마태, 누가, 마가, 요한복음 등 4복음서만 열심히 읽었어. 그러자 예수님이 우리한테 본을 보이신 일이 하나 하나 눈에 들어오더라고. 그래서 그것을 적어놓고 하나 하나 예수님을 닮아보려고 노력을 했어. 그랬더니 어느 날 주님이 정말 뜻밖의 질문을 하셨어.

"재물이 충만한 사람을 뭐라고 하느냐?"

그래서 나는 잠시 생각하다가 대답했어.

"재물이 충만하면 부자죠. 부자 아니에요?"

그랬더니 다음 질문을 하셨다.
"감사가 충만하면 뭐냐?"
"감사가 충만하면... 감사부자네요."
"기도가 충만하면 뭐냐?"
"기도부자죠."
그랬더니 예수님이 부자가 되는 핵심을 알려 주셨어.
"나를 보고 배우되 먼저 열 개 이상 부자가 되려고 노력해라. 열 개 이상 부자가 되면 그 뒤에 재물부자가 된다."
그런 응답을 받고 나는 그때부터 묵상하며 기도하다가 주님이 응답하신 뜻에 정답을 찾았어.
"부자가 되는 그 정답이 뭐니?"

부자가 되는 비밀

하 정태씨는 여기서 또 말을 중단하고 물을 한 모금 마셨습니다. 그리고 잠시 한강을 바라보며 생각을 정리하여 다시 얘기를 계속했습니다.
"하 정태, 부자가 되는 정답이 뭐냐고 했니?"
백만불이 내 질문을 강조하며 말했습니다.
"하 정태, 우리 기도할 때 기도제목으로 말씀 충만, 믿음 충만, 기도 충만, 성령 충만하게 해달라고 하잖아."
"대개 그렇게 해. 그게 왜?"
"그걸 부자로 바꾸면, 충만을 부자로 바꾸면 말씀부자, 믿음부자, 기도부자, 성령부자가 되잖아."
"그러네, 근데 그게 왜?"
"그런 깨달음을 얻고 4복음서를 다시 자세히 읽어 보니까 예수님의 모습이 다시 보이더라고. 예수님은 겸손의 본을 보였으니 겸손부자, 전도를 잘 했으니 전도부자, 가르치기를 잘했으니 교사부자, 병자를 잘 고쳤으니 신유부자, 모든 것을 믿음으로 했으니 믿음부자, 열심히 기도했으니 기도부자, 성령이 충만했으니 성령부자, 하나님 말씀을 많이 읽고 전했으니 말씀부자, 늘 하나님께 감사했으니 감사부자. 예배를 늘 강조했으니 예배부자, 죽기까지 순종했으니 순종부자였잖아. 나는 예수님의 그런 본보기를 적어놓고 날마다 하나씩 하나씩 예수님을 닮아가려고 애쓰며 노력했어. 그러다가 보니까 가게가 점점 성장해서 직원을 다섯이나 두게 되는 작은 사장이 됐어. 나는 그 직원들을 모두 전도하고 그 가족들까지 모두 전도했어. 그리고 아침에 출근하면 제일 먼저 간단하게나마 하나님께 예배를 드리고 장사를 시작했어. 그러니까 장사가 너무너무 잘 되는 거야. 난 신이 났어. 그래서 주일이면 교회에 가서 주일학교교사를 하고 성가대에서 찬양도 했어. 나도 너처럼 세상 말로 두 탕씩 뛰었지. 그랬더니 장사가 더욱 잘 되는 거야. 그래서 나도 너처럼 남자구역을 창립해서 구역예배를 드렸어, 그러니까 자연스레 신유의 은사가 왔어. 그래서 구역원들이 병이라도 나면 기도로 고쳐주었어. 그랬는데 그 사이에 아내가 두 번이나 크게 아파서 대 수술을 했네. 그걸 회복할 때 수억 원이 날아갔어. 그때 난 낭패 뒤에 축복이 온다는 걸 깨달았지. 호사다마라, 축복 뒤에는 반드시 마귀가 틈을 타기도 해. 그래서 좋은 일이 일어난 뒤에는 바짝 긴장하여 기도를 더 세게 하고 만사를 조심해야 돼. 자네는 아내가 돈만 사고 쳤어. 그래서 내가 자네는 하나님이 많이 사랑하고 있다고 한 거야. 아내가 수술을 받고 병원에 있어봐. 진짜 미친다. 힘들고 괴로운 것은 둘째 치고 집안에 아내가 없으니 가정이 어떻게 되겠니? 나도 큰 시험을 두 번이나 쳤다. 시험 치는 것은 주님이 먼저 본을 보이셨잖아. 말씀으로, 믿음으로, 성령의 힘으로 이기면 되는 거야. 어쨌든 난 그런 험난한 고비를 넘어가며 장사를 했어. 장사가 너무 잘 되는 거야. 그래서 옷을 조금씩 만들어 팔기도 했어. 그러자 직원이 20여명이 넘어가고 공장도 하나 생기게 됐어. 그렇게 십 수 년을 주님과 함께 열심히 교회 일을 하며 전도하며 장사했더니 어느 날 갑자기 정말 거짓말 같이 내 눈에 산삼이 보이는 거야."

"산삼이 보였다고?"

"그렇다네. 그렇게 그 산길을 수없이 지나다녀도 내 눈에 안 보이던 산삼이 그 날 보이더라고. 산삼이 보이는 순간 내 눈이 확 열렸어. 그러면서 세상이 내 눈 안으로 확 담겨오는 거야. 그래서 보니까 그 당시는 우리나라에 아주 비싼 옷과 아주 싼 옷, 그렇게 두 종류만 있었어. 그 옷들이 내 눈 안으로 들어오면서 문득 아주 비싸지도 않고 아주 싸지도 않는 중간 옷을 개발하면 잘 되겠다 싶은 믿음이 오는 거야. 주님이 나한테 선물로 주신 거지. 그래서 황급히 중간 옷을 개발해서 팔았어. 그런데 그게 대박이 난 거야. 옷이란 게 대박이 났다 하면 밀물처럼 돈이 무더기로 굴러들어와. 그래서 나는 순식간에 재벌회장의 길로 나아가게 되었어. 돈이 돈을 몰고 와. 그래서 돈이 있으면 가만히 있어도 돈이 자꾸 새끼를 치고 또 쳐서 계속 불어나게 돼. 그렇게 몇 년 없이 돈방석에 앉아 있다가 보니까 이 빌딩도 내 소유가 되고 여기저기 손만 대면 그날로 내 것이 되는 것이 수두룩하더라고. 그래서 오늘날 내가 이렇게 디렌드그룹 회장이 된 거야. 하나님이 나를 청지기로 인정하시고 그 모든 돈을 맡기신 것이지. 내가 가진 돈은 내 것이 아니고 모두 하나님의 것이야. 그런데 말야. 신기하게도 내가 아무 말을 하지 않아도 우리 회사에 입사하면 너도 나도 나를 따라 모두 교회에 나오는 거야. 그래서 내가 처음에 너한테 예수를 믿었으면 반드시 부자가 되라고 한 거야. 힘이 있어야 돼! 하나님이 맡기신 힘이 있어야만 전도도 되고 선교도 되고 하나님 나라 확장에 기여할 수 있는 거야. 힘이 없으면 성경을 백번 읽어도 한 명도 전도 못해. 왠줄 알아? 힘이 없기 때문이야. 힘을 키워야 돼. 그래서 너에게 힘을 키우라고 한 거야. 하나님의 일을 하라고 한 거야. 모든 힘은 하나님으로부터 나오기 때문이야. 알겠니? 이해가 안 되니?"

"아니야. 이해했어."

나는 백만불의 말을 듣고 고개를 크게 끄덕이며 말했습니다.

"백만불, 네 얘기를 듣고 보니까 난 부자가 되려면 아직 한참 부족한 것 같다. 그치?"

"아니야!"

백만불이 목소리를 높였습니다.

"너도 이제 부자 될 때가 됐어."

"내가 부자 될 때가 됐다구?"

나는 놀란 눈으로 반문했습니다. 그러자 백만불이 고개를 크게 끄덕이며 말했습니다.

"그래! 너도 됐어! 내가 지금까지 널 지켜보았는데 넌 나보다 갑절이나 더 열정적이었어. 그래서 하나님이 너를 예뻐하신 거야. 그래서 너에겐 시험도 제일 가벼운 돈 시험만 준 거야. 네가 너무나 진심으로 적극적으로 하나님을 사랑하며 믿으며 미친 듯 주님 일을 했기 때문이야."

"아니야, 난 아니야. 네 눈엔 내가 그렇게 미친 것으로 보였니?"

"미쳤지! 주일에 주일학교교사, 성가대 찬양, 그렇게 두 탕씩 뛰는 사람이 너 말고 누가 또 있는지 한번 살펴봐봐. 게다가 넌 남자구역장을 하며 전도하며 있는 힘을 다했잖아. 아니야?"

"글쎄… 난 그냥 주님과 함께 구역예배하고 전도하고 주일학교 교사하는 게 너무 신나고 즐겁고 행복해서 한 거야."

"그래서 넌 날라리 믿음이 아니고 참 믿음의 소유자인 거지! 처음엔 재물부자가 되려고 시작했지만 나중엔 재물부자가 되는 것보다 주님하고 주님 일을 하는 게 더 즐거웠잖아."

"그건 사실이야. 내가 그랬어. 일이 더 재미있고 보람이 있었어. 진짜야!"

"그래서 넌 재물부자가 될 때가 된 거야. 내가 한번 계산을 해 볼게. 넌 주일예배는 한 번도 안 빠졌어. 그래서 넌 예배부자야. 넌 내 말에도 순종했어. 그래서 순종부자야. 너 주일학교 교사를 열심히 했어. 그래서 넌 가르치는 부자 즉 교사부자야. 구역원들을 열심히 섬기며 구역장을 했어. 그래서 넌 섬김부자야. 넌 믿음으로 이 모든 일을 했어. 그래서 믿음부자야. 성령의 도움으로 했어. 그래서 넌 성령부자야. 넌 열심히 기도하며 일을 했어. 그래서 넌 기도부자야. 넌 헌금도 열심히 했어. 그래서 헌금부자야. 넌 예수님께 겸손을 배워서 모든 일을 겸손하게 했어. 그래서 넌 겸손부자야. 전도를 열심히 했어. 그래서 전도부자야. 넌 하나님께 날마다 감사하며 살았어. 그래서 감사부자야. 넌 성경말씀을 열심히 읽었어. 그래서 말씀부자야. 넌 구역원들이 아플 때 기도로 병을 고쳤어. 그래서 넌 신유부자야. 넌 가족과 주일학교 아이들과 전도자들과 구역원들을 뜨겁게 사랑했어. 그래서 넌 사랑부자야. 넌 성가대에서 열심히 찬양했어. 그래서 넌 찬양부자야. 넌 날마다 네 자신을 돌아보며 회개했어. 그래서 회개부자야. 넌 네 아내의 잘못은 물론 누구의 잘못도 늘 용서했어. 그래서 용서부자야. 내가 지금까지 말한 것만으로도 네가 몇 개부자인지 아니? 내가 계산해주지. 예배부자, 순종부자, 교사부자, 섬김부자, 믿음부자, 성령부자, 기도부자, 헌금부자, 겸손부자, 전도부자, 감사부자, 말씀부자, 신유부자, 사랑부자, 찬양부자, 회개부자, 용서부자, 모두 합해서 17개 부자야. 10개 부자만 되어도 재물부자가 된다고 했는데 넌 17개부자야. 그래서 너도 이제 나처럼 재물부자가 되고도 남을 때가 된 거야. 하 정태, 너 아직도 노아 다음으로 땅을 제일 많이 받은 사람이 누군지 못 찾았니?"

"아니 찾았어."

나는 웃으며 대답했습니다. 그러자 백만불이 놀란 눈으로 반문했습니다.

"찾았어? 산삼을 진짜 찾았단 말야?"

"응, 찾았어."

"성경 어디에 그 산삼이 있던가? 그 사람이 누구인가?"

성경에 나오는 바보들

하 정태씨는 여기서 또 말을 중단하고 물을 한 모금 마셨습니다. 그리고 잠시 심호흡을 한 뒤에 다시 얘기하기 시작했습니다.

"성경 어디에 그 산삼이 있던가? 그 사람이 누구인가?"

백만불이 놀랐다는 눈으로 다그치듯 재차 질문했습니다.

"말해보게. 그 사람은 도대체 누구인가?"

"그게... 맞는지 모르겠지만 말야..."

나는 잠시 망설이다가 말했습니다.

"마태복음 28장 18절에 보면 말야. **예수께서 나아와 말씀하여 이르시되 - 하늘과 땅의 모든 권세를 내게 주셨으니 - 라**

고 되어 있더라고. 하늘과 땅의 권세를 혼자서 다 물려 받았으니 노아보다 확실하게 땅을 많이 받은 거잖아. 내가 본 게 이게 맞는 건지 몰라?"

"맞았어! 바로 그거야! 그게 산삼이야!"

백만불이 감탄하듯 말했습니다.

"넌 역시 대가리가 좋아! 그래서 그 산삼을 본 거야. 성경을 늘 읽어도 안 보이던 그 말씀이 산삼처럼 네 눈에 보인거야 야, 넌 역시 대단한 녀석이야! 대단해, 바로 거기야. 그것이 산삼이야! 넌 산삼을 본거라고!"

"맞구나! 난 긴가민가했어!"

나는 기쁨을 감추지 못하며 말했습니다. 그러자 백만불이 지난 일을 회고하는 모습으로 말했습니다.

"난 예수님을 닮아보려고 복음서를 읽고 또 읽었어. 그러다가 보니까 어느 날 정말 거짓말같이 그 산삼이 딱 보이더라고! 그러고 나서 얼마 후에 중간 옷을 만들면 성공하겠다는 응답과 믿음이 왔어. 너에게도 반드시 곧 바로 재물부자가 되는 길이 확 열리게 될 거야. 근데 말야..."

백만불은 흥분된 가슴을 진정하려는 듯 차를 조금 마시고 말했습니다.

"우린 예수님을 아무리 닮아가려고 노력을 해도 도저히 닮을 수 없는 두 가지가 있어."

"그게 뭐니?"

"하나는 40일 금식이야. 40일 금식은 사실상 죽음을 뜻해. 보통사람은 40일 금식하고 못 살아. 죽어. 또 하나는 십자가에 달려서 죽었다가 부활하는 일이야. 우리가 십자가에 달려서 죽을 수는 있지만 부활하지는 못해."

"그러네, 네가 얘기하니까 정말 그러네. 난 거기까지는 생각도 못했는데. 넌 역시 내 신앙의 선배가 맞네. 맞아! 넌 신앙의 대선배야!"

나는 백만불을 진심으로 인정하며 칭찬했습니다. 그러자 백만불이 다시 말했습니다.

"예수님은 그래서 자기를 닮을 수 있는 한계를 말씀해 주셨어. 죽어 부활할 수 없는 사람에게 마태복음 5장 5절 말씀을 주신거야. **온유한 자는 복이 있나니 그들이 땅을 기업으로 받을 것임이요**- 문제를 내 주시고 마태복음 11장 29절에서 답을 주셨네. - **나는 마음이 온유하고 겸손하니 나의 멍에를 메고 내게 배우라고** - 온유한 자란? 사랑의 완성 자 혹은 완전한 사랑, 그런 의미가 있더라고. 쉽게 말하면 온유한 자는 바보란 뜻이기도 해."

"바보라니?"

내가 반문하자 백만불이 고개를 크게 끄덕이며 말했습니다.

"그래! 바보! 생각해봐? 하나뿐인 목숨을 남을 위해 내 줄 수 있다는 것, 죽을 수 있다는 것, 약삭빠른 사람의 눈으로 본다면 그건 완전 바보짓이잖아. 그래, 안 그래?"

"그러니까 정말 그러네. 남을 위해 하나뿐인 자기 소중한 목숨을 내 줄 똑똑한 사람은 없지."

"그러므로 우리가 아무리 예수님을 닮으려고 해도 백 프로 닮을 수는 없어. 그래서 우리는 백번 죽었다가 다시 태어나도 하늘과 땅의 모든 권세를 물려받을 수는 없어. 하지만 10개 이상 부자가 되면 제법 큰 바보가 되네. 그러면 나만큼 재물부자가 될 수도 있고 나보다 좀 덜 받을 수도 있네. 땅을 기업으로 받는다? 땅을 천 평 혹은 만평 혹은 십만 평. 혹은 백만 평, 온유의 분량만큼 받는다는 것이지. 너는 이미 17개 부자가 되었으니까 땅을 받아도 제법 많이 받을 만큼 온유한 자가 된 거라네."

"아니야. 난 아직 많이 부족해."

나는 고개를 가로저으며 말했습니다.

"자네 눈에는 그렇게 보일지 몰라도 주님 눈에는 아직도 내가 많이 부족하게 보일거야."

"아니네, 아니야!"

백만불이 힘을 주어 말했습니다.

"자네는 17개 부자가 맞아! 솔직히 말하면 이제 나는 자네보다 한참 아래에 있네."

"겸손 떨지 마라, 넌 주님이 인정했으니까 큰 청지기로 세운 거잖아!"

"그럴까? 그런지 안 그런지는 세월이 지나가면 판명되겠지. 아무튼 온유한 자란 바보가 되어가는 과정을 말해. 자네도 이제 성경을 많이 읽어서 잘 알고 있겠지만 성경에 나오는 일물들도 대게 바보들이야."

"바보들이라고?"

"내가 한번 말해볼까? 노아부터 말해보게. 노아는 말야. 하나님을 보지도 않고 하나님 말만 믿고 백 년 동안 방주를 만들었어. 일이년도 아니고 백 년 동안 방주를 만든 거야. 약삭빠르고 똑똑한 사람이 보면 완전 바보짓이잖아. 하지만 노아는 믿음이 있었어. 그래서 하나님 말씀에 순종하는 바보가 된 거야. 그래서 지구를 통째로 선물을 받은 거야. 아브라함은 어떤가? 하나님의 말씀만 믿고 정들어 잘 살던 고향을 떠나 낯선 객지로 갔어. 약삭빠르고 똑똑한 사람들이 보면 그보다 더 바보는 없을 거야. 하지만 아브라함은 믿음부자였어. 그래서 하나님 말씀에 무조건 순종하여 자기는 물론 자손들까지 하나님의 보살핌을 받는 선민이 되었어. 또 누구를 말할까? 그래. 룻은 어떤가? 룻은 시어머니 나오미가 나 따라오지 마라. 난 늙었고 돈도 없고 네 남편도 없으니 너는 나를 떠나 개가해서 잘 살랐고 했어. 그런데 룻은 어머니가 죽은 곳에 나도 죽겠다며 따라갔어. 약삭빠르고 똑똑한 사람이 보면 그냥 바보로 보일 거야. 생각해봐. 돈도 없고, 남편도 없고 시어머니는 늙었는데 거기를 왜 따라가냐고! 바보라서 간 거야. 그런데 룻은 그 시어머니를 따라가서 보아스란 좋은 남편을 만나 오벳을 낳고 다윗의 조상이 되었어. 요셉을 한번 말해볼까? 시위대장 부인이 요셉을 유혹하여 한번 놀자고 그래. 그러면 놀아주고 자주면 되잖아. 그런데 요셉이 - 우리 하나님이 유부녀하고는 놀지 마라 그랬다-그러고는 안 놀아줘. 그러다가 감옥으로 가게 돼. 약삭빠르고 똑똑한 사람이 보면 그보다 더 큰 바보는 없다고 보일 거야. 하지만 요셉은 하나님께 인정을 받아서 국무총리가 돼. 룻은 네 부모를 공경하라는 계명을 지켰고 요셉은 간음하지 마라는 계명을 지켰어. 그것도 목숨을 걸고 지켰어. 똑똑한 사람의 눈에는 하나님의 말씀을 목숨을 걸고 지키는 것이 바보처럼 보일지 모르지만 최후의 승리자는 하나님의 말씀을 믿음으로 목숨 걸고 지키는 사람이야. 또 누구를 말해볼까? 다윗을 한번 말해보자. 다윗은 사울에게 쫓겨 다니면서 두 번이나 사울을 죽일 수 있는 절호의 기회를 맞이하게 돼. 그런데도 하나님을 두려워해서 안 죽여. 약삭빠르고 똑똑한 사람이 보면 그보다 더 큰 바보는 없을 거야. 기회도 왔고 죽이면 되는데 왜 안 죽이느냐고? 하나님이 두려워서 안 죽였던 거야. 그랬더니 하나님이 다윗에게 임금이 되게 해줬어. 다윗의 아들 솔로몬은 어떤가? 이스라엘이란 큰 나라를 아버지한테 물려받고 일천번제를 드려, 일천번제가 말로 하면 별것 아닌 것 같지만 작은 일이 아니야. 저보다 높은 사람이 세상에 없는데 왜 그런 어렵고 힘든 일을 해. 약삭빠르고 똑똑한 사람이 보면 그보다 더한 바보도 없다 싶을 거야. 하지만 솔로몬은 자기에게 그 큰 나라는 물려준 하나님이 감사하기도 했지만 두렵기도 했던 거야. 그래서 어떻게든 하나님께 인정을 받고 사랑을 받고 싶어서 그랬던 거야. 어디 그것뿐일까? 성경에서 하나님의 말씀에 믿음으로 순종하는 사람들을 보면 모두 바보로 보여. 그들은 모두 믿음부자, 순종부자, 말씀부자들이었어. 구원은 믿음으로 받는 게 맞아. 사도행전 16장 31절을 찾아서 한번 읽어봐 봐."

"알았어."

나는 얼른 성경을 펼치고 말씀을 찾아서 읽었습니다.

– 주 예수를 믿으라. 그리하면 너와 네 집이 구원을 받으리라 –

"어떤가?"

백만불이 말했습니다.

"구원은 믿으면 그냥 공짜로 받는 거야. 그런데 재물은 공짜로 못 받아. 마태복음 5장 5절 말씀 - **온유한 자는 복이 있나니 그들이 땅을 기업으로 받을 것임이요**- 라고 되어 있어. 땅은 곧 돈이야. 돈을 받으려면 온유해져야 받는 거잖아. 하 정태, 누가복음 23장 42절과 45절을 한번 읽어주게."

"알았네."

나는 말씀을 얼른 찾아서 읽었습니다.

눅23: 42 이르되 예수여 당신의 나라에 임하실 때에 나를 기억하소서 하니

눅23: 43 예수께서 이르시되 내가 진실로 네게 이르노니 오늘

네가 나와 함께 낙원에 있으리라 하시니라.

"어떤가?"

백만불이 말했습니다.

"진짜 큰 죄를 짓고 예수님 옆에서 십자가에 달렸지만 예수님을 믿자 그 즉시 구원받았어. 어떤 사람은 그 죄인이 횡재를 한 행운아라고 말하기도 하지만 아니야! 예수님을 구주로 믿기만 하면 누구든지 그 즉시 구원을 받을 수 있어. 예수님을 닮아가는 것을 성화라고 하잖아. 그런데 성경에 반드시 성화가 되어야만 천국에 간다는 말씀은 없어. 성화는 온유한 자가 되어가는 과정일 뿐이야. 많은 성화가 되면 너처럼 17개 이상 부자가 되면 주님은 비로소 인정하고 마침내 재물을 많이 맡겨서 청지기로 살게 되는 거야."

"백만불, 정말 미안한데..."

나는 백만불의 말을 끊고 한 마디 질문을 했습니다.

"세상에는 말야. 믿는 사람들 가운데는 말야, 성화가 전혀 안 된 사람이 재물부자가 된 사람도 많이 있더라. 그건 어째서 그럴까?"

5천배의 축복을 받는 비밀

하 정태씨는 여기서 또 말을 중단하고 물을 한 모금 마셨습니다. 그리고 한강을 바라보며 잠시 생각을 정리하여 다시 얘기하기 시작했습니다.

"세상에는 성화가 안 된 사람이 재물부자가 된 사람들도 많이 있지."

백만불이 내 질문에 답을 했습니다.

"그런데 그런 사람들은 모래 위에 집을 지은 불쌍한 사람들이

지. 바람이 불고 홍수가 나서 물이 밀려오면 그 집은 순식간에 떠내려간다네. 홍수에 모든 것이 떠내려가듯 그들이 쌓아놓은 돈이 순식간에 흔적도 없이 사라져 버린다네. 반석 위에 집을 지어야 안전하네. 성화가 많이 된 사람이 재물부자가 된 것은 반석 위에 집을 지은 청지기라네. 영원히 안 망한다네. 이해가 안 되니?"

"아냐. 이해했어."

나는 얼른 대답했습니다. 그러자 백만불이 계속해서 말했습니다.

"너 앞으로 살면서 성화가 안 된 사람이 돈을 많이 가졌다고 교회 안에서 까불거나 거들먹거리는 사람을 유심히 관찰해봐. 그들은 대게 10년이 지나지 않아서 초토화가 되어 흔적도 없이 사라진다네."

"그런가?..."

나는 그러면서 가만히 생각했습니다. 그러자 번쩍 번개같이 내 시야로 스치는 것이 있었습니다. 교회에 두 부자 장로가 부도가 나서 순식간에 거지가 되는 모습을 본 일이었습니다. 그들은 성화가 잘 안된 사람들이었습니다.

"내 말은 진짜야, 진짜라네."

백만불이 힘을 주어 말했습니다.

"성화가 안 된 사람이 돈을 받아서 자기 돈인 양 거들먹거리는 사람은 정말 불쌍한 사람들이야. 아파트 15평에 살던 사람이 30평 아파트로 이사를 가면 마치 천국에 온 것처럼 행복하게 살게 되지만 아파트 30평에 살던 사람이 15평으로 이사를 오는 것은 지옥으로 오는 것과 같은 느낌이라네. 그래서 빨리 재물부자가 되려고 애쓸 것이 아니라 예수를 많이 닮은 뒤에 즉 성화가 많이 된 뒤에 재물부자가 되어야만 참된 하나님의 청지기가 되어 오래 오래 복을 누리며 살 수가 있다네."

"그건 나도 동의하네. 근데 말야..."

나는 또 하나의 의문을 제기했습니다.

"요즘은 기독방송으로 설교가 모두 열려 있잖아. 그런데 설교를 들어보면 말야. 모두 가르치려고 많이 애를 쓰는데. 그러다가 보니까 어떤 설교는 윤리강의 같기도 하고 어떤 설교는 철학강의 같기도 하고, 특히 어떤 사람은 자기가 깨달았다고 하는데 그런 사람은 무슨 도를 깨달은 도사 같기도 하더라. 왜 그렇지?"

"그건 목사님들이 많고 가르치는 방식이 다 다르니까 각각의 주장을 펴는 거겠지. 내가 볼 때 가장 잘하는 것은 예수님을 닮아가는 삶을 가르치기보다 잘 인도하는 것이라고 보네."

"그리고 말야. 또 하나 어떤 분은 성화가 되어야만 천국에 갈 수 있는 것처럼 말하기도 하더라."

"그건 제일 잘못된 거야. 성화가 되어야만 천국에 갈 수 있다면 아마 한 사람도 천국에 못 들어갈 거야. 천국은 예수님을 구주로 믿기만 하면 누구나 다 갈 수 있는 곳이야. 예수님을 닮아갈 노력은 하지 않고 잘난 체 똑똑한 채하다가 결국 이단으로 빠지는 불쌍한 사람들도 많아. 예수님을 구주로 믿었으면 예수님처럼 온유한 사람이 되려고 열심히 노력하며 수고해야만 아름다운 열매가 주렁주렁 열리지 않나 싶네."

"맞네, 그건 나도 동감이네."

내가 맞장구를 치자 백만불은 갑자기 아주 진지한 태도로 나를 딱 바라보며 말했습니다.

"하 정태, 이제 내가 자네한테 재물부자가 되는 마지막 얘기를 할 거니까 잘 듣게. 성경 요한복음 6장 9절부터 13절까지 한 번 읽어주게."

"알았네."

나는 얼른 성경말씀을 찾아서 읽었습니다.

요 6:9 여기 한 아이가 있어 보리떡 다섯 개와 물고기 두 마리를 가지고 있나이다. 그러나 그것이 이 많은 사람에게 얼마나 되겠사옵나이까.

요 6:10 예수께서 이르시되 이 사람들로 앉게 하라 하시니 그 곳에 잔디가 많은지라 사람들이 앉으니 수가 오천 명쯤 되더라.

요 6:11 예수께서 떡을 가져 축사하신 후에 앉아 있는 자들에게 나눠 주시고 물고기도 그렇게 그들의 원대로 주시니라

요 6:12 그들이 배부른 후에 예수께서 제자들에게 이르시되 남은 조각을 거두고 버리는 것이 없게 하라 하시므로

요 6:13 이에 거두니 보리떡 다섯 개로 먹고 남은 조각이 열두 바구니에 찼더라.

"잘 읽었네."

백만불이 성경을 다 읽기를 기다렸다가 나를 칭찬한 뒤에 말했습니다.

"하 정태, 자네가 방금 읽은 그 말씀이 그 유명한 오병이어의 기적이 일어난 것을 기록한 내용이네. 그런데 목사님들이 설교할 때 대개 예수님이 보리떡 다섯 개와 물고기 두 마리를 축사하여 오천 명을 먹였다는 기적만 많이 강조한다네. 하지만 진짜 중요한 것은 어린아이라네. 어린아이가 물고기 두 마리와 보리떡 다섯 개를 내어놓은 것이라네. 아무도 내놓지 않았는데 한 어린아이가 내어놓은 것이야. 거기에 예수님이 감동하여 그런

기적을 베푼 것이지. 다시 정리하면 예수님도 5천 명에게 무엇인가 배부르게 먹여서 보내고 싶은 마음이 있었는데, 어린아이도 예수님과 똑같은 마음으로 가지고 있던 것을 내놓은 것이네. 예수님 마음과 아이의 마음이 하나가 된 것이지. 바꾸어 말하면 만일 아이가 보리떡 다섯 개와 물고기 두 마리를 안 내어 놓았더라면 예수님이 기적을 만들지 못했을 수도 있다는 얘기야. 왜 그럴까? 소도 언덕이 있어야 비빈다는 속담처럼 하나님께 간절히 빌 수 있는 것도 뭔가 명분이 있어야 된다는 것이지. 그런데 그 어린아이가 그 명분을 만들어 주었어. 그러자 예수님께서 하늘을 우러러 축사하여 마침내 5천 명을 먹이는 기적을 만든 것이지. 기적의 주체는 예수님이 아니고 이 아이라는 것이야. 다른 복음서에는 이 아이가 빠지고 없어. 그런데 요한복음에만 유일하게 기록되어 있어. 나는 그것을 발견했지. 산삼 같은 것이야. 왜 산삼 같은 것일까? 5천배의 축복이 어떻게 일어났는가를 알 수 있는 정답이기 때문이지. 정답, 맞아, 정답이야. 쉽게 말하면 예수님을 구주로 믿고 5천 배의 축복을 받고 싶을 때는 어린아이처럼 기회포착을 잘 해야 된다는 거네. 기회를 잘 포착해서 내 손에 있는 아까운 돈을 선뜻 내 놓을 줄 알아야 된다는 것이지. 기회가 왔을 때 재빨리 그 기회를 놓치지 말고 얼른 잡아야 된다는 말이야."

백만불은 거기까지 단숨에 말한 뒤에 차를 한 모금 마시고는 계속해서 말했습니다.

"내가 어떻게 기회를 잡았는지 궁금하지? 그런데 기회가 오더라고. 우리 교회에서 부목사를 하다가 교회를 개척해 나간 김일산 목사님이 계셨어. 그 분이 고등부 담당목사를 할 때 내가 2년인가 섬기기도 했어. 유순하고 성실하고 진실되고 성경도 능통한 분이셨어. 설교도 곧잘 하셨어. 그 김 일산 목사가 우리 교회에서 얼마인가 지원을 해주고 해서 상가를 전세 얻어서 교회를 개척했었어. 그런데 그 교회가 일 년인가 지나서 이 건물이 다른 사람한테 팔렸어. 그 건물을 산 사람이 건물을 담보로 은행에서 돈을 많이 빌렸는데 뭔가 잘못되어 부도가 난 거야. 그 바람에 김 일산 목사는 전세금을 한 푼도 못 받고 쫓겨나는 신세가 되었어. 그래서 초등학교 교사를 했던 사모는 다시 기간제 교사를 하러가고 목사는 건물 앞에 임시천막을 쳐 놓고 기도하고 있었어. 이 소식이 나한테 들려왔어. 그래서 가 봤어. 정말 말이 아니더라고. 예수님이 그걸 본다면 불쌍해서 분명히 교회를 지어주고 싶었을 거야. 그래서 내가 3억을 빚내어서 작은 교회를 하나 지어서 김 일산 목사에게 드리고 목회를 계속하라고 했어. 그랬더니 목사님이 무릎을 꿇고 내 두 바짓가랑이를 잡고 눈물을 소낙비같이 흘리면서 끊임없이 말했어."

"집사님, 감사합니다. 집사님, 감사합니다. 집사님, 감사합니다. 정말 정말 감사합니다."

아직도 그 울며 말하던 목사님의 목소리가 내 귓전에서 쟁쟁히 울리고 있네."

"목사님, 울지 마세요. 제발 울지 마세요. 나한테 고마워하지 마세요. 이 교회는 하나님께서 지어주신 것입니다. 나는 심부름만 한 것입니다. 진짜에요. 목사님, 진짜라고요."

나는 그 목사님을 달래느라 한 시간 동안 같은 말만 계속 반복했다네. 어쨌든 그렇게 나는 기회를 제대로 잡았던 거야. 그래서 주님이 나한테 그때부터 폭포수 같은 축복을 아낌없이 내려주셨던 거야. 그런 기회로 내가 오늘날 디렌드그룹 회장이 됐다네. 주님이 주는 기회를 날쌔게 꽉 잡은 거지!

"하 정태! 그러니까 내가 다 말했으니까 너도 정신 차리고 있어. 깨어 있으라고! 그러면 분명히 주님이 너한테도 기회를 마련해 줄 거야. 그때 날쌔게 그 기회를 꽉 잡아! 못 잡으면 기회는 날아가 버려! 꽉 잡아, 알았지?"
 "알았네, 명심하겠네. 정말 고맙네."
 나는 백만불에게 진심으로 고마워했습니다. 그러자 백만불이 홀가분한 태도로 말했습니다.
 "넌 반드시 재물부자가 될 거야. 그러니까 이제 내 강의도 다 끝났으니까 나가서 맛있는 저녁이나 먹고 헤어지세."
 백만불은 그러면서 나를 데리고 나가서 맛있는 저녁을 대접했습니다.
 ─나도 기회를 꼭 잡아야지─
 나는 저녁을 먹고 백만불과 헤어져서 돌아오면서 속으로 몇 번인지 모르게 결심했습니다.
 ─주님, 나한테도 기회를 주십시오.─
 나는 열심히 기도를 했습니다. 그런데 어떻게 된 일인지 아무리 기다려도 나한테는 그런 기회가 오지 않았습니다.

기회가 오면 꽉 잡아라.

 하 정태씨는 여기서 또 말을 중단하고 물을 한 모금 마셨습니다. 그런 뒤에 심호흡을 두 번하고 다시 얘기를 계속했습니다.
 "선생님, 제가 말이죠."
 하 정태씨는 갑자기 나를 딱 바라보며 말했습니다.
 "기회가 오면 꽉 잡으려고 폼 잡고 기다리고 있는데 기회가 안 오는 겁니다. 그래서 안 되겠다 싶어서 마음을 편안하게 가지려고 애쓰며 슈퍼훈을 만들어 달았습니다."

- 친절하자. 겸손하자. 섬기자 -

"나는 그런 슈퍼훈을 만들어 슈퍼 앞문에 걸어놓고 아내와 성장한 아들딸에게 친절부자, 겸손부자, 섬김부자가 되는 교육을 시켰습니다."

"여보, 갑자기 장사가 잘 돼!"

어느 날 아내가 기뻐하며 소리쳤습니다. 슈퍼에 오는 손님을 마치 왕처럼 모셨습니다. 그렇게 석 달쯤 했더니 손님들이 갑절로 몰려오는 겁니다. 장사가 아주 잘 되기 시작했습니다. 그래서 아내와 나는 하나님께 감사하면서 계속해서 손님들을 무조건 왕처럼 모셨습니다. 그리고 물건도 좋은 물건으로만 들여놓았습니다. 그러자 정말 거짓말같이 수입이 쑥쑥 오르기 시작했습니다.

"하 집사님, 드릴 말씀이 좀 있습니다."

그런 어느 주일이었습니다. 그동안 친하게 지냈던 차 영택 집사가 나를 조용한 곳으로 데려가서 뜻밖의 말을 했습니다.

"제가 아무에게도 말을 안했는데요."

차 영택 집사가 사정을 말했습니다. 그동안 아무도 모르게 독거노인 한 분을 섬겨왔다는 겁니다. 그런데 자기가 갑자기 지방으로 이사를 가게 되었다면서 그 독거노인을 나한테 좀 맡아 줄 수 없겠느냐고 했습니다.

"…"

나는 얼른 대답을 못하고 잠시 생각했습니다. 그러자 차 영택 집사가 얼른 말했습니다.

"부담이 되시면 그만두셔도 괜찮습니다."

"아닙니다. 제가 맡죠."

나는 거기서 도무지 거절할 수 없는 어떤 의무를 느꼈습니다. 명색이 믿음생활을 좀 한다는 사람이 그것을 거절한다면 주님이 웃을 것 같았기 때문이었습니다.

"여깁니다. 이집입니다."

다음 날, 차 영택 집사는 나를 데리고 독거노인이 기거하고 있는 곳으로 안내했습니다. 단독주택에 있는 반 지하 작은 방이었습니다. 방이라기보다 개집을 하다가 방으로 꾸며놓은 것 같은 그런 형편없는 방이었습니다. 독거노인은 여자가 아니고 남자였습니다. 이름은 주 일수라고 했습니다.

"아무 걱정 마세요. 제가 잘 모시겠습니다."

나는 박 영태 집사에게서 그렇게 주 일수 노인을 인수인계를 받았습니다. 그리고 집에 가서 아내한테 얘기했더니 아내가 약간 눈살을 찌푸렸습니다. 그런 일을 자기와 한 마디 상의도 없이 결정했느냐고 나무라는 눈빛이었습니다.

"거절할 수가 없었어. 거기서 거절하면 내가 아주 우스운 집사가 되겠더라고."

"알았어요. 주님을 모시듯 모셔 봐요."

아내도 쾌히 허락했습니다. 그래서 우리 부부는 시간이 있을 때마다 번갈아 노인을 찾아가서 시중을 들며 모셨습니다. 그런데 문제가 발생했습니다.

"여보, 큰일 났어요. 빨리 와 봐요."

우리가 주 일수 노인을 인수인계를 받아서 두 주일을 섬기고 난 어느 날 아내가 노인에게 갔다가 나한테 다급한 목소리로 전화했습니다. 그래서 허둥지둥 가보았더니 주 일수 노인이 내가 들어가서 자리에 앉자마자 고맙다는 인사인지 뭐라고 말하고는 숨을 거두는 것입니다.

"장사가 좀 잘된다고 했더니..."

우리는 졸지에 비용을 들여서 주 일수 노인의 초상까지 치렀습니다. 노인의 유골을 한강에 뿌리고 돌아오며 아내가 약간은 짜증스레 말했습니다.

"당신 좋은 일 했으니까 이제 부자가 되겠다."

"아멘!"

아내가 나를 골리듯 말했지만 나는 그것을 얼른 아멘으로 기쁘게 받았습니다. 그러고 난 뒤에 정말 거짓말같이 나한테도 기회가 찾아왔습니다.

"하 집사님, 이건 뭔가 잘못되지 않았습니까?"

어느 주일이었습니다. 비판하기를 좋아하는 배태만 집사가 뜻밖의 소식을 전했습니다. 우리 교회에 부목사를 하다가 개척을 해서 나간 박 봉산 목사가 있었는데 건물주가 전세금을 너무 많이 올리자 감당이 안 되어서 우리 교회 찾아와서 5천만 원만 도와달라고 했대요. 그런데 우리 교회가 개척한 교회가 많아요. 그러자 장로들이 박 봉산 목사를 도와주게 되면 모든 개척교회에서 손 벌리며 찾아올 텐데 어떻게 할 것이냐? 거절할 명분도 없지 않느냐. 그래서 모두 도와주자면 본 교회가 어렵게 된다. 그렇게 의논이 되어서 박 봉산 목사를 그냥 빈손으로 돌려보냈다는 것입니다.

"세상에 교회가 이럴 수가 있습니까?"

비판하기 좋아하는 배태만 집사가 장로들과 담임목사들이 참으로 잘못하고 있다고 목소리를 힘껏 높이고 있었습니다.

—주님, 감사합니다. 저한테도 드디어 기회를 주시는군요.—

나는 먼저 주님께 감사기도를 했습니다. 그리고 그 다음날 바로 박 봉산 목사를 찾아가서 만나 보았습니다. 그러자 박 봉산 목사님이 눈물을 글썽이며 말했습니다.

"모두 제가 목회를 잘못한 때문입니다. 전도를 많이 해서 성도들이 많아졌더라면 이런 곤경에 놓이지 않았을 텐데 내가 전도를 잘못해서 이런 망신을 당하게 된 것입니다. 이제는 부끄러워서 얼굴을 들어 하늘을 바라볼 용기도 나지 않습니다."

박 봉산 목사는 도와주지 않은 본 교회는 조금도 원망하거나 탓하지 않고 모두 자기 탓으로 돌리고 있었습니다.

"목사님. 은행계좌번호를 하나 적어주세요. 제가 기도해보고 주님이 주라는 만큼 돈을 입금하도록 하겠습니다."

나는 그 얘기를 다 듣고 난 뒤에 마음에 결심을 하고 말했습니다. 그러자 박 봉산 목사는 오히려 나를 걱정 했습니다.

"집사님, 집사님은 넉넉하지도 않잖아요. 마음만 받겠습니다."

"목사님, 저는 넉넉하지 못하지만 우리 주님은 부자잖아요."

나는 힘을 주어 말했습니다.

"내 형편만큼 보낼 거니까 아무 걱정 마시고 은행계좌번호나 하나 적어주세요."

박 봉산 목사는 내가 강권하자 어쩔 수 없다는 듯 은행계좌번호를 하나 적어주면서도 한 없이 죄송해하는 모습이었습니다.

─주님, 제게도 기회를 주셔서 감사합니다.─

나는 돌아오기 바쁘게 아내와 의논하지도 않고 아파트를 담보로 잡고 5천만 원을 융자받아서 바로 박 봉산 목사의 은행계좌로 입금을 시켰습니다. 저는 기도도 해 보지 않았습니다. 기도를 해 보나 안 해보나 주님은 반드시 도와주기를 원하실 것이기 때문입니다. 어쨌든 그렇게 기회가 와서 나는 얼른 그 기회를 꽉 잡았습니다. 하지만 금세 하늘에서 돈다발이 우두둑 떨어지는 기적은 일어나지 않았습니다. 슈퍼가 점점 잘되어서 대출이자를 갚고도 한 달에 몇 백씩 저축이 되었습니다. 그래서 기쁘고 즐겁게 교회 일을 하며 슈퍼를 하며 지냈습니다. 그렇게 6개월인가 7개월인가 지난 어느 날이었습니다.

"안녕하세요."

어떤 50대의 꺼벙한 키 작은 신사 한 분이 땅 슈퍼에 나타났습니다. 그는 나하고 얘기를 좀 하자고 했습니다. 그래서 부근에 있는 찻집으로 데리고 가서 차를 한잔 대접했습니다. 그랬더니 그가 내가 꿈에도 상상 못했던 정말 놀라운 제안을 했습니다.

"저는 재미교포 왕자부라고 합니다. 저는 조국에서 마트를 한 번 해보고 싶어서 왔습니다. 사장님이 저하고 동업을 좀 해주셨으면 하는데 안 되겠습니까?"

"옛?"

나는 어안이 벙벙했습니다. 그래서 얼른 좋게 거절을 했습니다.

"보시다시피 저는 작은 슈퍼를 하는 사람입니다. 그런 큰 사업을 동업할 만큼 돈도 없습니다. 그러니 다른 사람을 한번 찾아보세요."

"존함이 어떻게 되십니까?"

"저는 하 정태라고 합니다."

"하사장님, 돈은 저한테 많이 있습니다. 사업자금은 내가 다 대겠습니다. 하사장님은 마트 경영에만 신경을 써 주면 됩니다."

"다시 말씀드리지만 저는 작은 슈퍼를 하고 있는 사람입니다. 그런 큰 마트를 경영할만한 능력이 없습니다."

나는 강하게 꼬리를 뺐습니다. 그러자 왕사장이 아주 적극적으로 나왔습니다.

"하사장님, 죄송하지만 제가 다 알아보고 왔습니다. 구멍가게 같았던 땅슈퍼를 하사장님이 이렇게 키웠다면서요. 주변 사람들도 모두 하사장님을 좋은 사람이라고 칭찬합니다. 경영이란 똑

같아요. 작은 것을 성공한 사람은 큰 것도 성공할 수 있어요. 그러니까 내가 내미는 손을 꼭 잡아주세요."

"왕 사장님, 뭔가 단단히 오해하고 오신 것 같은데 저는 정말 큰 마트를 경영할 능력이 안 됩니다."

나는 계속 꼬리를 뺐습니다. 그러자 왕 사장이 내 꼬리를 꽉 잡았습니다.

"하사장님, 사업자금은 내가 대고 경영은 하사장이 하세요. 그래서 남는 이익은 반반으로 나눕시다. 하사장님은 돈 더는 일도 아니니까 손해 볼 일도 없지 않습니까? 나는 하사장님만 믿고 일을 시작하는 겁니다. 그래도 싫으십니까?"

그 순간 나는 왕자부 사장을 어쩌면 하나님이 보냈다는 것을 번뜩 깨달았습니다. 그래서 거기서 바로 그와 그렇게 하기로 계약서를 썼습니다.

"하 사장님, 나를 좀 따라 오시지요."

왕자부 사장은 계약이 끝나기 바쁘게 나를 데리고 가서 그동안 자기가 보아온 마트 장소를 보이고 계약을 했습니다. 상호는 왕자부 씨의 영어를 따서 킹마트로 했습니다. 뒤에 가서 알게 됐지만 왕사장은 그 방면의 전문가였습니다. 마트에 입점할 품목들을 정하고 자리 배치도 완성하여 나한테 보여주었습니다.

"하 사장님은 이제 입점할 사장들과 뽑게 될 직원들의 관리 감독을 맡으세요."

"알겠습니다. 제가 할 일은 제가 철저하게 책임을 지고하겠습니다."

왕 자부 사장과 나는 그렇게 의기투합하여 킹 마트를 일으켰습니다. 그러자 내 앞으로 정말 놀라운 일들이 펼쳐지기 시작했습니다.

승승장구하는 킹마트

하 정태씨는 여기서 또 말을 중단하고는 물을 한 모금 마셨습니다. 그리고 한참 뭔가를 깊이 생각하다가 다시 얘기했습니다.

"선생님, 저는 킹마트 사훈을 땅슈퍼 사훈을 그대로 옮겨다 적어서 마트 앞에 걸었습니다."

- 친절하자, 겸손하자, 섬기자 -

나는 새로 뽑은 직원들과 입점한 사장들과 직원들을 모아놓고 제일 먼저 겸손부자, 친절부자, 섬김부자 교육을 철저히 시켰습니다.

"여러분, 여러분들은 앞으로 마트에 오는 손님은 무조건 왕처럼 모시고 섬기시기 바랍니다."

그들은 모두 내 지시에 따라 잘 움직여주었습니다. 그래서 금방 킹마트가 주변으로 좋게 소문이 나갔습니다.

"여러분, 여러분들 가운데 예수를 구주로 믿고 교회에 다니는 사람들은 모두 손들어 보세요."

나는 먼저 예수를 믿고 있는 사람들에게 모두 30분 일찍 출근하게 하여 간단하게나마 먼저 하나님께 예배를 드리고 일을 시작했습니다. 백만불이 한 대로 나도 그렇게 했습니다. 그러자 안 믿는 직원들도 하나 둘씩 예배에 참여하기 시작했습니다. 그러다가 6개월이 지나자 직원들이 모두 전도가 되어 직원들이 모두 예수를 믿는 킹마트가 되었습니다. 그러자 하나님이 은혜를 내려 사방팔방의 손님들이 킹마트로 몰려들기 시작했습니다. 그 바람에 킹마트의 매출이 달마다 갑절로 쑥쑥 오르기 시작했습니다. 그러자 모든 직원들이 신이 나서 열심히 일했습니다. 왕자부사장과 의논해서 주일은 쉬고 교회에 가서 예배를 드리기로 했습니다. 왕 사장은 교회에도 안 나오면서 그렇게 하라고 기꺼이 허락했습니다. 킹마트는 점점 더 잘 되었습니다. 모두 하나님의 크신 은혜였습니다. 왕자부 사장도 신이 났습니다. 그래서 킹마트를 여기저기 늘려가기 시작했습니다. 3년 동안에 전국에 무려 100여개나 불어났습니다. 주식회사 킹마트는 상장회사가 되고 달마다 주가도 쑥쑥 올라갔습니다. 그런 어느 날, 나는 문득 박봉산 목사님 교회에 드린 5천만 원을 생각했습니다. 그리고 5천만 원의 5천배 축복이면 얼마일까를 한번 계산해 보았습니다. 그랬더니 2천 5백억이었습니다.

―주님이 정말 나를 5천배로 축복했을까?―

나는 잠시 백만불의 얼굴을 떠올리고 주님을 생각하며 즐거운 미소를 지었습니다.

―호사다마라고 했지. 좋은 일이 있으면 굳은 일도 온다고 했지? 조심하자, 조심해.―

나는 몸과 자세를 낮추고 조심하면서 전보다 더 열심히 더 세게 기도했습니다. 그런 어느 날이었습니다. 계산해 보니까 킹 마트를 창업한 후 만 5년이 되는 날이었습니다. 왕자부 사장이 나를 사무실로 부르더니 정말 폭탄 같은 말을 했습니다.

"하 사장님, 내가 그 동안 킹마트에 투자한 원금이 모두 천억입니다. 그래서 원금 천억과 삼백억 정도의 이익금만 챙겨서 이만 미국으로 갈까 합니다."

"사장님, 지금 무슨 말씀을 하시는 겁니까? 지금 킹마트 자산이 6천억이 넘습니다."

"하 사장님, 그건 모두 그동안 하사장이 열심히 일해서 생겨난 하사장의 몫입니다. 앞으로 킹 마트는 하사장이 단독으로 운영하도록 하세요."

"왕 사장님. 이게 도대체 무슨 말씀입니까? 킹마트가 잘되고 있는데 왜 다 버리고 미국으로 돌아가시려고 합니까?"
"하사장님, 나 실은 예수쟁이입니다."
"옛?"
나는 깜짝 놀랐습니다. 그 동안 왕 사장만 예배에 참석을 안했는데 예수쟁이라니 도무지 이해가 되지 않았습니다.
"예수쟁이라니 그건 또 무슨 말씀입니까?"
"5년 전 어느 날이었어요. 제가 기도하고 있는데 주님께서 한국에 도와줄 사람이 있으니 빨리 한국으로 가라고 했습니다. 그래서 부랴부랴 한국으로 왔습니다."
왕사장은 여기서 말을 중단하고 나를 딱 바라보며 말했습니다.
"하사장님, 놀라지 마세요. 하사장님도 잘 알고 있는 박 봉산 목사가 실은 내 고종사촌 동생입니다. 그래서 그 동생을 찾아가서 진짜 예수쟁이를 하나 소개하라고 했더니 그 동생이 두 번 생각하지도 않고 바로 하 사장을 천거했습니다. 하사장이야말로 진정한 청지기가 될 사람이라고 입이 닳도록 말했습니다. 그래서 내가 조금도 의심하지 않고 하나님의 응답임을 믿고 하사장님과 동업을 시작하게 된 것입니다."
"아아..."
나는 온몸에 전율을 느낄 정도로 놀랐습니다. 하나님의 크고 오묘한 섭리가 내 가슴에 너무나 큰 감동으로 다가왔습니다.
―사랑을 심으면 사랑의 열매가 열리고 재물을 심으면 재물의 열매가 열린다더니 내가 박 봉산 목사님을 사랑하였더니 목사님도 내게 사랑으로 갚았구나. 그리고 재물의 열매도 열렸구나.―
순간적으로 이런 뜨거운 감동들이 내 가슴에 돌풍처럼 몰려와서 나는 잠시 아무 말도 하지 못하고 있었습니다. 그러자 왕자부 사장이 아주 깔끔하게 정리하듯 말했습니다.

"6천억이던 6조원이던 그건 모두 우리 것이 아니고 하나님의 것입니다. 하나님이 하사장님은 청지기로서 조금도 부족함이 없으니 모두 맡기고 떠나라고 해서 제가 떠나는 겁니다. 저는 미국에 가면 또 하나님 나라를 위해 해야 될 일이 기다리고 있습니다. 하사장님, 그동안 하사장님과 함께 한 시간들이 너무 행복했고 즐거웠습니다. 영원히 잊지 않겠습니다. 우리 살아서 다시 못 만나면 천국에서 다시 만나 낙원에서 영원히 행복하게 지냅시다."

왕자부 사장은 그렇게 인사하고는 6천억이라는 큰 재산을 미련 없이 나한테 모두 맡기고 훌쩍 미국으로 떠났습니다.

―아아 하나님... 하나님..―

나는 왕자부 사장을 보내고 사랑은 하나님 안에서 주고받는 가장 아름다운 선물이라고 생각했습니다. 그래서 그때까지도 상가교회에서 고생하며 열심히 목회를 하고 있는 박 봉산 목사를 찾아가서 10억을 드려서 아담한 교회를 하나 지어 드렸습니다. 그랬더니 영문을 모르는 박 봉산 목사는 내 손을 잡고 울며 또 울며 좋아죽었습니다. 자기 집을 산 것보다도 더 좋아하는 박 봉산 목사님을 보며 나는 태어나서 처음으로 큰 기쁨을 맛보았습니다.

"선생님..."

하 정태씨는 여기까지 얘기한 뒤에 마지막으로 물을 한 모금 마신 뒤에 얘기를 마무리 했습니다.

"세상에는 예수 믿는 사람들이 많고 예수를 구주로 믿고 하나님의 크신 은혜를 받아 재물부자가 된 사람도 참 많습니다. 그런데 그들은 재물부자가 된 진짜 비밀은 아무에게도 말하지 않았습니다. 극히 일부분만 간증을 해서 사람들은 갈증 나게만 했습니다. 그래서 나는 기회가 되면 언젠가는 하나하나 자세하게 그 비밀을 다 말해야 되겠다고 생각했습니다. 왜냐하면 힘 있는 성령 충만한 재물부자들이 많아야만 많은 사람들을 구원할 수 있고 땅 끝까지 복음을 전할 수가 있기 때문입니다. 하지만 주님이 왼손이 하는 일을 오른손이 모르게 하라고 했기 때문에 내 본명과 내 사업체의 본명은 아무에게도 끝까지 말하지 마세요. 그것을 말하면 주님이 매우 싫어하실 것입니다. 그러니까 선생님은 제가 말한 이 모든 것을 잘 기록하고 정리해서 선생님의 이름으로 책을 출판하세요. 내 목적은, 내 간절한 소원은 예수 믿는 모든 사람들이 모두 재물부자가 되어 이 땅에서도 전도하며 선교하며 복을 누리며 살고 죽어서도 천국에서 영원토록 행복을 누리며 살기를 간절히 바라는 것이기 때문입니다. 제 부탁 꼭 들어주세요."

"근데요, 하 사장님. 저어...."

나는 하 사장한테 한 가지 이의를 재기했습니다.

"하 사장님의 본명을 밝히지 않았을 때, 독자들이 실화가 아니다, 소설이다, 할 가능성도 많은데 그 문제는 어떻게 생각하십니까?"

"그럴 수도 있을 것입니다."

하 사장은 미소를 지으며 아주 침착하게 대답했습니다.

"누가복음 16장 19절에서 31절까지의 말씀을 보면 천국에서 아브라함 품에 안겨있는 거지 나사로를 보며, 부자가 자기 형제가 다섯이 살아있는데 나사로를 도로 이 세상으로 보내어 불지옥이 있음을 말하게 해주세요. 그러면 다섯 형제가 회개하고 선하고 착하게 살게 될 것이다 고 하자 아브라함이-**이르되 모세와 선**

지자들에게 듣지 아나하면 비록 죽은 자 가운데서 살아나는 자가 있을지라도 권함을 받지 아니하리라 하였다 하시니라.
고 했습니다. 그러므로 내 체험기를 그대로 믿고 부자에 도전하는 사람은 나처럼 부자가 될 것이고 의심하며 믿지 않는 사람은 부자가 안 될 것입니다. 그러니 제가 부탁한대로 해주세요."
"잘 알겠습니다. 그렇게 하겠습니다."
-나는 하 정태씨와 비밀을 지키기로 굳게 약속하고 이 책을 출판합니다. 이 책을 읽는 분들은 이 책을 읽으면서 부자들이 되는 연습을 열심히 해서 모두 모두 재물부자들이 다 되기를 진심으로 바라며 간절히 소원합니다.

에필로그

사람은 대게 꿈을 꿉니다. 잠을 자다가 꾸는 꿈도 꿈이지만 난 장차 무엇이 되겠다, 하는 원대한 목표를 세우고 나아가는 것은 현실의 꿈입니다. 꿈은 한 알의 씨앗을 심는 것과 같아서 반드시 싹이 나고 자라 꽃이 피고 열매가 열린다고 합니다. 그래서 훌륭한 대통령을 보고, 나도 장차 저런 대통령이 되어야지, 훌륭한 의사를 보며, 나도 저런 훌륭한 의사가 되어야지, 또는 훌륭한 선생님을 보고, 훌륭한 경찰을 보고, 훌륭한 부자를 보고, 꿈을 만들고 가꾸어서 그보다 더 훌륭한 인물이 되기도 합니다.
 이 책은 읽어보셔서 잘 알겠지만 예수를 믿고 부자가 되어가는 과정을 사실 그대로 공개한 내용입니다. 부자안내서 같은 내용입니다. 아무나 할 수 없는 것이 아니라 누구나 도전만 하면 할 수 있는 내용입니다.

선한부자는 세상에서 할 일이 참 많습니다. 세상을 주님 마음처럼 한없이 따뜻한 사랑으로 꽃 피울 수도 있고 한없이 아름답게 만들 수도 있습니다.

하지만 결심과 도전은 각자의 몫입니다. 모쪼록 부자가 되는 길에 도전해서 모두 하나님이 인정하고 맘껏 축복하는 청지기부자들이 다 되시기를 진심으로 기원합니다.

끝